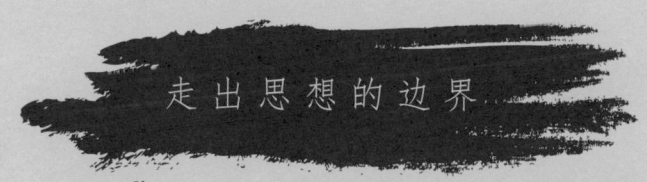

走出思想的边界

knowledge-power
读行者

日本文化核心

「ジャパン・スタイル」を読み解く

[日]松冈正刚 著
萨企 译

岳麓书社·长沙·博集天卷

目录

前言　日本文化的解读器 | 001

第一讲　立起圆柱

008 | "黑船"的正确解读方式——稻子、铁、汉字
011 | 三只"黑船"给日本带来了什么？
012 | 圆柱之国
014 | "立柱"文化的起源
016 | "结"与"产灵"
017 | 地镇祭与"产土"
019 | 祖国与常世
020 | 作为"客神"出现的日本的各方神圣
022 | 近代日本的圆柱

第二讲　越过和与汉的边界

026 | 来源于汉，却渐行渐远
029 | 日本史上最早也是最大的一起文明事件
030 | 汉语学习运动
032 | 对汉语的"混音"效果处理
035 | 双重规格
036 | 纪贯之的革命
038 | 《和汉朗咏集》的"比较"
039 | 陈设　款待　举止
040 | 国风的产生
041 | 追忆"古意"
043 | "日本·解读器"不起作用了

第三讲

祝祷与丰收

048 | 常民的生活与米
050 | 秧苗的技术革新
051 | 稻魂的神化
053 | 祭祀典礼的原型
055 | "正月"的庆祝方式
056 | 日本人的往来观念
057 | 年糕与"开动啦"
060 | 新尝祭的梗概
061 | 大尝祭的秘密仪式
064 | 古代的稻米管理
066 | 稻子与麦秆的博物馆

第四讲

神与佛的调和

070 | 多神多佛并存的国家
072 | 是宽容,还是没有信念?
073 | 日本的信仰就是诸教混合
075 | 多神多佛与八百万的神灵
076 | "剪辑＆混响"手法
078 | 类推出来的神佛调和
079 | 神的正身
081 | 佛的容纳
083 | "显密体制"与"日本的灵性"
085 | "佛的展示"与"神的感知"

第五讲

和谐与粗暴

- 090 | 安静的事物，粗暴的事物
- 091 | "和"与"Yamato"与"日本"
- 093 | "Nihon"与"Nippon"的区别
- 095 | 国号"日本"的成立
- 096 | 为什么日本又是"Yamato"呢？
- 099 | 和睦的天照大神与粗暴的须佐之男
- 100 | 两个万神殿的故事
- 102 | 荒与游
- 103 | 寂
- 106 | 数寄
- 108 | 侘

第六讲

漂泊与边境

- 112 | 重视边缘的日本
- 113 | 在原业平与《东下》
- 115 | 歌枕与"流行歌曲"中的地方之美
- 116 | 中世的"网络"
- 118 | 从漂泊者蛭子到万人敬仰的惠比寿
- 122 | "无常"与"恻隐之心"
- 123 | "风雅"与"乡土"
- 124 | 对"变幻"和"失败"的宽容

第七讲

型·间·拍子

- 130 | "型"是什么？
- 132 | 日本独特的统一旋律
- 134 | 伸缩自如的间拍子
- 135 | "形代""物实""凭座"
- 138 | "定型"的成立
- 140 | 秘传的型

第八讲

小小的我

- 144 | 宝可梦精灵与辉夜姬
- 147 | 小小的神＝少彦名神
- 149 | "小小的"与"可爱的"
- 150 | 扇子 手帕 端呗
- 152 | 昭和的那些小小的东西
- 154 | 与"极简主义"的不同
- 157 | "小丫头"的冲击

第九讲

模仿与学习

- 162 | 日本人从古至今是如何学习的？
- 164 | 官的儒学，民的佛教
- 166 | 江户时代的读写与珠算
- 169 | 道理与理屈
- 172 | 义理人情的局限
- 174 | 外国人的功绩
- 175 | 被发现的日本美
- 177 | 《教育敕语》与国体
- 179 | 世阿弥的"物学"
- 182 | 为了接近真实而进行的模仿

第十讲

某种根源

- 188 | "家"作为一个品牌
- 190 | 日本的家，都是大有文章的
- 191 | 圣德太子与"国家"
- 192 | 公家的序列
- 194 | 武家的成立
- 196 | 承久之乱，一个分岔路口
- 199 | 《黎明之前》想要说的事

	201	见证了"家之亡"的森鸥外
	202	家元制系统
	204	茶道的传承与家
	206	亲分子分与侠客们

第十一讲	212	气魄倾奇者的出场
	214	婆娑罗的谱系
回归另类	216	阿波罗式的、狄俄尼索斯式的日本
	218	一休的"过差"与"中道"

第十二讲	224	请好好看看日本的庭院
	225	神庭 斋庭 市庭
市与庭	227	从市庭到市场
	228	货币就是"护身符"
	231	作为供奉之物的"币"
	232	支付与被除
	235	货币经济的到来
	236	金之东国,银之上方
	239	战国武将的经济改革
	241	日本的株仲间

第十三讲

修边幅

246 | 究竟什么是"文化"?
248 | 通向日本文化的三条甬道
252 | 做好准备，摆脱界限
254 | 作为文化样式的"样"
256 | 关于日本 mode 的表达
257 | 日本文化的形与振
259 | 粹与野暮
260 | 九鬼周造所探究的"寂"
262 | 俊俏的男子，侠气仗义的女子

第十四讲

新闻与搞笑艺术

268 | 一个需要笑声的社会
270 | 时事以及讽刺的历史
271 | 宰司与诏敕
272 | 遗留在祝词当中的情报文化起源
275 | 搞笑的原点有神令
276 | 漫才的诞生
278 | 社会文化的物化倾斜
279 | 编辑力与情报
280 | "赞"磨灭了什么
282 | 找回信息文化的原动力

第十五讲

经世济民

288 | "症状"开始扩散
289 | 被虚构支配的日本
291 | 权力消失不见了
295 | 没有哲学的权力构造
296 | 被沃尔夫伦所遗漏的

| 297 | 关于"日本概念"的再检讨
| 299 | 比修身更重要的是格物致知
| 301 | "经济"的原貌
| 303 | 景气与经营,曾经都是艺术

第十六讲

编辑面影

| 308 | 对"面影"情有独钟的日本人
| 310 | 说是"没有",但还是"有"的东西
| 311 | 面影与空虚
| 313 | 内村鉴三与"两个J"
| 315 | 清泽满之构想的"二项同体"
| 316 | 绝对矛盾的自我同一与朕兆未萌的自己
| 318 | 脱离西洋式的思考
| 319 | 编辑了面影的日本
| 321 | 编辑出来的日本形象

后记 | 325

图版收录一览 | 329

前　言

日本文化的解读器

　　大概是20世纪70年代末，我在涩谷一个叫"壁之穴"的小餐馆里吃到了"鱼子意面"，那是我第一次吃，竟然感动到心生痛感。黄油和意面完美结合的舞台上，细到极致的海苔丝仿佛轻盈的舞者在欢快地跳跃。而我品尝这种日式意面的时候，使用的餐具不是叉子，是筷子，拨动起那细细的海苔丝时，感觉是多么美妙。嗯嗯，好的好的，那一刻，我坚信，日本一定可以的。也正是从那时起，日本全国各地的小拉面馆，都开始了富有各自独特风格的料理创作。

　　接下来的COMME des GARCONS（川久保玲），ISSEY（三宅一生）和Yohji（山本耀司），这几个品牌都开创了新纪元，都是世界上绝无仅有的。另外，音乐界的井上阳水、忌野清志郎和桑田佳祐都创造了独特的曲风，巧妙独特地重组了日语，引领着流行音乐的潮流。大友克洋的"Akira"（阿基拉）漫画连载更是重磅出击。嗯嗯，很好很好，这一刻，我仍然坚信日本是可以的。我本人呢，刚好完成了前卫刊物——杂志《游》的第3期，并开始编辑制作由讲谈社委托的《日本的美丽与文化（Art Japanesque[1]）》（《日本の美と文化》，讲谈社），全集一共18卷。这是由横须贺功光和十文字美信两位摄影艺术家，把国宝级的美术品用新颖的视角进行拍摄而创作出的全新的日本美术文化全集。

10年过去后，我猛然发现日本正处于低迷状态。民营化和全球资本主义成了金科玉条，商人们也都瞄准了MBA（工商管理学硕士学位），电视节目中的笑星成了选举的候选人。不管是什么，都是一个字眼——"可爱"可以概括的。司马辽太郎[2]在《文艺春秋》[3]上连载了《这个国家的形象》，就连他也在呢喃，日本要完蛋了呢。

又过了10年，随着柏林墙消失、海湾战争爆发，新的矛盾开始产生，日本的泡沫经济也随之崩塌，但"可爱"这一文化却一直延续着。

接下来网络在日本登陆，我们曾期待着可以凭借这个新朋友，使日本独立的编辑文化的力量再次得到发挥。可很遗憾，"电子日本"只是一味地追随在美国技术的屁股后面，歪倒的日式技术始终在盲目地横冲直撞。

"鱼子意面"和特色拉面并没有消失，相反，和食更是又上一层楼；漫画描述着日本少男少女的幻想和恋爱；日语的说唱也开始

---

[1] 日本式的，或日本式的事物。——编者注
[2] 1923—1996，日本著名历史小说家、大众小说家。由于亲历了二战，司马辽太郎的文学作品充满了对日本发起战争的批判。——编者注
[3] 《文艺春秋》杂志是由日本小说家菊池宽（1888—1948）于1923年创办的文学刊物。——编者注

出现；奥西姆[1]道出了将"日式足球"进行到底的言论。可是不管怎么说，"小泉·竹中剧场"[2]向新自由主义的迈进，以及被卷入全球资本浪潮后产生的拜金主义把这些都轻而易举地打败了。

日本哲学始终没有出头之日。日本的流行音乐和动漫，以及日本现在的美术蕴藏着什么，在现代一直没有相关的日本文化和哲学作品来对其明确地进行解说。因此不得不追溯到《愚管抄》《五轮书》《茶之书》《黎明之前》。

我在本书中不仅要抹去之前的这些反省和遗憾，还要把日本文化的真髓，或者说日本文化的真正面目、核心，深层日本特色的所在之处，都用新的视角来解说和分析。

有关"大米"和"圆柱"的文化，以及什么是"客神"，"假名"的作用，神佛调和的秘密，间拍子和日本乐器，"荒·游"和"粹"的微妙区别，"被除"和"支付"这两个词的关系，关于"模仿"的日本教育，公家与武家在日本受到什么样的管制，二项同体思考与双重标准的可能性，等等，我把这些要点都收集起来，对其中的关联性进行简单的解说。作为日本文化的向导之作，这本书选择了非常独特的视角和组合来对日本文化进行解释说明。

总之，提起日本文化，总是会涉及传统朴素的美学意识，与华丽之美相对的，是事物本身自然的痕迹和安静的氛围。因此人们大

---

[1] Osim，1941—2022，波黑足坛传奇人物，曾任日本国家足球队主教练。——编者注
[2] "小泉"指日本前首相小泉纯一郎，2001年上台，因其喜欢表演作秀，日本媒体便称之为"小泉剧场"；"竹中"指竹中平藏，日本学者，庆应大学前经济学教授，小泉纯一郎经济改革的重要推动者。——编者注

多会抱怨日本文化太难理解。我在创作之前,多次被嘱托,一定要写得简单易懂;但是,我并不打算这样去做。说句武断的话,日本文化有着深沉的背景,只有在看起来高深的字里行间,才能够凸显其真正的价值。

创作从来都不是只要简单易懂即可的。空海的书、藤原定家的和歌、道元的禅、世阿弥的能乐、长次郎的茶碗、松尾芭蕉的俳谐、近松门左卫门的人形净琉璃[1]、应举的画、本居宣长的国学、森鸥外的小说、刘生的少女像等,若问它们好在什么地方,我想绝对不是因为它们简单易懂吧?这些作品当中所折射出的"间架结构""有心""朕兆未萌""时分之花""面影""寂""虚假""古意""简净""美体"等概念,正是体会日本文化的精髓之所在。

如果觉得这些都太过高深、难度太大的话,那我就要问问您,柏拉图的理念论、拉斐尔的天使、斯宾诺莎的伦理学、康德的理性批判、陀思妥耶夫斯基的大审判、"蓝色时期"[2]杜尚的"艺术系数"、萨特的存在主义、安迪·沃霍尔的流行艺术等,这些您又怎么能够看懂呢?我个人认为,如果这些都能够看懂的话,那么理解日本的哲学和美感也应该不在话下。

当然理解它们还是需要一些前期的准备,我把有关这些的思绪命名为"日本·解读器"。其中包括"客神·解读器""米文

---

[1] 净琉璃也称"文乐",是日本传统曲艺的一种。16世纪开始在日本流行,江户时代得到较大发展,近松门左卫门和竹本义太夫在木偶戏中采用净琉璃曲调,创造了"人形净琉璃"。——编者注
[2] 艺术家的"蓝色时期"指其作品开始显露出明显忧郁倾向的创作时期,这一时期他们的创作主题通常是个人或社会所遭受的苦难。——编者注

化·解读器""神佛调和·解读器""假名·解读器""家文化·解读器""歌舞伎·解读器""数寄·解读器""风貌·解读器""经世济民·解读器"等。通过这些"解读器",日本开启了理解自身、理解世界的大门。

日本文化的真正面目一定是在"不断变化"着的。它发生在神仙与佛祖之间,自然也存在于和歌和国学之中。在神佛、和歌、国学、常磐津、歌舞伎、日本话、昭和歌谣、水手服、漫画等正在发生的变化中,日本文化的真髓便潜藏着。它们通常伴随着"滑稽"和"放松",而这也正是"日本的方法"。

那么,当您想要读懂这些,就必须要先看看日本神话和昭和歌谣,以及剧画等。在它们之中,凝聚着日本历史文化的"变化边界"。白村江之战、承久之乱、日清战争[1],都对"变化边界"有着详尽的阐释,这些都是不容错过的。这就好比如果不了解安妮女王之战,就不会知道什么是清教[2];如果没弄懂西班牙王位继承战争,就不会理解什么是巴洛克风格一样。

然而日本文化正不动声色地靠向了"静""寂""富士山""巨人之星""超级玛丽",不过这也算说得过去吧。但还是应该去读一下村田珠光的《心之文》,或者九鬼周造的《"粹"的

---

[1] "白村江"即"白江",位于现韩国锦江的入海处,白村江之战是日本与唐朝、新罗联军为争夺在朝鲜半岛的霸主地位而展开的海战,日军战败;承久之乱是13世纪日本皇室与镰仓幕府间的武力冲突事件,它使得幕府权力进一步强化;19世纪末的日清战争又称"中日甲午战争"。——编者注
[2] 18世纪初,西班牙王位继承战争爆发后,英国发动了意在争夺北美殖民地的对法战争,即安妮女王之战。此战英国获胜,许多清教徒自愿移民到北美殖民地,去改造新世界。——编者注

构造》，或者柳宗悦的《何谓民艺》，以及冈洁的《春宵十话》。至少，我们确实应该好好读一下山本兼一的《寻访千利休》，岩下尚史的《艺者论：忘记扮演众神的日本人》(《芸者論：神々に扮することを忘れた日本人》，雄山阁，2006)，或者是中村升的《落语哲学》（亚纪书房，2018）。

日本的文化是既单一又多样化的。但是，哪部分是单一的，哪部分是多样化的，就需要好好区分了。日本人总是会想要从浅层来解释和理解日本文化，这是行不通的。越是简单的想法，越是会错误地引导人们的理解。希望我写的这本书，可以有助于阻止这种局面产生。

第一讲

立起圆柱

从古代日本共同体的原点
——"圆柱文化"来打开话题吧

"黑船"的正确解读方式——稻子、铁、汉字

在这里，我想提前声明，为了能更好地理解日本的历史，我们应该把目光放在"多次来到日本的黑船"上。因为如果可以理解这一点的话，您就可以抓住日本文化的真谛。反之，如果想要越过这层去理解日本和日本文化，是难上加难的。本节将会按照这个方法来解析日本。

除了佩里的"黑船"以外，英国的船只，以及普嘉廷的俄国船只[1]，另外还有火器的到来、英国传教士的流行等，都可以叫作"黑船"。那么在这之前呢？那就是元朝的进攻了。伴随着这一进攻，禅道、茶道、朱子学（宋学），以及被称为"百科全书"的

---

[1] 1853年，美国海军准将马修·佩里率领"黑船"舰队打开了日本国门，并于次年再次来到日本，签订《日美亲善条约》；1854年8月，日本与英国也缔结了亲善条约；1855年俄罗斯使节普嘉廷与日本签订《日俄亲善条约》。——编者注

《本草纲目》，种种事物的到来都让日本人瞠目结舌。这些在我看来，都算是"黑船"。因此，所谓"黑船"，其实就是全球化的推进者。再往前追溯，当然还有佛教、建造技术以及儒教的到来给日本带来的改变。那么，如果再往前看呢？究竟"最开始那一击"是什么呢？

不管怎么说，来到原始日本的"黑船"应该是"稻子、铁、汉字"，这三件套可以说是接踵而至。绳纹时代，日本将近1万年都是自给自足的。而在这之后，从中国传入的稻子、铁和汉字，使得日本发生了翻天覆地的变化。这可是从公元元年开始到公元后二三百年之间，日本弥生时代前后所发生的前所未有的大事件。

为了更好地理解为什么说"稻子、铁、汉字"是"黑船"，我们最好还是先来看看它们到来之前，绳纹时代日本的社会文化是怎样的。

日本列岛从亚洲大陆分离出来的时间大约在2000万年以前，而形成现在的列岛形状大约是在300万年以前。在地质学上它被定义为"群岛"，由于它的形状有点像树枝上开满了星星点点的小花，所以也被称为"花纹列岛"。在我看来，日本列岛看起来更像是亚洲大陆这扇大门上的把手，所以我唤它作"把手列岛"。

1万5000年前的日本，是猛玛象和纳玛象还有老虎在此跋扈的时代，到了1万年前，这些就都荡然无存了。因为过去的5000年时间里，日本列岛住进了人类。我想那应该是个气候温润、常绿阔叶林繁茂的时代，水也应该是十分清甜的。据说，大概在3万年前就已经有人类定居在这里了，即传说中的绳纹人。

绳纹陶器大约出现在1万2000年前。最早的是早期的隆线纹陶器，后来又出现了前期、中期、后期、晚期的一系列变化。

前期绳纹陶器呈圆筒形且有着平平的底部，那时候流行屈肢葬（将遗体肢骨屈折后埋葬）和耳饰。到了中期，大村落和大型聚居登场，陶器上开始出现了蛇纹，人们崇拜性神，"万物有灵论"开始被广泛信仰。那些让冈本太郎[1]为之震惊的火焰陶器都集中在绳纹时代中期的长野县和新潟县。

后期的绳纹人开始协作作业和分工作业，此时公用墓地和环状列石（stone circle）出现，各种巫术用具盛行。到了晚期，人们开始文身，装扮起了身体和脸蛋。所谓文身就是刺青，"文"就是刺绣的意思。另外此时的绳纹人开始种植杂粮，并熬煮或者捣碎食用。

在绳纹社会，应该也存在着叫作"绳纹语"的这么一种语言，人们可以用它来交流。我们把它叫作"原日本语"，但是它只限于口头交流，没有文字形式，自然也就没有读、写这些动作了。就这样，日本人经历了很长一段时间只存在口头交流的时代，因此绳纹的纹样和图形，也就是"纹"，变得极其重要。

就是这样一个绳纹时代，迎来了稻子、铁和比它们迟到了些的汉字。它们是多么强大的存在，可以说它们就是全球化的推进者，就是"黑船"。日本立刻就发生了翻天覆地的变化。

---

[1] 日本著名美术家、雕塑家，其作品富含日本民族特色，善于以日本出土文物为素材，创造具有现代审美意义的作品。——编者注

三只"黑船"给日本带来了什么?

稻子自然是让日本的饮食生活发生了巨大改变。以水田为主的水稻种植业不仅改变了原始居民的饮食,同时也带来了祈求五谷丰登的"祈祷和祝福的一年"这样的祝祷活动。这之后,日本的大多数仪式和节日都是以此为核心来进行的。"祈祷和祝福的一年"这一活动主题到底给日本人带来了多大的改变?之后我会在第三讲"祝祷与丰收"当中为您详细解释。

稻作的推广对日本风貌的改变也是毋庸置疑的。明治十年(1877)间,伊莎贝拉·伯德[1]在日本各地旅行,并在旅行期间写下《日本奥地纪行》一书。这本书中,多次记载并强调了当时日本的田园风景是多么美不胜收。

继青铜器之后传入日本的铁器,让日本人得以制作结实又实用的农耕器具和武器。青铜器多用于制作祭祀用的铜铎和铜矛,铁器的用途则更为广泛,且更具实用性。中国古时候就有《盐铁论》,因为盐和铁具有支撑国家的力量。日本也同样如此,在昭和战争(1926—1945)后期,八幡制铁所和富士制铁所就合并为新日铁(即现在的日本制铁公司)了。"铁就是国家"这一说法一直被人们传颂。合并之初,新日铁一度超过日立公司(日本大型综合电机生厂商)成为日本头号制造商,这段辉煌一直持续到19世纪80年代丰田公司的崛起,而在这之前其地位从未改变过。

---

[1] 伊莎贝拉·露西·伯德·毕晓普(Isabella Lucy Bird Bishop),19世纪英国探险家、作家、摄影师,其足迹遍布世界各地。——编者注

古代的铁是"大风箱"制铁。制作方法大概就是把砂铁和铁矿石投入使用黏土制作成的火炉中，使用木炭来燃烧加热，再用热量来加工制作。这就是传统的"大风箱"制铁。为了使火力转变为热量，就要不停地扇动风扇以达到不断送风的目的。男人们挥洒汗水，脚踏风箱不断地提供风力——那黏稠的铁浆冒着火星顺着山顶朝山脚流淌，那蜿蜒起伏的模样真是别有一番景致。人们还常常把这一景象比喻为"八岐大蛇"[1]。出云和安来（都属岛根县）附近，曾经就有"大风箱一族"的存在。在宫崎骏的动画《幽灵公主》中，也刻画了穿着奇特的、保留着"大风箱"传统的人们。

第三位"汉字"又带来了什么？日本人本来只有口传的能力，但是汉字引入之后就有了记录和随时阅读的能力。日本终于脱离了长期的"无文字社会"。

但是，在这里要声明极其重要的一点，日本人虽然学得了汉字，但不等于日本人从此就开始用中文、讲汉语了。我们使用汉字，却不是开始说汉语，而是使之转变为日语来使用的。因此，也就有了后来的假名。在第二讲中，我会对此进行详细的解释说明。

圆柱之国

前面说到"稻子、铁、汉字"使日本发生了翻天覆地的变化。进入古坟时代后，豪族开始掌管天下，在豪族中又有一族被选定，建立了大和朝廷。那一族也就是天皇一家，此后天皇开始了对全国

---

[1] 日本神话中的怪物，它有八头八尾，传说会带来灾难。——编者注

各地的统治。

通过大和朝廷的统治和管辖，古代日本开始建造都城，实施租庸调制和律令制，举行各种各样的祭祀，佛教也正式传入日本。这些所有的所有，简言之就是一句话——"圆柱之国"形成了。

日本中世纪史研究专家林屋辰三郎在1971年出版的《日本的古代文化》一书中曾提到过"日本的古代就是'圆柱'的文化，中世是'空间'的文化"这一主旨。从"圆柱文化"发展为"空间文化"，林屋总结了日本历史文化概念中基础的流行和转换。

那么，究竟什么是"圆柱文化"呢？您或许会想到古希腊神庙的圆柱，又或者是古代罗马的柱廊等建筑，但我在这里想要阐述的"圆柱文化"并不单纯指建筑物。日本人把更加深层的、更加高尚的含义都加进了"圆柱"里面。

举个简单的例子。大家可以看到，日本人习惯称呼神仙时，在神仙的名号后面加上"御柱"二字以表达尊敬，而在数神仙的个数时所用的单位也是"柱"。神就是柱，柱也就是神。从这个意义上讲，我们所说的"柱"和阿波罗神庙的"柱"其意思是完全不同的。虽然在古希腊和古罗马的神殿里，都矗立着各式美不胜收的圆柱，可那些圆柱都不是神。宙斯也好，阿波罗也罢，都在神殿的里面或者庭前坐镇。

但是日本不同，日本的神社里，那一根根的圆柱就是神本身。在伊势神宫和出云大社等神社中，真柱（中心柱）就是神。也可以说，圆柱就是神。因此在许多节日中，巡游的山车和山矛[1]其中心位置都矗立着圆柱。在全国各地的正月祝祷仪式中出现的"火祭"和"梵天佛祖"其中心也都是高高的圆柱。还不只是这些，古代日本的房屋中（特别是农家），都会在家的中心位置立大黑柱子。另外，壁龛[2]是日本中世纪之后出现的文化产物之一，在壁龛中也出现了壁龛立柱。综上所述，林屋把这些都放在一起进行比较和甄别，最后确立了日本的古代文化就是"圆柱文化"这一学说。

"立柱"文化的起源

为什么圆柱如此受到重视呢？圆柱是需要竖立的，日本人把"竖立圆柱"这一过程，看得极为重要。建立村庄部落的时候，大都是在村庄部落的中心处，由先驱者率先立起一根圆柱，或者在村子里选择一棵最高大的树来做立柱。这，就是所谓的"建村"。

国家是由村落组成的。既然有了"建村"，必然就会有"建国"。这种概念在后来得到了延伸，到了幕府末期及明治社会时期，"树立自身（立身）""建立国家（立国）""树立志向（立志）"等，各种说法也相应产生了。这就是立身、立国、立志，无论对哪一个词的解释，都离不开"立起来"这个词。

圆柱何以得到如此重视的根源还是很深远的。一直可以追溯到

---

[1] 二者是日本人在庙会或节日祭礼中所用的彩车，其装饰十分华丽。——编者注
[2] 壁龛是利用墙体的局部空间，存放物品的居室构造。传统的日式住宅普遍设有壁龛，用来陈列物品。——编者注

《古事记》和《日本书纪》[1]中记载的日本神话，书中出现的各路神仙的名字，都与之相关。日本神话的内容，我在本书中并没有系统介绍，只是偶尔会提及并介绍。那么在这里，我仅对在日本神话最开头的部分所登场的神进行介绍。

《古事记》开头，是这样描述的：天地初开，高天原上诸神之名讳最高为天之御中主神，次之为高御产巢日神，再次之为神产巢日神。此三柱神皆为独立之神，隐身避世。

日本开天辟地之时，这三神最先登场又随即隐身避世。文中最先介绍的就是天之御中主神、高御产巢日神和神产巢日神，他们被称为"造化三神"或者"高木三神"。传说中的"八百万神仙"，就是在这三位身先士卒后相继出现的。（《日本书纪》中对这些成员的记载可能会稍有出入，不做深究。）

最先现身在天空中央的是天之御中主神，随后高御产巢日神出现，试做各种"结"，神产巢日神再把之后出场的各神都和国家连接在一起。高御产巢日神又被称为"高木神"。

继"造化三神"之后，宇摩志阿斯诃备比古迟神和天之常立神也出现了。"造化三神"并没有创造出国家、国土，因此宇摩志阿斯诃备比古迟神利用在水面漂浮的神奇植物——样子好似芦苇的素材，准备好了制作国土的基础。在这些准备做好之后，出场的是国之常立神。

---

[1]　《古事记》是日本最古老的文学作品与史书，太安万侣著，于712年成书，记录了日本开天辟地至推古天皇间的传说与史事；《日本书纪》是舍人亲王、太安万侣等人用汉文撰写的日本古史书，于720年成书。——编者注

神的名字中使用的各种"结"和"立",在后文中将会逐一介绍和说明,日本神话中以"造化三神"和宇摩志阿斯诃备比古迟神、天之常立神为头阵,随后的国之常立神则是"建造国家"的神。在《日本书纪》中,国之常立神的地位有所提升。书中提到,开天辟地之后,国之常立神随之出现并"建立了国家"。

"结"与"产灵"

读到这里可以明了的是,最初是五位神和一位国之常立神,建立了日本这个国家。随后,"神世七代"的各神相继出世,最后伊邪那岐和伊邪那美男女二神(夫妇神)登场,定"天下"即为从高天原到自凝岛的领域。二神在自凝岛竖起天御柱,并把天御柱定为御殿所在,在其中行男女之事。

这段神话是多么有代表意义的开端。如果把日本的"开天辟地"之说用简单的形式来概括的话,那么包括之后的历史,如日本这个国家的建立等,都可以用"结"和"建立"这两个词来说明。

日本神话的开头,为什么如此重视"结"这个词呢?"结"到底又是什么意思呢?

古代日本"产灵"的发音(musuhi)和"结"(musubi)的发音是相似的。"musu"这个读音代表着"制作、生产、养育","hi"则是灵魂、灵力的意思。

也就是说,"musubi"的意思是"制造能够产出新生力量的东西",也可以说是"展示能够产生新生力量的东西"。在这一系列理解和联系的过程中,"结"这个词就产生了。

"musubi"这个发音,是对"从一开始就有的果实"这句话的重要解释,这在日本人的理解里是极为少见的。因此,日本的大小事情,只要是有纪念意义和象征性的,都少不了这个"结"。

最有代表性的就是界绳和花纸绳[1]。发髻的绾法、绳子和纽带的系法、神前稻草绳上纸条的系法等,都是千思万想的结果。就连"女儿"和"儿子"这两个词中,也隐藏了"结"这个字的发音。古代日本,通常都把男孩子叫作"hiko"(彦),把女孩子叫作"hime"(姬、媛)。"儿子"一词便是"musu"和"hiko"的结合,"女儿"则是"musu"和"hime"的结合。

除此之外,在相扑界中也有"结"的说法,例如"结びの一番"(结之最,相扑比赛期间的最后一场比赛)和"横纲"(日本最高等级相扑力士的称谓);结婚仪式中也会使用,比如"结纳"和"结婚"这些词;捏饭团的时候,做好的饭团也读作"omusubi"。外出时,通常人们都会带上饭团,是为了保障出门的时候能量满满。日本,就是个"结"的国家。

地镇祭与"产土"

日本在立国之初就十分重视"结"和"立"。初始五神的名字,就可以说明这一点。而"结"和"立"在现今仍然很受重视,

---

[1] 界绳是一种稻草绳,常见于日本的神社入口,用于将神圣场所和其他地方隔开;花纸绳是将日本纸染色、编结后作为赠礼的工艺品。——编者注

其中一个代表就是"地镇祭"。我们日本人可以说在所有的土木建筑工事开始之前，都一定会举行安全祈祷仪式，这个仪式就是地镇祭。

地镇祭的做法，大体就是在工事施行的场地上选择一个角落，在这个角落的四个方向上都立上柱子，把四根柱子用界绳绕起来形成一个结界，结界中设置白木祭坛，当中立着油绿的榊树枝。神职人员朝着结界的方向上奏祝祷词以此来祈求工事进行得顺利、安全。这正是"结"与"立"交映的仪式。在这一祭祀仪式中，我仿佛看到了日本的"开始"。也就是说，即便是在当下的日本，我们也可以通过这样的仪式，对日本神话中提到的那些最初的光景进行联想。与我私交甚好的建筑家内藤广和隈研吾，也对地镇祭十分重视。建筑史家铃木博之，更是曾经说过，日本的土木建筑是与"地灵"（genius loci[1]，罗马神话中的土地守护神）同时存在的。

地镇祭中对土地的称呼是"产土"，地灵就蕴藏在"产土"当中。因此"产土"也是理解日本不可缺少的概念之一。

"产土"是指人出生的土地，日本人古时候开始就认为守护产土的是产土神，把其叫作"产土神"或者"产土神尊"。因为人们会把自己的出生地的名字定为自己的姓氏或名字，因此，产土神也被称为"氏神"。

产土神或氏神并没有真身，而是与土地的力量同在的，因此，有必要时而对这些神灵进行抚慰和激励。所以，我们要时不时地对着

---

[1] 在罗马神话里，守护神（genius loci）就是保护一个地方的神灵。通常，守护神以蛇的形象出现。但现在，"genius loci"更常用来指某地独特的氛围或者"场所精神"，而不是保护神。——编者注

神圣的土地朝拜和感谢，这一行为便是"魂振"（たまふり）。现在祭拜产土神一般由神官代为操作，用来召唤土地"结"的力量，通常出现在祝祷词最开始的时候，引导人们以虔诚祈祷的姿态面向土地。

与产土相关的还有"产屋"这个词。产屋是新生命诞生的地方。古代，都是临时建造一个小屋，让产妇在里面完成生产。人们认为在新生命产生的同时，新的灵魂和灵力也随之产生，因此，会临时建造一个特别的"围栏"。产屋也正是产灵产生的地方。

祖国与常世

以上所说的这些，从更宏观的角度来解释的话，其实产土和产屋就相当于mother country。

我本人在思考关于日本的话题时，都在想我们日本人对于"祖国"这个词是怎么看待的。其实祖国就是"母国"，也就是mother country吧。

不过话又说回来，日本人不太会使用"祖国"或"母国"等诸如此类的叫法。也许是因为害羞，又或者是因为考虑太多，还真是不知道该怎样去解释。基本上，我们会使用"咱们国家""日本……"，或者"我们的国家"等叫法。即便是在天皇的口中，也很少会出现"祖国"或"母国"这样的叫法。我觉得日本人其实可以更多地去使用这些词。

曾经有一位叫折口信夫的民俗学者，在开始古代研究之初，就把日本人内心深处的mother country，叫作"母之国"，或者"母国"。而"母国"在民俗学当中，经常被定义为等同于"常世"。所谓"常世"就是"永恒的、等待着我们的产土之国"。说到常世我们要提一提曾为民俗学者的谷川健一所著的《常世论：日本人灵魂的去向》（《常世論：日本人の魂のゆくえ》，讲谈社，讲谈社学术文库，1989），这是一本关于日本人把常世当作mother country的杰作，十分有阅读价值。

作为"客神"出现的日本的各方神圣

首先，我觉得就"圆柱文化"是在至关重要的土地上"立起支柱"这一行为的解释已经十分明朗了。

对古代的日本人来说，"立起支柱"这件事，无论是在"建造村落"这样的小事上，还是在"建造国家"这样的大事上，只要需要建立一个共同体，它就一定是必不可少的一件事。地镇祭就是把这一切和当今社会连接起来的纽带。

像这样为开启一个场所的新生而举行的仪式，也叫作"结界"。举行仪式首先要选择一个理想的场所，再在这个场所里面立起支柱，或者是选一棵高大的树木（樟木、栎树、山毛榉、光叶榉、银杏等）来充当中心柱。最后在其周围立起四根支柱，用界绳缠绕起来做成结界。人们认为，做好了结界，就可以在里面召唤神灵并等其到来了。地镇祭正是借助了这个原理。

在日本，圆柱是为了隔离四方四界而存在的。这一说法同样也使用在能乐舞台所用的主角柱和目付柱（舞台左前方用来辨别方位的台柱）上。但是在能乐舞台上，圆柱只是"结界"的意思，并没有其他含义。又正是因为此处"圆柱"没有其他的意思，所以这个舞台，各路神仙会莅临，主角和配角也会在这里登场。

那么我们又要在此强调一个重点，那就是"日本的各路神仙都是客神"。

客神就是作为座上宾的神仙。犹太教、基督教里面的神，都是唯一的神，同时也都是主神。因此，在祈祷的时候，其信徒都会念"主啊"。日本人就不会在祈祷的时候说"主啊"，因为日本的神，都是从常世"降临"日本的，办完事情以后，神都会回去。这就叫作"接神"和"送神"。因此，日本的各路神灵都是客人，是作为座上宾的神仙，即客神。

这些说法，都是因为要祈祷事情有一个好的开端，所以要设结界，在结界里面立上一根柱子，把柱子看作神的化身。这些做法说实话是十分不可思议又耐人寻味的。究竟为什么会有这些让人难以捉摸的做法呢？追根究底还是因为日本的各路神仙都没有固定居所可寻，也不是常在的神。因此我们要请神，也要送神。

对这件事情的解释和说明，在本书中还有多处会再出现，在这里我们暂且先告一段落。还有一点要补充说明的是，折口信夫曾经提到过，客神还有一种说法就是"稀客"，因为神很少会到来，也就因此而得名了。

近代日本的圆柱

明治维新是一个重要的契机，它使得日本再次强烈意识到上文提到的"立柱"这件事是十分重要的。

明治维新的初始阶段，人们称其为"王政复古"，所有人都试图要把古代的王权套用到当下的社会中。但是执行者却在烦恼，到底应该把古代的什么要素在近代再现才好呢？最开始的时候，执行者拿江户时代末期的国学思想作为参考，结果发现不应该再拘泥于古代的支柱，而应该更加重视基于近代的价值观所产生的帝国、宪法以及议会，还有企业和家庭，用这些来作为近代国家的支柱。就这样，各种各样的候补项也就一应诞生了。在这一过程中，日本产生了很多的新词，例如前文提到的"立身""立国""立志"，还有就是"立宪"。

福泽谕吉在《劝学篇》中提到过，先有独立人格的国民，才有强大安宁的国家。我想正是如此，如果每个国民都塑造出独立的人格，那么国家也就可以独立了。但是，偏偏此时又出现了一些喊着"那不过就是追随着西洋人的想法罢了"的人，于是应声附和之徒里又有一些人的主张便更加复古，说是要回到"神道"的路上来，要像《古事记》里面提到的那样，回到神主宰一切的政体上来。这种呼吁此起彼伏。在宣告近代日本开始的思想体系里，竟然冒出了复活型的神道主义，这简直就是滑天下之大稽。但是明治维新却把这个"支柱"给立了起来。

虽然有很多人喊着要复古，但是不管是谁，都拿不出一个完美的议案。到底什么样的王政复古道路才适合近代日本呢？作为候补的论点有两个来源：一个是江户末期佐藤信渊的《天柱记》，还有一个就是同时代平田笃胤的《灵能真柱》，这两部著作都讴歌了"柱子"。虽说无论哪一部都写了日本神话最开始的"造化三神"，但是，这种虚无缥缈的神话，又怎么能担任起作为近代国家的基石这样的重任呢？里面的神话无非就是"造化三神"出现了，随即在其他的神（建立国家的那些神）也出现了之后，就把任务都交给他们去完成了，三神就此归隐。

另一方面，曾经是日莲宗（13世纪形成的日本佛教宗派）僧侣的田中智学，于明治十七年（1884），以"立正安国会"为母体，在进入大正年代以后，创立了"国柱会"。他提出要把全国神社的祭神都统一为"皇祖神"，这个提议的意思就是，竖立国家的支柱要从建设神社开始。

这确实是一个能有效地把古代的支柱留存到明治社会的方案和计划，但是这种思想立刻被"右倾"化，与之后国体论的净化关联起来，被石原莞尔[1]的"满洲国"构想采用了。另外，田中智学的国柱会，被早些年的宫泽贤治看好，他也曾有意加入进来。贤治在被国柱会拒绝了以后，才成为了超现实主义诗人和童话作家。

就这样，"立起支柱"这种思想在近代日本，便成了"国粹主义"和"八纮一宇"[2]思想的温床了。

---

[1] 日本陆军中将，军国主义鼓吹者。20世纪30年代，石原莞尔策划了"满洲事变"，日军在华成立了伪满洲国。——编者注
[2] 意思是"天下一家"，20世纪上半叶日本用于宣扬战争的口号。——编者注

産霊と柱の国
——ムスビ——
产灵和圆柱之国

日本人在"结"里面注入了充实的精神实质。人们绞尽脑汁地想出了多种多样的打结方法：图①是按照"寿"字的模样打出的界绳装饰；相扑的横纲结有两种，分别是图②显示的两个圆圈形成的不知火的形状和图③的一个圈的云龙形。

圆柱自古以来被人们当作连接天与地之物，也是被神灵附体之物，因此被世人所敬仰：图④出云大社本殿是由巨柱"心御柱"支撑起来的；图⑤法隆寺五重塔也是由一根"心柱"自下而上从地面贯穿至顶部而建成的。

第二讲

越过和与汉的边界

用"混音"效果处理过的中文
——使得日文开花结果

来源于汉,却渐行渐远

在这里,我要叙述一些在越过"和与汉的边界"后形成的日本文化。

所谓跨越"和与汉的边界",就是指日本把中国(汉)和日本(和)之间的各种交流逐渐融合成一体,最终形成了日本独特的表现和认知,更甚之在中世纪和近代形成了独特的价值观。

从宏观层面上还可以这样理解:在亚洲社会当中,中国人在相当长的一段时间里把自己的文明发展到全球规模,日本人在学到这些之后,于奈良时代(710—784)写下了《古事记》和《万叶集》[1],并一举创造出了适应本土韵味的展现形式和表记[2]方法。最终出现了假名,继而崭新的"本土文化模式"和"克里奥尔文

---

[1] 日本最为古老的和歌集,收集了4—8世纪约4500首和歌,文字均用汉语标音。——编者注
[2] 作为纪念品或信物而赠送给别人的东西。——编者注

化模式"[1]也随之诞生。而且,在这之后,日本又对它们进行了彻底打磨。若问打磨了什么,那无非就是克里奥尔式的"和与汉的边界"了。

为何会发生这些变化?为何这些变化都具有了可能性?我想这不仅仅是因为想象力丰富吧。

举两三个例子来说明一下:

比如说禅宗是从中国引进的。镰仓时代(1192—1333)的荣西[2]和道元,两人确实是去了中国并在那里修行后归来。但是,禅宗进入了日本以后,日本各地兴建了禅寺,在禅寺的一角总是会出现"枯山水",即由岩石堆和白砂石组成的一角,其中龙安寺和大德寺的十分出名。像这种样式的庭园,中国是没有的。

中国的庭园(总称为"园林")由很多的植物和石头组成,而日本的禅庭会最小限度地使用石头和植物。虽说叫作"枯山水",但它其实从头到尾并没有水出现过,只用石块的堆砌来表达出水的流向。这种表现形式在日语中叫作"减法效应"。

茶也是从中国引进的。荣西在《吃茶养生记》当中,对茶的由来进行了记录。但是茶在进入日本之后,日本只模仿了最初的饮茶习惯,不久后,这种习惯便转换成了如"草庵之茶"那般的"空寂

---

[1] 一般来说,"克里奥尔"指欧洲白种人在殖民地的后裔。他们的语言、文化和种族,是基于移民时代的欧洲移民和非欧洲人种间的互动而产生的。——编者注
[2] 1141—1215,日本佛教临济宗创始人。曾到宋朝传播佛法,将茶种带回日本种植,写成《吃茶养生记》;荣西得到了镰仓幕府的支持,在京都建立佛寺,融合天台、密、禅三宗,创立临济宗。——编者注

茶"风格[1]。随后，符合这种"空寂茶"式独特风格的茶室也产生了。从茶室的构造来看，它有一个只能容一个人进出的小门，进门后设有一块极小的空间。屋子的大小也就只有四叠半[2]或三叠多点，甚至还有的只有两叠多点。这样的茶室在中国也是没有出现过的。这里也体现了"减法效应"。

倾心于空寂茶和草庵茶的村田珠光，在其虽然简短却有着十分重要意义的纪要《心之文》当中，陈述了这样的心得："和与汉的边界模糊了。"这一主张是划时代的。

古时候起，日本就从中国引进了许多的细木工制品。像是屏风啊，还有板门啊，板窗啊，等等，基本上都是用结实的木料制成的。日本则在此基础之上，制作了"隔扇"和"拉门"——它们在原有的框架上贴上和纸[3]制成。这便是1970年以后在日本的技术场景中流行起来的"轻薄短小"风格。

照这样看来，应该可以说日本文化起源于"汉"，而后渐行渐远，在"汉"的基础上创造了"和"，游走在了和与汉的边界之上。

---

[1] 奈良时代，日本僧人村田珠光开创了崇尚自然朴素的草庵茶之风；16世纪后，武野绍鸥和千利休进一步发展了草庵式茶道，融入简素清寂的禅意，创造了空寂茶。——编者注
[2] 在传统和室中，"叠"是用来计算房屋面积的单位，也就是一张榻榻米的大小。传统和室中最经典的要数四叠半榻榻米。——编者注
[3] 古代中国所发明的纸传入日本后，日本以其独特的原料和技法制作出了和纸。——编者注

日本史上最早也是最大的一起文明事件

为了更好地理解日本这个国家，我们不得不时刻注意，这是一个被地震和火山喷发等自然灾害纠缠着的国家。不知道什么时候，它就会突然出现一场自然灾害。寺田寅彦，近代日本出现的一位独一无二的科学家，他潜心致力于地震学的研究，也正是因为日本多自然灾害。日本，其实是一座不堪一击的岛屿。

而且日本的房屋是用木头和纸盖起来的，十分易燃。只需一把火，一切就都瞬间燃成灰烬了。因此，"一切都是'瞬态世界'"这种说法也便产生了。但是，灰烬也有再生的可能性。复原工作是日本很重要的创造行为，熊本城的破损和首里城的熊熊大火[1]都让人心痛不已，它们的复原，也成为了很多人的心愿。由此发展而成的就是"复制"这一审美意识。

反过来看一看，日本列岛2000万年前就是欧亚大陆的一部分。从地质学角度来看是这样的：由于板块运动，地壳发生变动，亚洲大陆的边缘部分向东西两个方向分离开来，随后海水侵入形成了日本海。这部分至此便与大陆分离，由此形成了日本列岛。

正因为有了这一变化，日本列岛从绳纹时代结束时起，很长一段时间都是与大陆部分分离开来，处于孤立的状态的。这一事实有着极为重要的意义，也正是日本海把日本和欧亚大陆分开的这一事实，最终使日本得以跨越和与汉的边界。

---

[1] 2016年，日本九州岛的地震使熊本城遭到严重破坏，此后日本开始了对它的修复工作；2019年10月，日本冲绳的世界文化遗产首里城突发大火，首里城正殿周围燃烧殆尽。——编者注

这座孤立的岛屿，早在大约3000年前的绳纹时代后期就已经开始栽种水稻；公元前4世纪到3世纪时就已经有了铁器；3世纪后半期，汉字也漂洋过海，从大陆来到了日本。这些，都在第一讲的时候进行了讲解——黑船"稻子、铁、汉字"的到来。

特别是最后到来的汉字，它的到来冲击力强烈、影响巨大。日本人最开始接触的汉字，是在筑前国（现在的福冈县西北部）志贺岛出土的。那个印有"汉委奴国王"的金印上，有着好似被刻在铜镜上的咒语一样的汉字群。我想第一次见到这些的日本人（倭人），一定不知道这些字是什么意思。要知道，中国当时可是全球性的大国（这里所说的"全球性"，就是"华夷秩序"），日本人只能虔诚地去遵守和接纳中国的决定。

然而，日本对汉字的认识和认真学习仅限于最开始的阶段，在中途则开始发生了变化。日本人在当时已经认识了成千上万的汉字，但并不是按照原样的发音完全不变的。他们把从绳纹时代便已经开始的本土的口头交流，配合着汉语的发音一起读下来。

我认为，这是日本历史上最早的也是最大的文化事件。如果要探究日本文明的话，那么这也是当之无愧的最大的文明事件。日本人不单单是"引进"，还进行了"编辑"，这一切都富有戏剧性。

汉语学习运动

最开始把汉字带到日本（倭国）的，是百济的使者。

应神天皇时期，应该是在3世纪末、4世纪初，阿直岐（百济近肖古王派出的使者）带着数册的经典来到日本。当时的日本和百济的关系十分亲厚，甚至达到可以建立同盟的地步。

阿直岐访日后不久，天皇的皇子菟道稚郎子开始对汉字感兴趣，于是便拜阿直岐为师，开始学习读写汉字。应神天皇把这一切看在眼里，他觉得在宫廷内使用的语言如果可以使用文字表达出来，将会有很重大的历史意义。于是他问阿直岐："可有比你更优秀的贤士啊？"阿直岐回答说："有个叫王仁的人，十分优秀。"于是天皇即刻派人去百济，请来了王仁和辰孙王。他们带来了《论语》《千字文》等共11卷书籍。尤其是《千字文》这本书，是读写、学习汉字极好的教材。我也曾经在父亲的指导下拜读过，真是受益良多。

王仁可以说是"书首"[1]的始祖。继他之后，还有在继体天皇七年（513）的时候来朝的五经博士段杨尔、继体十年（516）的汉高安茂、钦明十五年（554）的王柳贵等，王仁的后继者们相继来到日本。

这也意味着，随着这些看起来并不亲切的"文字"一起到来的，还有"中国儒教的语言"。因此，在朝堂上懂中国话的各路人才也随之出现了。

就这样，外语学习运动在日本渐渐展开。我们可以想象，也许人们会像学习英语会话一样，马上就会出现很多用外语"呱呱叫"的日本人（倭人）。确实，有素养的人顿时增加了不少（主要为贵

---

[1] 指西文首氏，凭借较高汉文素养在倭国政府负责起草外交文件和翻译工作的汉族移民。——编者注

族和僧侣），但是实际上，现今社会人们地道而朴实地忠于英语原本的发音和读写规则，当时的日本人对待汉语却不是这样的。人们没有原封不动地传承汉语，而是以日语为底色去修改和使用它，并且"编辑"了日语式的汉字。这也许就是文明的转换吧。

对汉语的"混音"效果处理

据《日本书纪》记载，推古天皇二十八年（620），圣德太子和苏我马子两人，曾经致力于《天皇记》和《国记》的编撰。里面究竟记录了什么人物虽然不得而知，但是总共有180部，预计要分发给臣和连，伴造以及国造[1]。

我想，当时用于记录的语言，应该就不是汉语，而是中国式的日语了吧，即所谓的"Chinese·Japanese"。可惜的是，《天皇记》和《国记》都在乙巳之变中，随着苏我虾夷的居所一同被烧了[2]。

真是十分遗憾，不过值得庆幸的是在天武天皇十年（681），川岛皇子和忍壁皇子下令编撰了《帝纪》和《旧辞》。《帝纪》是主要记录了天皇谱系，还有与之关联的类似于词汇集（词典）的一本著作，全国各地日本人的姓名和来历也都被记录在册。这正是前

---

[1] 臣和连皆为大和朝廷地位最高的姓，代指上层的中央豪族；伴造指中下层的中央豪族，其姓多为首、造、连等；国造指一国或一郡之长。——编者注
[2] 7世纪时，苏我氏权倾朝野，大臣苏我虾夷藐视皇权。乙巳年（645），中大兄皇子在朝堂上斩杀苏我虾夷之子，裹尸奉还苏我虾夷，苏我虾夷引火焚宅自尽，其收藏的《天皇记》《国记》等文献也付诸一炬。——编者注

面提到过的"产土"。

当然,它们都是用汉字记载的,但并不是用汉语中纯粹的汉字,而是用"Chinese·Japanese"。当时,有个叫稗田阿礼的人可以诵读出大半的内容,而且可以熟记背诵。稗田阿礼这个人的真实身份还不得而知,又或者这也许不是一个人,而是一个集体的名字,但是不管怎么说,阿礼并不是使用中国话来诵读《帝纪》和《旧辞》的,而是用日语。

和铜四年(711),元明天皇命太安万侣编写了《古事记》。编写的目的就是记录"邦家之经纬,王化之鸿基"[1]。而在这一过程中,发生了划时代的语言表现形式的革命。

按照稗田阿礼的口述,太安万侣完成了有46027个汉字的《古事记》。为了记录下来,他在表记上做出了前所未有的努力。首先太安万侣把汉字表记日语的方法分为"音读"(专有名词用与日语发音相近的汉字表记)和"训读"(语义相同的用汉字表记、日语读法),其中音读汉字后来就发展成了万叶假名。

这可是堪称划时代的革命,不仅仅是表记工作上取得了重大进步,而且把日本人从绳纹时代以来一直所使用的语言用"汉字转换的声音"表现出来了。这对日本人来说,也是前所未有的,我们眼睛看到的是汉字,却可以用日本独有的发音来读它。

比如说"大"这个字,音读可以读作"dai",这是因为原本在汉语里面,这个字的发音也是和"dai"相近的。我们取了和原本发音相近的发音来作为它的音读。但是,其实日本人自古

---

[1] 太安万侣:《古事记·序》。——编者注

以来与"大"相关的概念其读法有"おお"（oo）、"おおし"（oosi）、"おおき"（ooki）等。因此，"大"的训读发音便为"oo"了。就这样，音读和训读可以按照语境任意切换使用。

自己发明的汉字，被人如此使用和转换，估计中国人是怎么也想不到的。我们把全球性的大中国的各种事物引进日本，并在学习的初始点就开始"混响编辑"。

那么，接下来即将登场的就是日本独有的"假名"了。万叶假名逐渐发展成了真假名、真名假名、男假名，女子也开始学习假名，并且也开始致力于改编这些假名，因此就出现了"女文字"这种十分柔和的假名。"安"字写作"あ"、"波"字写作"は"、"吕"字写作"ろ"。

这些字一旦被编辑成假名，便不再有之前的意义了。"あ"没有"便宜"（安い）的意思了，"は"也不再是"波纹"的意思了，这可是日本独一无二的表音文字。日本人搞出了"汉字假名夹杂文"，不得不承认这也是一项发明。就好像在英语的句子里面，在英文字母间掺进了汉字和假名一个道理。

真是不得不承认，这是对"日本解读器"十分大胆也十分细腻的一次操作。操作完成以后的假名，与之前的真假名相对，取名叫作"平假名"。在晚年取得日本国籍的唐纳德·基恩[1]就曾经说过"假名的出现，是促使日本文化确立的最大事件"。确实如此。

---

[1] Donald Keene, 1922—2019, 知名日本学家、历史学者。他曾任教于哥伦比亚大学，以研究日本历史与日本文学见长，晚年入籍日本。——编者注

双重规格

我们模仿着中国的原版,一边学习,一边对其进行自主、自由的改编,这可是日本特有的对外来文化的接收方法。这一点在7世纪到9世纪之间派往中国的遣唐使身上表现得十分显著。

日本通过向唐王朝派遣使节,带回了当时全世界最先进的各种制度和物品,再通过这些来掌握建筑技术、佛像制造技术、造船技术等技能。不知不觉地,日本人逐渐摸索出了在房屋建筑和佛像制造方面的新技能,即积木堆组法和木块镶嵌法。如果没有这些新技能的话,那恐怕日本的房屋建筑都会是Chinese Restaurant(中式餐馆)风格的建筑了吧。其实不只是在技法上,像太秦广隆寺里优雅又稍带倦容的弥勒菩萨像,我们也做到了脱离中国的佛像理念,去建造和描绘。"日本解读器",在理念上也发挥了作用。

当然那时的房屋建筑也有遵从中国的原版样式来建造的,例如太极殿和禅宗建筑,就与之相近。太极殿是朝廷进行正式裁定的地方,屋顶铺设石棉瓦,柱子也都使用了朱红色这样比较鲜艳的颜色,可以穿着鞋子登坛。但是朝廷大内的皇宫,除了建造太极殿和朝堂院,在宫里面还一定要建造和风的紫宸殿和清凉殿。在这里,采用"丝柏树皮修葺法",使用原木和高床式建筑,人们必须要脱鞋才能进入。两种风格是并存的。

也就是说,大内在建造的时候融入了汉、和两种风格,这应该就叫作"double standard"(双重标准)吧,但我更倾向于把它叫作"dual standard"。因为"dual"是"去了又回来,来来回回"的意思,我更强调它的二元性。日本人很注重这样的地方,这究竟是为什么,在后面我会详细地对此解释说明。

不管怎么说,和与汉虽相异却共存,且发生了多次的变换,在这一过程中又形成了汉风文化和国风文化[1]的对比。

纪贯之的革命

加速和汉"发酵"进度的典型事例,就是纪贯之的试验。他的试验最有影响力,发挥出了惊人的编辑能力。如果说太安万侣的试验是日本语认知革命第一弹的话,那么他的试验就是毫无疑问的第二弹。

纪贯之编撰了《古今和歌集》,他在序文里写入了"真名序"和"假名序",和、汉两种序都编入了。《古今和歌集》并不像现今的文章和书籍那样,英文和日文尽量统一成一个意思来写作,真名序部分表现的是中国的汉诗词,以及汉诗的写作规则和目的;假名序部分则表现的是日本和歌独特的变化风格和目的。

在书中,他还这样宣称:"倭歌(和歌),以人心为种,由万语千言而成,人生在世,诸事繁杂,心有所思,眼有所见,耳有所闻,必有所言。"[2]这与中国人在汉诗当中描写人心境的真名序是完全不同的。

---

[1] 此处指日本借助外来先进文化的形式和内涵,创造日本独特民族文化的一种现象。包括10世纪至11世纪摄关政治时期的藤原文化,及11世纪末到12世纪末院政时代的平安末期文化。——编者注
[2] 纪贯之等:《古今和歌集·假名序》。——编者注

第二讲 越过和与汉的边界

纪贯之的这一试验，在《土佐日记》当中，更是有了非凡的突破。里面写道："我听说男人都会写日记，那么作为女人的我，也要试着写一写。"这是多么有戏剧性的写法。

在当时的那个时代，日记可是被规定只有贵族的男性才可以写的。主要是把一天当中发生的事情，用汉文记录在从中国引进的具注历日[1]这种历本上。文中记载说，女人也要尝试着去写日记，但是实际上执笔的却是身为男性的纪贯之，他只是假借了女性的身份来进行写作而已。更让人想象不到的是，他竟然大胆地尝试用假名，而不是汉文来完成了写作[2]。《土佐日记》是一场跨越了"和汉边境""男女之别"二重界限的假想试验。

这次的假想试验，瞬间就带来了巨大的影响力。女子们都开始自由地写作，假名日记也好，假名文章也好，她们都信手拈来。之后出现的由女性作家所撰写的几部名著，包括《枕草子》《更级日记》《源氏物语》以及《和泉式部日记》都是这样产生的。

这不仅仅意味着女性文学的诞生。纪贯之发起的这一场日语认知革命，向日本人宣告了：新的思考方式、表现方法是有可能实现的。

---

[1] 两汉时期，日书开始与历书相结合，后形成具注历日。——编者注
[2] 《土佐日记》是日本假名文学的先驱作品，全文仅用真名（汉字）62字，大大开拓了日本假名文学的表现空间，并为之后高度繁荣的假名日记文学奠定了基础。——编者注

《和汉朗咏集》的"比较"

继纪贯之之后,又出现了藤原公任的《和汉朗咏集》。与《古今集》不同,它不是敕撰和歌集,而是私撰的美文集,属于私人诗集。

其实这就是一本收录平安时代王朝文化中流行的汉诗与和歌的最佳文集。公任收集和比较方式的基本是这样的:汉诗一首配和歌三首,或者和歌两首配汉诗三首等进行对比,汉诗与和歌,是以非对称形式收录的。这就是所谓的"比较"的方法。《和汉朗咏集》是一本把"比较"手法发挥到极致的优美作品,它的确是日本历代美文集中最重要的一本。

公任其实是把它作为女儿出嫁的纪念礼品而作的,这本文集在红、蓝、黄、茶四色的薄纹唐纸上印了唐朝式的云母纹,并请了当时有名的书法家藤原行成使用草假名来书写完成。这是多么绚烂夺目的粘叶本[1]啊!

就连分门别类它也做得十分精致。上卷按春夏秋冬,分配了春21首,夏12首,秋24首,冬9首;下卷分"风""云""松""猿""古京""眺望""祝"等各种题目,而且这些都要用汉诗和和歌两种风格来衔接。最后,使用了汉诗588首,和歌216首,真正做到了让"和"与"汉"有意识地结合在一起。这里所谓的分门别类其实就是章节编辑,王朝文化在某种意义上讲也是"章节编辑的文化。"

---

[1] 一种以装订格式命名的"古笔"(着重指假名书法中的古代作品)。——编者注

这种体裁在之后的总结中被称为"'和魂汉才'之妙"。"和魂"与"汉才","魂"和"才"被分拆独立,我想这也是很独特的吧。

陈设 款待 举止

就这样,日本人使用着舶来的汉字,又使之按照自己固有的读法加以改变,制造出了日本人独有的日本文字。

那么,在书写这些掺杂着日本文字的和歌的时候,就不得不把书写方法转变得柔和——这就产生了"和式书法"。对比写汉字时一板一眼的楷书来说,我们把汉字给拆开,开始使用"和式书法",更甚之后来又有了以草假名为主的草书,"真、行、草"随之诞生。这可是王朝文化在书法上的又一次革命,不仅如此,当人们把草书洋洋洒洒地写在美丽的和纸上时,又分出来两派,即"分隔写法"和"分散写法",这可以说也是一场设计上的革命。小野道风、藤原佐理、藤原行成等人,都是很优秀的和式书法家。这些人写的书法作品,曾经被带去中国展览过,中国的书法家对那些柔美的笔锋也是赞叹不已的。

当人们居住和生活使用的材料换成了木头和纸,室内装饰的格调也开始侧重于和风。屏风和帷帐,草帘和围屏等作为家具相继出场,这里,体现出王朝风范的室内装饰文化诞生了。随之产生的便是"款待"和"举止"。我相信在日本人生活文化的基础中,就存在着"陈设""款待"和"举止"的三位一体。我曾经担任过平安建都1200年公开研讨会的总指挥,那时候研讨会的总理念就是用了这三位一体的"陈设""款待"和"举止"。

在信仰方面也出现了跨越边界的现象。我们一边学习着从中国传来的佛教和儒学,同时又将之与日本本土的祭坛和天神地祇相结合。关于这方面,我将会在第四讲"神与佛的调和"当中讲解。

国风的产生

依照上面所阐述的,日本在很长一段时间内把"跨越边界"这件事情看得很重要。但是到了战国时代,一直到安土桃山时代[1]的这一段时间里,风向又发生了转变。人们开始偏向于要把中国传来的物品置于最高位,下令不能随意赏玩。

一直到室町时代,都有"唐物庄严"这样的说法。所谓"唐物",就是指中国的舶来之物,在那个时代是最有价值的。随着战国时代来临,各地也逐渐开始认识到本国文化的重要性,意识一点点地开始变化。像这样推崇各地的文化、物品以及习俗的理念与行为,我们统称为"国风"。现在"国风"的说法仍旧保留着。

如在陶艺方面,很长一段时间内,中国的陶瓷器(景德镇的瓷器)都被看作最珍贵的,但是随着日本各地的"国烧",也就是官窑开启以后,由官窑出产的制品也同样开始被人们重视起来——信乐烧、濑户烧、备前烧、丹波烧、越前烧、常滑烧,都很有名。这

---

[1] 安土桃山时代(1573—1598)是织田信长与丰臣秀吉称霸的时代;因前者的统治中心在安土城,后者的统治中心在京都桃山,故名。此时日本已趋于统一,且出现了现代化趋势。——编者注

些地方的官窑统称为"六古窑"。村田珠光在《心之文》中曾经提到"和汉无境"，具体表现之一便是人们品茶时使用的茶具不是唐物，而是国烧的器具。

另外，还有与禅宗一起传入日本的水墨画。一直以来，中国的水墨画都有着不可取代的至高地位，不过这一现象也随着禅宗在日本逐渐沉淀而开始发生改变。镰仓五山和京都五山都出现了十分优秀的禅僧，其中就有如拙、雪舟、相阿弥这样的名人。他们喜好日本风格那样余白较多的水墨画，受到这些名人的影响，最终形成像长谷川等伯的《松林图》屏风这样日本独一无二的绝妙山水画。

追忆"古意"

起了决定性作用的还是信长和秀吉时代来到日本的天主教。对于西洋世界的理念，人们感受到了其局限和危机，尤其是秀吉在对朝鲜出兵的那场"文禄·庆长之役"[1]中败退而归之后，当时的人们便逐渐开始倾向于"中国的东西就到此为止吧"。

这种趋势一直到德川家掌握政权的时候也没有发生改变。江户时代初期，虽然林罗山和藤原惺窝等儒学家引进了当时的主流儒学朱子学，但是中江藤树、熊泽蕃山、伊藤仁斋、荻生徂徕等人却偏偏要把儒学"日本化"。

物产方面也出现了日本化倾向。本草学一直独占鳌头，一直以

---

[1] 1592—1598年发生在中、日、朝三国之间的战争，最终以丰臣秀吉逝世、日军撤退告终。——编者注

来也都是中国的矿物和植物图鉴（《本草纲目》等）备受青睐，可是到了德川吉宗（德川幕府第八代将军，1716—1745年在位）的年代，人们一改往日对中国本草学的依赖，而逐渐开始关注日本本土种植的植物和农作物，实际上当时已经开始用国产的番薯、菜籽油、砂糖了。享保年间（1716—1735）又出现了一项改革，即药材也不是原封不动地使用从中国引进的中药药材，而是使用日本原产的药材，配合中国的技术来制药——"和汉药"就是这样诞生的。

德川幕府在经历了第三代将军家光的时代之后，就开始推行"锁国令"，断绝了日本同海外的交通，也禁止了贸易上的往来。

与荷兰、中国的贸易通商也仅限于长崎、平户港口。日本的锁国令（确切说是"海禁"）持续了200多年，在这么长的一段时间内，日本彻底扩大了内需，这在世界历史上也是罕见的，它与之后发生的"日本儒学"运动紧密相关。所谓"日本儒学"，指人们在完全脱离中国的情况下，把受中国影响而写出的日本古书籍再次研读的运动。

让这种"脱离中国"式的、儒学领域的新尝试得以完成的推动者就是贺茂真渊和本居宣长，他们开创了"国学"——即日本的事情，用日本人自己的方法来研究的主张和学风。

首先开始的就是契冲、荷田春满以及真渊等人对《万叶集》《源氏物语》的研究，之后宣长也开始了对记载着日本以及日本人起源的古书——《古事记》的钻研。

但是，稗田阿礼和太安万侣竭尽全力去构思、创作的文章，并不是那么容易解读的。宣长决意要排除"汉意"（中国的构思），而彻底地用"古意"（日本的构思）去思索和研究。他觉得，如果不这样做的话，恐怕就无法真正理解《古事记》原本的意图。

可是正如前文叙述的那样，《古事记》是假名尚未发明完整时的作品，那时候人们完全用汉字来表达日语。因此，在《古事记》完成千年以后，就几乎没有人可以成功地阅读它了。宣长在读解的时候，把干扰他读解的汉字汉文所带来的"汉意"从头脑中完全抹去，而试着用自身的"阅读方法"去重新解读。他花了40年的时间，终于完成了用汉字和送假名[1]构成的人们可以读懂的文章，这也就是《古事记传》。关于日本的名著多达几十册（尽可能地在本书中都介绍到），《古事记传》绝对可以列入前十。

"日本·解读器"不起作用了

大和本草、国学等一系列的国产物接二连三被开发，日本儒学也开始被研究，这使得日本的政治、思想和文化等各方面都兴起了"脱离中国"的风潮——日本这样走下去的话应该可行吧？应该也可以变成更充实的国家吧？在宝历、天明时期和文化·文政期[2]，也曾经出现过这种令人骄傲的文化现象。

但是，当时爆发了鸦片战争（1840），英国蹂躏并践踏了清

---

[1] "送"是跟随的意思，指一个日语词汇中，汉字后面跟随的假名，用来指示前面汉字的词性或读音。——编者注
[2] 文化·文政时期（1804—1830），也称"化政时代"，是日本江户时代发展的黄金时期，也是以"町人文化"为主导的繁荣时期。——编者注

朝。幕府当时唯一有深交的国家就是荷兰，荷兰国王给日本写了亲笔信，信中发出了这样的警告："日本也许会是下一个被蹂躏的国家。"这段话在一本《荷兰风说[1]书》中有所记载。

实际上，那时俄罗斯的战舰已经到达了千岛和对马，要求打开通商口岸。日本连发了对外国船只的驱赶令，想要赶走那些船只，但是没有任何效果。这样过去了几年之后，最终的"黑船"到来了，不知如何应对的幕府无疑解体了。日本没有面向海外或外交方面的王牌，因此也就只剩下两条路：要么攘夷，要么开国。国内一时间骚动不止，这也就是明治维新到来的契机。

之所以会产生这些变动，原因也许在于日本终究被"黑船"所代表的西洋近代科学的力量所压倒；又或者在于同时被西洋的力量所压倒的、曾经在日本人眼里就是全世界的清朝，在鸦片战争中那般被蹂躏。日本人眼见这一切，十分震惊。不管是因为何种原因，日本一直所维护的、信仰不疑的东西，被严重破坏了。

这之前，日本人一直坚信日本是在用独特的解读器来解析全球化的，但是却突然不得不采用西洋的政体、思想以及物品。也可以说，没有"插秧"的过程，没有过滤的过程，就直接接受了。日本突然间就被"欧美化"了。在当时这被称作"文明开化"。

话虽好听，但是这之后，日本人的日子真是十分不好过呀。列强诸国，掌握了裁判权和通商权等权限。

---

[1] "风说"是日语词汇，本义为谣言、传言。当时，幕府表面上采取了闭关锁国的政策，实际上则通过《荷兰风说书》等积极主动地搜集海外情报,了解外部世界。——编者注

在接受西洋文化的时候，日本是极端开放的，丝毫没有在接受中国文化时的变通，那时候我们可以做到"和汉无境"，这时候却完全不行了。之前的"和魂汉才"土崩瓦解，"和魂洋才"开始了，其中"和魂美才"可以说最为广泛。这一现象，是从明治时期的大学里"雇用外国人"开始的。

从假名被发明开始，到德川时代国学的出现，一直以来人们坚持的"脱离中国"，在黑船来袭后变成了"列强包容"。当幡然醒悟之时，日本虽然取得了日清战争和日俄战争的胜利，倡导了"日本主义"和"亚洲主义"等新运动，但是，事情的动向也发生了微妙的，或者说是过剩的变化。

唐風の典雅と和風のみやび

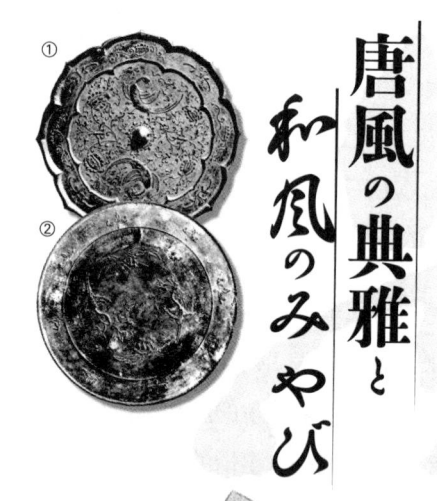

唐风的典雅与和风的风雅

日本文化就是在跨越"和汉边界"后而衍生出的、具有独自表现形式的文化。图①是唐镜，背后花纹是想象出来的花和鸟。图②是和镜，背后的花纹是生活中可见的松、鹤，构图也是非对称的。这种非对称的审美意识，还着重体现在图③，这是平安女子的装束图，且看衣服如波浪一般的、层层的表现形式，还有黑色的头发，都是很有代表性的。

图④是唐代的青瓷作品，外观整齐对称，还配搭一对青瓷把手。与之完全不同的是旁边的图⑤，这是官窑国烧的伊贺烧作品，可以看到它的形状是完全不对称的，颜色也是自然釉的颜色，没有改变。

第三讲

祝祷与丰收

探讨对日本人来说十分重要的"稻米信仰"

常民的生活与米

日本人究竟应该怎么分组呢？柳田国男[1]开始了日本民俗学的研究，他把日本人分为山人、海人、常民和游民等几类：

山人的始祖是创建了绳纹社会的人们，他们以狩猎、采集以及畜牧为生。

海人则是在古代被称作"アマ"（ama）的人，这是靠海和水生存的人，他们多数从事渔捞、海产和制盐工作。但是，海人住的地方不一定在海边。日本各地都有"盐道"保存下来，在陆地上从事运盐工作的人也叫"海人"。在古代中世，姓住吉、住之江、安云（安住）和渥美的人是海人当中比较活跃的。

常民这种说法可能让人听起来很不习惯，但是这可是柳田最重

---

[1] 日本民俗学与民间文艺学的创立者。——编者注

视的生活形态者，用文化人类学的语言来解释的话，应该叫作"农耕民族"。简单地说，就是大家所熟知的"老百姓"的生活形态和与农耕密不可分的生活观，以这些为基础生活的人就是常民。但是，在最近的历史学当中，判定了"百姓"这个用语不仅仅指农民，还指从事各种工作的普通的人，因此，"老百姓＝农民"这种说法是不成立的。

与之相对，游民则是住所不定，作为商人行走于各地贩卖物产和工艺品、提供技术和技能的人，艺伎也包括在内。换句话说就是不厌其烦地游走于各地的卖艺人。古代中世，把手艺人和工匠也划分在此类了。我从1971年开始编辑杂志《游》，杂志创刊的初衷就是"新的游民"这份心。

历史上，日本人人数最多的就是常民了。就像这个"常"字一样，指在固定的土地上常住（定居）的人，因此他们常被看作日本大众（常识、民意）的代表。常民后来成为"乡下人"的普遍叫法。

常民不仅在农田间耕种出了各种各样的农产品，为了祈祷丰收，他们还设法进行各种各样的祝祷活动，祈祷有好的收成（可以写成"稔"或者"实"），由此而创造了祝祷文化（可以写成"祈"或者"祷"）。人们通过祝祷，迎来丰收，并且深受农产品的流通所带来的恩惠，这些人，在广义上看来，都是常民。那常民的价值观中心是什么呢？是"米"。

在第一讲和第二讲当中我提到过，日本对"黑船"的到来没有抵抗力，黑船带来了外来的物品和思想，日本人则试图在这些东西上加上日本自己的"解读器"，想方设法地要把它们日本化。

我还在更开始的时候提到过,最先来到日本的"黑船",其实是"稻子、铁、汉字"。这其中最冲击日本人身体和心灵的就是"稻子",以及衍生的"稻穗""大米""年糕""饭团"。

是什么导致了日本人如此热衷"米"呢?其实是各种原因重叠在了一起。刚出锅的米饭的香味,热气腾腾的米饭那亮晶晶、白花花的颜色,稻田那令人倾心的景致,在田间辛勤耕作的人那令人肃然起敬的姿态……如此种种,我想都是原因吧。

无论是哪一种原因,都是很符合日本人气质的。我觉得,这里面隐藏着的,是日本人的"稻米信仰"。在与"米"相关的生活文化里,囊括了太多的感情和敬畏,以及愿望,它深不可测。

秧苗的技术革新

稻子的原产地在亚洲。现在全世界的稻属植物约有20余种,其中栽培稻只有两种——一种是亚洲稻,另一种是非洲稻,其余的都是野生稻。非洲稻的分布非常有限。

亚洲稻分为粳稻和籼稻,如今的亚洲米也几乎只有这两种类型。粳米的米粒比较短,属于加热后有黏性的日本型的米,脱壳了之后马上就可以烹煮调理,有时候可以蒸着吃;籼米是长粒米,黏性比较小,属于印度型的米,这种米不能焖,只能煮着吃。焖和煮,还是不一样的。介于这两种之间还有一种爪哇型的米,这种米米粒大,类型属于粳稻,但是味道更接近籼稻。

综上所述,亚洲稻有粳稻、籼稻、爪哇稻,日本稻米的99%都是粳稻。这就是日本的稻米,是越光、秋田小町、梦美利可这几个品牌生产出来的米。日本人无论在多么恶劣的条件下,多么难以种植的梯田上,都坚持了下来,且十分重视对稻子的栽培。

稻作,大体上分为两种:在水田中栽培的水稻,在旱田中栽培的旱稻。日本几乎都是水田。

水稻的栽培又分为很多种方法,中国古代主要是采取直播栽培的方法,主要靠天然降水来培育,这叫作"望天收"。而日本呢,稻子的成长期都在长长的梅雨期,接近收获的时候又容易遭遇台风。因此,我们会先把稻种在秧田里培养成秧苗,把孱弱的稻芽培育顽强起来之后,再把它们栽种到水田里面,这是日本水稻栽培的核心方法。可能这在中国人看来十分麻烦,但真就是通过这样的做法,我们终于总结出了整个流程:从立春之后第88个夜晚开始插秧,过了第210天的台风时期后,就可以迎来金黄色谷穗收获的季节了,这一共是长达10个月的"时令的培育"。

这种超过了一年大半时间的"时令的培育",使得日本人不得不对着大米虔诚地祈祷,对稻米的丰收充满了期待。我觉得,培育秧苗不仅使得日本的米变得更强大、更丰富,也更美味了。在稻作的过程中加入了培育秧苗的这个步骤,是日本划时代的一项技术革新。

稻魂的神化

在日本的稻米信仰中,生出了一种"稻穗里面潜藏着某种东西"的想法。这里面的"某种东西",就是指在稻子里面,或者是稻穗里面寄宿着的魂。稻子与魂的"结"被感应到了。

稻魂这种理念，在《古事记》和《日本书纪》当中也出现过。一个是与宇迦之御魂神有关联的。"宇迦"（ウカ），是意为"谷物"或者"食物"的一个古语，也有"接受"的意思。在古代的日本，只要提到"接受"一词，那就一定是和"找寻食物"相关的。接受米的人在过去就叫作"接受者"。因此，"接受"就是接过对方给的米并吃掉的意思。

另一个是丰受媛神，也叫"谷物神"。丰受媛神从根源上来看是伊势神宫的主神，之后才被放在外宫祭祀的。后来又不知道从什么时候开始，被叫作"大岁神"，有时候还会被当作当年的方位祭祀神来对待。

不管是宇迦之御魂神也好，还是丰受媛神也罢，都是稻魂神化以后的化身。日本不知道从什么时候开始积极地把稻子和谷物与心灵联系起来，并且将其神格化为各路神仙，视为稻魂。从广义上来讲，就是与水田信仰和农村礼仪等打了结。从这种水田信仰开始，日本逐渐形成了稻魂人格化之后的"田神"的集合。

"田神"是总称，在各地还有各种各样不同的叫法：东北地区叫"农神"，甲信地方、濑户内地区叫"作神"，中国·四国地区叫"三拜神"，马（兵库县）和因幡（鸟取县）叫"地神"，等等。无论哪一位，都是土地的农作与农耕礼仪的神，也是春天祝祷和秋季收获的祭祀主角。这些都是稻魂的化身。

祭祀典礼的原型

与田地之神相关的"预祝和收获的循环",是日本农事循环的基础环节,也是日本很多节日祭祀典礼的原型。因此,柳田国男会把相关的人叫作"常民"。

每一年的"预祝和收获的循环",都是通过各种各样的祭祀来庆祝的:有耕作秧田所必需的"水口祭",还有插秧时迎神的"サオリ"(saori)[1]。插秧时装扮好的插秧姑娘们,会随着伴奏唱起歌来,这叫作"插秧祭"。插秧结束之后,送神的时候还会有送神仪式,割稻子的时候也有挂穗仪式,稻子割完又有"收获祭",叫作"三九日""十日夜"[2]"霜月祭"等。

除此之外,还有其他各地许多相关的风土和风俗。我最喜欢的要数奥能登(石川县)的"アエノコト"(aenokoto)仪式了,这是迎接一年当中守护田地的神灵的仪式。

每年12月4日或者5日前后,在家里的壁龛里,要并排摆放两个稻草包作为装饰(是男女二神的象征),然后再摆上两根大萝卜和筷子,这就是祭坛了。家里的主人会穿好带有家纹的正装和服,朝着自己家田地的方向,引领莅临的田地之神来到家里。当然了,田地之神是不会现身的,但是主人要做出引导神灵走进来的样子。

---

[1] 在插秧开始之前举办的迎接田地之神、祈祷顺利收获作物的祭祀活动。——编者注
[2] "三九日"指9月9日、19日、29日三天;"十月夜"是每年的10月10日。——编者注

全家人也要聚齐迎接神灵的到来，之后人们会请神在炉火边休息片刻，顺便还要入浴，主人会一边念叨着"哎呀哎呀，辛苦您啦"，一边做出真的在进行的样子。出浴之后又会把神请到祭坛边上来，用小豆饭、鱼、大萝卜、芋头，以及米酒来招待他。这时候，旁边的主人会把准备好的膳食料理虔诚地、逐一地加以解释说明。这真是让人震惊的虚拟表演。

"アエノコト"仪式（石川县・奥能登）
国家的重要非物质文化遗产

在神"享用"完之后，家人们就可以领受"吃剩下的"了。神会在这家一直停留到过了年（一直在祭坛），第二年的2月9日前后，主人再把神灵送回到原先的田地里，并在那里铲下这一年的第一锹。"アエノコト"就是食物的祭祀。"アエ"就是美食的意思。

"正月"的庆祝方式

把"アエノコト"这个祭祀典礼家庭化，并且推广以后的仪式，就是现在全日本众所周知的"正月"了，这一习俗在江户时代便开始推广。这其实是一个非常固定的生活仪式，但即便如此，也少不了那重要的稻米信仰。

所谓"正月"，其实就是指岁神（年神、大岁神）来到乡下，乡里人进行迎接的时节。岁神是从这一年的吉利方向而来（每年方向都会改变），因此过去人们都会在乡间的入口处进行装饰，摆设好门庭，方便神灵进入。所谓的装饰就是用稻草绳卷成"门松"，因为神都是附在松树和松枝上到来的。关于附体，下一讲我会详细介绍。

随着时代的进步，这些门庭摆设也都被搬进了各家各户，称为迎接岁神的装饰物，也就是"门松"。习惯还是没有变，神还是会附在松树上而来，稻草绳也还是要卷成吉祥的样子。

迎接岁神的时候，要在玄关挂好草绳装饰，全家人都要虔诚地等待。其实原本还要用元旦早上汲取的水来斋戒沐浴的，但是像这样烦琐的步骤在当代都尽量从简了。"正月"期间，所有的家庭都不做饭（就是不动火），年末捣好年糕，摆设上"镜饼"（供奉给神灵的扁圆形年糕），再做好年夜饭摆放在重箱（套盒）里面准备好。

全家人都穿上和服，喝屠苏酒祛除身上的邪气，吃着煮年糕来庆祝正月。屠苏酒由大黄、山椒、细辛、肉桂、桔梗等药材泡制而成,祈求的是无病无灾。

因为有这样的意义,也就决定了日本的正月不是热闹喧哗的,而是安静地迎接和招待岁神。岁神到来的这段时间也就是所谓的"松之内"[1]。松之内结束之后,松树的装饰就可以撤掉了。

在过去,岁神都是在正月十五,也就是小正月才会走。停留期间,神灵歇息在家里的惠方[2]架子上。如果家里面没有惠方架的话,神就会在摆设镜饼的壁龛处停留。松之内结束之后,总算可以开始使用火了,这一天要使用春天的"七草"(即七种绿色蔬菜)来做七草粥吃,粥里面要放敲碎的镜饼。一直到岁神回去为止,这段时间就叫作"正月"。

日本人的往来观念

无论是"アエノコト"也好,"正月"也罢,都是迎神再送神的节日。这一迎一送就是日本常民一直十分重视的"请神、送神"的原型了。因此,只要是日本的祭祀,大概都是在重复着这种做法。

在第一讲中我们提到过,日本的各路神仙都是客神,这就和我们在本讲中一直提到的"迎送"对应上了。"迎来、送走",或者

---

[1] 新年7天假期(有些地区是第15天)的时间就是"松之内",是岁神降临的时期。——编者注
[2] "惠方"指吉利的方位,据说也是"惠方神"来到的方位,每年都会不一样。——编者注

说"叫来、送回去",也可以说"来了又走了",这"去来""往来""往还(佛教用语)"的说法,和日本人最喜欢的对偶说法——"来来回回"是同理的。我们在说道路的时候会用到"往来"一词,在说书信的时候就说"往来物",这些都反映了日本人倾心于往来观。我在观察日本社会文化的特质时,通常都很重视这种对偶式的"出"与"入"。

虽然是这样,但是日常的迎客和送客,与正月还是不一样的,正月是特别的。我们应该意识到,正月是关于"ハレ"的仪式和活动。

所谓"ハレ",就是"晴天"的意思,它是已经被净化好了的、特别的,也是非日常性的。今天我们所说的"晴天"多是指天气好,但是其原本的意思是——雨持续下了很长时间,突然一下子天空就明亮了起来。与之相对的平常的日子,则是"ケ"(亵)。柳田国男是这样看待的:"ハレ"等于"特殊","ケ"等于"平常"。说得再简单一点就是"ハレ"是正式的、重大的,而"ケ"则是随意的、随便的。在宗教社会学里面,又是这样划分的——"ハレ"等于"圣","ケ"等于"俗"。

把这"ハレ"和"ケ"对应在一年或者一生当中去律己,就是日本人生活样式、民俗学性质的基本观点。

年糕与"开动啦"

到了正月,年糕的地位也提升了。原因就在于年糕原本是作为神的供品被供奉起来的东西，即便在今时今日，也有很多神社会在神前供奉年糕。这也正是对米的信仰的一个重要表现。镜饼就是神饼供品的一个随意化的产物。

年糕是在适量的糯米里面加一些水，再放进大臼里面用木杵打出来的。刚打好的年糕是软软的，很香甜，但马上就会变得硬邦邦的。但是，如果注意做好防霉工作的话，它将是很珍贵的耐保存食物。

古代，年糕与白鸟传说是紧密联系的。白鸟传说，其实就是在日本列岛上每年都会传来的，各种各样的关于白鸟的故事。因此日本人都觉得，也许日本人的灵魂是白鸟从很远的地方运来的谷物灵。在记纪神话[1]和传说里面，都记载着各种版本的白鸟与年糕的故事。例如，在《丰后国风土记》（奈良时代日本丰后国地方志）里面就记载着，一个富人在正月里打了很多年糕，吃不完剩下了，就把年糕绑在树枝上作为射箭的靶子来玩耍，可还没等射中，年糕就变成白鸟飞走了。过了一段时间，那个富人的田地都荒芜了，家道也逐渐没落。因为富人浪费年糕用于嬉戏，结果遭到了天谴。

像这样的故事就保持了原样而代代相传下来，到了近代，就有了"老天爷"和"米"的结合，"饭"是"拜领的"这种说法。我们日常开饭前所说的"开动啦"，就是由稻米信仰所带来的"拜领"这个词衍生出来的日常仪式。

把年糕作为"吉祥之物"来看待，之后就会收到福报的故事也

---

[1] 日本古代以《古事记》和《日本书纪》的"神代"部分为中心而形成的神话体系。——编者注

有很多版本。《大镜》[1]当中就有这样的记载：醍醐天皇的皇子出生以后，到了第50天的时候，就打了年糕并且放在了皇子的嘴里让他含着，后来皇子茁壮成长。也因此，就有了"五十日的祝糕"这段佳话。还有《吾妻镜》[2]中也有过类似的记载：在做好了三色（白、黑、红三色）年糕之后，整个族群都变得昌盛起来。所以，年糕可不是可以粗暴对待的东西呢。

这些佳话也就成了全国的团子、年糕的起源，人们又有了创新：把豆馅撒在表面上啦，放在年糕里面啦，还有把团子稍微烤一下再浇上一层酱油卤（御手洗团子）啦，等等。人们很是乐在其中。

从稻魂讲到了年糕的故事，到这里为止，与"祝祷"和"收获"紧密相关的史实真是不计其数。"祝祷"是对应着土地、植物、稻魂和田地之神的，这些事物里面都蕴含着对产土的敬意；"祝祷"是对大地的祈祷，也是对产物的祈祷。"收获"表示着充实和充裕，成熟了之后，就结果了。

祈求果实丰硕的这些祝祷，代表了人们的感激之心。这是收获的喜悦之情，也是对下一年周而复始的宣誓。再一次，祝祷和收获交相辉映。

---

[1] 即《大镜物语》，纪传体历史物语，于12世纪前后问世。它采用纪传体形式记述了藤原氏历代帝纪与显耀列传。——编者注
[2] 日本镰仓幕府官修的编年体史书，又称《东鉴》。——编者注

新尝祭的梗概

接下来，该介绍天皇家族的祝祷和收获的仪式化过程了。新尝祭，就是用这一年的新米为五谷祝福的祭祀。每年的11月23日，在宫中三殿附近的神嘉殿举行。过去都是在冬至这一天举行的。所谓"新尝"，就是这一年所收获的新米的意思。

新尝祭到底是一种怎样的仪式典礼呢？简单理解，令和时代的令和大尝祭，就是新继位的现任天皇于即位初年所举办的新尝祭，基本上与这个仪式是相同的。想必很多日本人都是很关心的吧。

那我就试着介绍一下吧，大概的顺序是这样的：

首先是准备好神座[1]（黄边的短草席）、御座（白边的半张草席）、寝座（薄草席铺两层），供品也要摆放好。供品有稻作物（蒸米饭、粥、栗子饭、栗子粥，还有用新米酿造的白酒、黑酒）、鲜鱼（鲷鱼、鱿鱼、鲍鱼）、干物（鲷鱼干、鲣鱼干、蒸鲍鱼、鳕鱼干）、果物（柿饼、去皮的栗子、生栗子、枣干）等，这些都盛放在用葛编制的筐里面。

天皇会在前一天的镇魂祭和新尝祭当天出现。天皇侍从与东宫侍从分别把剑玺、壶切御剑供奉在上，皇太子（或者皇后）、天皇按照顺序斋戒沐浴，然后换上纯白的祭服，来到神嘉殿。祭服是用生丝制作成的，生丝就是还没有洗练过的丝绸。此时，会在松明[2]之光中奏响神乐歌。

---

[1] 神仙降临世间时所落座的位置。——编者注
[2] 将山松劈成细条，燃烧以照明，称为"松明"。——编者注

这之后，天皇会在神嘉殿正殿的神座前的御座处落座，呈正坐姿态，举行不对外公开的皇家仪式。完成了这个仪式之后，要起身移动，净手之后，使用竹筷子往柏树叶子上夹少许供品，供奉在神前，行参拜礼，之后要对着皇祖皇宗上奏御告文。与此同时，皇太子以下的，退避在幔帐后，参列者也全部都要拜礼。天皇在等待的同时要进餐，食物和供奉在神前的供品是一样的。这整个过程就叫作"直会"。

这一系列的过程还要在悠纪殿和主基殿两个地点重复举行两次，分别被称作"夕御食之仪"和"朝御食之仪"。朝御食要一直进行到半夜。

这新尝祭，其实也正是秋天收获的祭祀的皇室正统版本，也可以看作庆祝收获的祝祷的集大成之作吧。

大尝祭的秘密仪式

之前所述是新尝祭，而大尝祭[1]每一代天皇只有一次。我一直以来对这个仪式十分感兴趣，因为它是有关祝祷和收获的极其重要的顶峰仪式。但遗憾的是，这仪式的全貌没有办法完全了解到，甚至连相关的研究书籍也是找不到的。

从令和元年11月14日至15日的大尝祭（大尝宫之仪[2]），其中

---

[1] 日本天皇即位式的重要组成部分，一代天皇只有一次，特别隆重。通常被认为在感恩丰收的意义之外，还具备与皇位传承相关的意义。——编者注
[2] 大尝祭的核心仪式，在皇宫东御苑特设的"大尝宫"举行。——编者注

一部分在电视上转播了，那庄严的神秘感应该有一部分传达给了观众，真的是一个很好的机会啊。但是，仪式的大半都是秘密进行的，很多部分并没有公开。特别是在悠纪殿和主基殿中天皇的作为，从头到尾都有落地的长帘挡着，根本看不到里面。这一部分，从古时候开始就是不对外公开而秘密进行的。

不管人们对这场秘密仪式有多少臆测和猜想，至今也没有一个权威的解说来阐述清楚。这次也是一样，电视上播放出的部分，是摄像机在大尝宫外面的允许范围内远程拍摄的，拍到的也只不过是外观而已，另外可以听到一些播放的神乐片段。

大尝祭大概从飞鸟时代就有了，在天武天皇时代被确立，并在古代律令制建立之后，就被称作"践祚大尝祭"而保留了下来。这是皇室最为重要的祭礼，其地位是不可动摇的。

准备工作要从施行祭祀的宫殿——大尝宫的营造开始。过去，会把朝堂院的前庭用作斋庭（祭神的场所）使用，这次令和天皇的仪式，则选在了皇居东御苑。东边是悠纪殿，西边是主基殿，北边是回立殿，为了把这个大尝宫包围住，周围有大小40多个殿舍。黑木的立柱，山形的屋顶下面有8根屋脊和交叉长木耸立，地板上铺好席子。周围用篱笆围上，四面都开设一扇小门。过去都是茅草苫的房顶，这次为了节约，使用了木板葺的房顶。

这些殿舍的建造，在江户时代之前，都只需要5天时间而已，祭礼之后便会拆除、焚烧。令和的大尝祭，在建筑上加入了防火耐震的工艺，建造耗时3个月，拆除后仍可以再利用。建造投标的结果是清水建设株式会社中标，投入资金9亿5700万日元。

无论是新尝祭还是大尝祭，都会供奉当年的新米。这可真是"稻米信仰"的极致表现啊。会选择哪里的新米，也是由占卜来决定方向的。令和的大尝祭，选中了枥木县高根泽町的"枥木之星"和京都南丹市的"绢光米"，于是它们便将成为这一年中的"悠纪之国"和"主基之国"。

另外，祭祀期间全国各地也会寄来数不清的供品，这些被统称为"庭积之机代物"。这次同样，殿舍内摆满了从全国的都道府县寄来的物品。

那么，在悠纪殿和主基殿里面，大尝祭到底是怎么运行的？里面到底发生了什么？真的是全然不知。我想，这反而是不说为妙的吧。

单凭想象来看，宫殿应该是分外阵（拜佛的地方）和内阵（供佛的地方）的。天皇从外阵进入内阵。进入之后，地上铺好了八重叠（编制而成的八层竹席），神座、御座、寝座也都排放好了。寝座从古时起就被称作"真床覆衾"，所准备的也都是简单朴素的寝具。"衾"的意思就是寝具。

天皇从入口进入，迂回经过神座，在御座处落座。神座处没有任何人，但是其方向是朝向远处伊势神宫的，也就是坐在了天照大神看不见的地方。这之后要躺在寝座处，这一步可是最为神秘的仪式了。具体发生什么，无人知晓，过去解释为——此时圣体移向了新天皇。

古代的稻米管理

以上，就是我的一番解说，它十分粗糙也不够详尽，主要阐述了稻米信仰上达皇室。但是，这样的仪式不管再怎么神秘，也不能糊里糊涂地揣测为"天皇一族和常民，由着不见的纽带连接起来了"，这也太滑稽了。

明治维新以后，日本把国家神道摆在最前面，天皇至尊、万人之上的理念使得日本迈向了帝国主义。这种强硬路线也使得日本之后陷入了神国日本的幻想之中，最终走上了超国家主义的不归路。常民的生活价值观，不是天皇家族带来的，而是在日本的产土上萌生的神理念。

那么，到这里为止，稻米信仰的话题也该结束了吧？并非如此。日本长期以"米"为富国之标志，租税和年贡也都是用米来征缴，计量各地的收入的单位——石高，更是用米来计算的。这也是日本的独特做法之一。

例如，收藏这些米的地方叫作"藏"或者"仓"，而管理这些藏（仓）的部门则叫"大藏省"，这就是现在的财务省的来源了。

再说一些关于这方面的话题。

古代的日本税制，采用的是租庸调制。这种制度在中国和朝鲜也曾经实行过，大化改新后传入日本，在日本进行了大幅度的调整以适应日本的国情。

简单来说,"租"就是田地每一反[1](段)要交纳两把稻米给国家,国家把这些扣除了灾害时用的储备米后,余下都作为国家衙门(国司所管理的各地的政府部门)的财源。"庸"就是正丁(21~60岁的男丁)和次丁(61~65岁的男丁),都被规定为要服役,也就是说,原则上来讲,65岁以下的男丁都要到都城服劳役,但是如果不想去服劳役,也可以上缴米、布、盐等物品来免除劳役。这种代替上缴的制度就叫作"庸",也是人头税的一种。交米的话,正丁一个人需要3斗。"调"指正丁和次丁,以及中男(17~20岁的男丁)要上缴棉线。这是关于纺织物的规定,也叫作"正调"。其实缴纳特产来代替的话也是可以的,东京有叫作"调布"和"麻布"的地方,这都是用布来纳税而遗留下来的叫法。

另一方面,对于生产稻米的田地,也相对应地施行了"班田收授法"。古代实行律令制的国家,强调所有的土地都是属于国家的。另外,凡是居民,每个人都有户籍。

但是,豪族们往往随便对土地增改移动,他们对土地和居民进行剥削,而助纣为虐的正是天智天皇时代的"公地公民制"。而且,这些土地都是国家授予的,农民在这些土地上耕作,并且缴付租税、上缴稻米,这就是"班田收授法"。

但是,这样的做法并没有使得新耕田增加。每个人都和固定的租税相连,这就导致新田地的开发无法进行。因此,就出现了"亲·子·孙"三代可以私有的土地制度,租税这才终于可以缴纳

---

[1] 日本水田的面积单位。——编者注

上来了,这就是《三世一身法》[1]。

但是,即便这样,新田地还是没有增加。如果田地没有增加的话,上缴的米也就不会增加,因此也就出现了新开垦的土地永久归个人所有的制度。也就是从这时开始,产生了《垦田永年私财法》。这样的话,不限制三代或者世代,土地永久私有,耕田便不断增加。这样增加起来的私有地后来逐渐扩大为"庄园",地方势力又逐渐自立强大起来。在中世的日本,借助着这股力量,武家开始抬头。

稻子与麦秆的博物馆

古代政府为了劝人们务农做出了很多努力,其中一种就是借贷。播种稻种的时期到了,政府会出租种子,收获时期到来的时候,又根据稻子来要求偿还利息。

《日本书纪》当中记载,早在孝德天皇时期,就已经出现了"贷稻"这种说法,这个制度,在后期逐渐发展成了借贷。作为利息来偿还的稻子叫作"利稻"。这就是日本的"利息的诞生"。

年贡也实施完全用米来缴纳的方式。在时代剧和漫画里面,年贡都由坏蛋官僚们厚颜无耻地来索取,因为这样,农民们苦不堪言。书上也是这样写的,不过在我看来,即便这样的事确实发生了很多很多,但收取年贡仍旧是日本的利息观念形成的必经之路。

---

[1] 8世纪日本政府颁布的鼓励开垦荒地的法令。其规定:凡新掘沟渠开垦的田地准许三代占有,利用旧沟渠开垦的田地仅准许一代占有。——编者注

用能够显示出大米生产效率的石高来计算土地的价值，这恐怕也是日本独特的做法吧。后来又有了"吃俸禄"这种说法。"禄高"以前用的单位就是石高，它与"太阁检地"[1]同时扩大开来。

就这样，在日本，"米"的作用可真是越来越大了。再加上稻草捆的作用，草席及凉席的作用，还有装酒的酒桶的传统，等等，21世纪的日本面向海外有必要开设的博物馆，我想就应该是"稻子和麦秆的博物馆"了吧。

另外再添一句话。在这一讲当中，我提前强调了"秧苗"的重要性。考虑到日本的风土状况，不是直接播种种子，而是先要培育秧苗，然后再插秧"重新种植"。我想这也正是一个重大的提示，这充分地体现出了日本创新性的方法，足以证明日本在面对全球性技术和规则时，并不是囫囵吞下去直接"食用"的，而是要先做出"方便使之日本化的底料"，然后再思量"食用"方法。

---

[1] 丰臣秀吉在日本全国推行的检地〔农地（山林除外）的测量及收获量调查〕，包含了天正时期的石高修正和文禄检地。——编者注

第四讲

神与佛的调和

是宽容吗?还是无宗教观念呢?
这个"多神多佛"并存的不可思议的国家

多神多佛并存的国家

日本既不是单一神教的国家，也不是多神教的国家，而是一个"多神多佛并存的国家"。因此，日本既不是神国，也不是什么佛国，即使有很多人曾认为它是单一的神国或佛国。尚且不去看这些人的想法和意图，最终的结果就是——日本是多神多佛的国家。

上文提到的"结果"这个词，其实是很久以前的事情了。在8世纪和9世纪的时候，神宫寺（附属于神社的寺院）建立起来了，神前诵经的仪式（在神前诵读佛教经典）也随之产生，因此，"多神多佛"也就得名了。不只是八百万的神灵，还有佛教、道教、民间信仰等各尊圣像相继立起，真可谓"五味杂陈"。

也许是这个原因吧，日本人总是被说成"宗教观模糊""不清楚""暧昧"等。确实是这样的，每一个独立的个人的宗教观不太清楚，各个家庭的宗教（派别）也不太容易分辨。即便提出到底是信神道还是佛教这样的问题，也会被回答为"啊，也许两个都是吧"。

但是，日本绝对不是因为看似模糊的宗教观被叫作"多神多佛"之国的，而是因为日本原本就是这样多神多佛的国家。

很多日本人结婚的时候会在神官的面前交杯换盏，而葬礼的时候却又请来和尚诵经，变成了佛式。不少家庭里既供奉神架，又供奉佛坛。有的家庭即便没有佛坛，家里也会准备念珠。

到了年末年初，或许根本就是无意识地，日本人便开始大胆行动了。首先，圣诞节来临，商业街上到处都是《铃儿响叮当》的旋律。人们听了几十遍之后，又急急忙忙地开始年末大扫除，准备年夜饭，装扮好门松，之后除夕夜的钟声敲响，正月初一大家就会去神社或者寺庙进行初拜。在平成年间，参加初拜的年平均人数超过了8000万人。统计表明，平成二十年（2008）时达到了最高峰，约9818万人。

顺便提一下，平成二十年全国初拜人数前10名的神社或庙宇是：

1. 明治神宫（东京）
2. 成田山新胜寺（千叶）
3. 川崎大师平间寺（神奈川）
4. 伏见稻荷大社（京都）
5. 鹤冈八幡宫（神奈川）
6. 热田神宫（爱知）
7. 住吉大社（大阪）
8. 浅草寺（东京）

9. 武藏一宫冰川神社（埼玉）

10. 太宰府天满宫（福冈）

但遗憾的是，应该只有很少人能够真正说出这些神社佛阁里面住着哪位尊神，祭奉着哪位大佛吧？热田神宫里是哪位？冰川神社呢？这些都没有人真正关心。这到底是虔诚呢？还是太随便呢？真是虎头蛇尾。

是宽容，还是没有信念？

继续刚才的话题，日本各地都有地藏菩萨，也都有观音巡礼的名刹，镇守森林的朱红色八幡神鸟居[1]到处可见。众多的日本人会虔诚地对着这些地方行礼，施香火钱。

但是话说回来，这些人其实并不一定就信仰地藏，也不一定就信仰观音，又或者是八幡。地藏在佛教中尊称"地藏菩萨"，观音叫作"观音菩萨"，因此这些神灵都是从印度传来的，日本人本身并没有意识到这一点。八幡庙呢？则是祭祀八幡神的地方。八幡神是镰仓时代之后开始被侍奉的战神，是与誉田别尊——也就是应神天皇——被同等看待的大神。还有其他类似的神，这些都是无人知晓的。

对稻荷和七福神也应该是万般感谢的，但是没有人在乎其起源和由来。为了慎重起见，我还是说明一下吧：稻荷其实是稻荷大社

---

[1] 鸟居是日本神社的类牌坊建筑，代表神域的入口。——编者注

的简称，但是本尊神是由宇迦之御魂神和背着稻子的神仙（也就是稻荷神）以及狐狸仙合体而成的，与来源于印度佛教夜叉的荼吉尼天，也是有关系的。但是在日本，这稻荷是与生意兴隆紧密联系的，有的公司里面甚至会供奉一个小小的"稻荷社"。

另外要说的七福神，指"惠比寿神、大黑天、福禄寿神、毗沙门天、布袋神、寿老神、辩财天"。这些神仙有的来自印度，有的是禅僧，有的还是日本的海神，真是五花八门。惠比寿是日本古时候的渔业之神、大黑天是印度教里面一尊神的别名、福禄寿是道教的神仙、毗沙门天是佛教的四大天王之一……即便如此，还是有很多日本人觉得这七福神乘坐着宝船的样子十分讨喜，还会在城市里装扮七福神。有可能是中国的福神思想逐渐传入日本，才在近世演变成七福神了吧。

这些都属于多神多佛现象。那么到底为什么会变成这样呢？怎么会这么荒唐，这是包容的表现吗？或者说实际上日本就是无宗教的？还是没有信念的？或者干脆说，日本人对于宗教的思考是不擅长的、无力的吧。

日本的信仰就是诸教混合

追溯历史，我们就会发现，认为日本人无宗教或者没有信念的说法都是不成立的。圣德太子的"唯佛是真"宣言以及东大寺的大佛开光的做法，都能说明日本人实际上对佛教和佛像是十分爱戴的，诵经也十分虔诚。另一方面，各地的镇守之神，以八幡为首，人们对其也是爱护有加的，再加上那些数不清的民间信仰，等等，都足以说明信仰的存在。也就是说，日本本来就是一个神佛融合的国家。

中世纪日本流行的信仰是熊野信仰（对纪州地区熊野三神社的信仰），近世以来富士信仰又开始流行，这样的情况一直都持续着。因此，说日本人无宗教、无信仰，是没有根据的。但是日本的实际情况又很暧昧，日本人自己也阐述不明自己国家的宗教性质是什么。看起来人们并不怎么重视信仰的力量。这是为什么呢？

阿满利麻吕的《日本人为什么无宗教》（《日本人はなぜ無宗教なのか》，筑摩书房，1996）风靡一时，这本书中说到，日本人对于"创唱宗教"是不感兴趣的，但是也不能就因此下定论说日本人是没有信仰的。所谓"创唱宗教"指有明确的教祖、教义、教团的宗教。虽说我们没有自己的创唱宗教，但是大家也都自主地把自己的信仰和信念发挥无遗。

也就是说，日本人既不拒绝宗教，也不否定宗教，只是每次都会重新选择"信仰的方向"。欧美的宗教学者们说，像日本人的这种信仰，是"混淆的信仰观"。呵呵，有一定道理。只是，日本人的这种混杂的观念，不只是在宗教信仰方面，在很多地方也都这样。我们很擅长制造"混响效果"，对于此，我还会再找机会描述。

不管怎样，我们确实喜欢亲鸾和坐禅。热衷初拜的原因，不是东渡而来的净土真宗的教义和禅的清规，或是神社的真尊，也许，我们只是单纯地想要表达"感恩和感谢的心情"而已。另一方面，很多人一边信仰传统宗教和88个名刹以及新宗教，一边又在佛前点上蜡烛，再把神龛前的圣水换成新的，这也都是不争的事实。

因此，对我们日本人来说，看起来很懂神道和佛教，但实际上是不怎么懂的。即便是这样，我们还是持续坚持着神和佛的融合。要试图把神和佛分离开来的，是明治政府的《神佛分离令》，政令颁布以后，就实行了"废佛毁释"。这种做法虽然是一种对神佛融合现象的沉重打击，给后世带来了很大的影响，但是它也没有改变现今社会神佛融合的主方向。

多神多佛与八百万的神灵

已经申述过很多次了，日本是一个原本就"多神多佛的国家"。有两条多神多佛的支流交汇在一起。

一条支流就是，发源自印度，途经中国、朝鲜半岛来到日本的多佛多神说。来自印度的印度教是多神的，而佛教又是多佛的。从佛像上来看就有如来、菩萨、天、明王这样的组合，这组合又有眷属存在。从之后的发展来看，佛教这一系的天、明王的圣像后来进入了印度教系。

另一条支流是日本的八百万神灵这一支。最初的时候只有造化三神（高木三神），但是在伊奘诺（伊邪那岐）和伊奘冉（伊邪那美）这二神之后，就有了很多很多的神。这些神都不是依照谱系而来的。凡是接近的，或者是触摸到的，全都变成了神。这些神既不是像希腊神话中的父母神、亲族神相关联的那样，也不是像宙斯不伦之后生出的孩子那样。

顺便提一下伊奘诺和伊奘冉，他们最终生下了火之子。也是因为这个，伊奘冉阴部被烧伤而致死。失去了妻子的伊奘诺悲痛不已，于是就跑到黄泉去与妻子重逢。但是在那里见到的却是满身污垢的、像怪物一样的伊奘冉，伊奘诺仓皇而逃，回到了阳间，用干净的清水对身体进行洗礼。这就是著名的"起死回生"的典故，也就是"复苏"这个词的词源。

在对身体进行洗礼之后，最后要对鼻子和眼睛也进行清洗。这时候，他的左眼变成了天照大神，右眼变成了月读命，鼻子则变成了须佐之男。让人震惊的是，这是伊奘诺男性的、神灵的、无性的衍生。因此，这三位神不是被"生"出来的，而是"变"成的。

欧美的犹太教、耶稣教，在唯一的神下面存在着像金字塔的形状那样扩展开来的谱系图。相对于这样的国家宗教而言，日本很显然是完全不同的。

顺便要提一下的是，伊奘诺的洗礼，是一种要洗脱罪责和污秽的行为。这种行为在之后的日本十分受重视。在日本，犯罪就是肮脏的，而肮脏的东西绝对要被清洗干净。

"剪辑 & 混响"手法

完全不同的信仰以及一看就很矛盾的、多数的信仰混合在一起的这种现象，刚才已经提到过了，在宗教学里面叫作"混淆的信仰观"。日本人把从绳纹时代就有的产土之神灵和氏神等，与途经中国和朝鲜半岛而来到日本的佛教的各种神都混合在一起了。这种把异同的宗教，宽松地融入自身宗教里面的做法，已经持续了2000

年之久了。

但是，宗教学里面的这种概述和评论，将其叫作"混淆的信仰观"，似乎过于生硬了。我觉得，应该更简单易懂地称其为"混响"更好一些。我将会在本节中彻底地进行说明——"混响"这个词，是表现日本文化最重要的词语之一。

如果用我自己的话来形容的话，"混响"就是"剪辑"，编辑各种各样的事物。神佛的融合真是日本的大手笔之作，既大胆又特别。这样看的话，无论是何种交融，都可以用"剪辑 & 混响"来解释说明。

所谓的"剪辑 & 混响"，又可以用一个四字成语来解释，就是"和光同尘"。和光同尘的意思就是，"这边"的想法也好，现象也好，和"那边"的想法与现象，都好像是混迹在一起的"尘"一般。因此，叫作"同尘"。这本是老子的语句，说的是隐藏优秀的才学与智慧，不露锋芒，混同尘世。这便是老子的"和光同尘"。

把和光同尘应用于神道和佛教的出身，就是所谓的"本地垂迹"说吧。意思就是日本的"八百万神灵"，其实是从遥远的印度和中国出生的佛化身而来的。"垂迹"是比较难懂的说法，简单来说就是"现身"的意思。与其说这是"混响"，不如说这就是拟合或者匹配。

"化身"这个词也是很特别的用语，也可以叫"权现"（菩萨显现化身）。这里使用的"权"这个字，就是"假装""临时"的意思。

类推出来的神佛调和

按照"本地垂迹"说来看,人们把原本的佛(就是从印度来的佛)作为"本地佛"来看待。这些佛变成日本的神的时候,又称作"垂迹神",这是中世纪日本神道家(主要是度会氏[1])思考出的逻辑。与其说是逻辑思考,不如说是类推出来的更好。日本的逻辑,基本上都是类推的。

本地佛和垂迹神之间妙不可言的联系究竟是什么呢?垂迹神其实可以看成"暂时的现身",就当作"菩萨的化身"就可以了。或者也许是"暂时的现身"这种说法更符合日本人本来的思考方式吧,我就是这样认为的。

这是一个"虚假的 = 真实的"匹配、编辑、剪辑、混响的过程。但是,它绝对不是胡编乱造的过程。

这种想法成为可能的契机其实是在佛教的历史和发展中,本身就存在着"三身"和"化身"之说,佛教中,它们统称为"变幻"。例如,观音菩萨可以变幻33种形态,大日如来可以变成不动明王。那么,为什么会变幻呢?因为要让还没有彻底理解佛法的众生(也就是普罗大众),能够更简单、更清楚地看到佛教的天命,因此偶尔变幻形态。大概佛认为以另一个姿态示人是很有效的做法吧。

但是这些不同的姿态,也都有众生的不同属性存在,所以形态

---

[1] 伊势神宫外宫的祠官。——编者注

自然也是多种多样的。观音也会忽而温柔善良，忽而沉着冷静，忽而恼羞成怒，有时候说不定还很性感，大日如来呢？其三身之一就是不动明王，是手握宝剑被火焰包围起来的愤怒的形象。

这样看来，佛教的变幻思想就被日本的神道家借用，产生了"本地垂迹"说这样的类推式的学说。

虽然因为神道派别不同，"本地垂迹"说的编撰也有很牵强的地方，但这是因为当时佛教镇护国家的根基已深，南都六大寺和延历寺是日本佛教至高的理论机能部门，为了能让神祇思想延续下去，就想出了佛教的"变幻思想"这个主意。

为什么人们会得出这样的判断呢？要理解这个问题，那就首先要理解究竟什么才是神道，或者说"神"到底是什么。实际上，这是十分深远也十分复杂的问题。

神的正身

对于日本人把什么样的事物看成"神"或者"神祇"、"神道"，一直致力于日本国民信仰研究的津田左右吉〔津田是在"论文学中出现的我国国民思想"（《文学に現はれたる我が国民思想の研究》，全8卷，岩波书店，1977—1978）这套丛书中，对日本人的国民观念做出详尽阐述的历史学者〕，在其著作《日本的神道》中，是这样分类进行解释的：

1.古时候开始传承下来的，日本及日本人民族习俗上的宗教性、宗教信仰；

2.神的权威、力量、作用、天道,作为神的地位,等等,或神本身;

3.民族的习惯,及后期添加的思想解读,例如两部神道、唯一神道,还有垂加神道,等等;

4.在特定的神社里长期驻留的神,例如伊势神道、山王神道等;

5.被日本特殊的政治,或者说是为了显示道德的规范而利用了[1];

6.近代以来的宗派神道,或者说新宗教,比如说天理教、金光教、大本教等。

真是层次分明又容易理解的分类。我认为这里面的第2点是基础。如今人们又有了其他的分类,例如皇室神道、神社神道、民俗神道、教派神道、原始神道、古神道、国家神道等。

那么,日本人又是从什么时候开始把神称呼为"神"的呢?这不是我不想说清楚,而是有太多种解释了。新井白石和贝原益轩[2]觉得是来源于"上"字(在日语中发音是和"神"一样的),本居宣长则推理是来源于"迦微"(一种十分微妙的表现)。"タマ"(魂·灵)、"モノ"(物·灵)、"オニ"(鬼)也都曾经被认为是与神相近的事物。它们都是看不到、摸不着的东西,或者说根本就是奇异的、玄幻的想法。

---

[1] 即日本之神的教诲与规范,这主要是受了儒教的影响而被建立的能与之相对抗的神道。——编者注
[2] 二者都为江户时代的日本朱子学儒学家。——编者注

从这些想法与看法来看，我推断日本人其实是故意的，实际上是不愿意明示神的正身的。不愿意明示的意思，就是要想办法暗示。因此，关于神的词语就局限于"恭敬的事物""恐怖的事物""不好言表的事物""忌惮的事物""不可言传的事物""指不出的事物"等，总之就是不直接说出神是什么。在我看来，其中最委婉的说法就是"棱威"，这个词是令人惊恐、不敢接近的意思。

而对庶民来说，把西行法师[1]称作"诚惶诚恐的事物"是最为合适不过的了。"诚惶诚恐"用汉字来表示就是"忝"字或者是"辱"字。"忝"就是令人恐惧的、令人惶恐的意思，而"辱"所指的就是"可耻的"这种感觉。其实这也是由"诚惶诚恐"这个概念推导而出的。

佛的容纳

另一方面，对于佛的理解，日本人又是怀着什么样的心情呢？圣德太子的"佛法兴隆"之宣言就好像是教科书一般被传唱，此外法隆寺、飞鸟寺的建立都说明了佛法已在日本立足。不过它们可都是经过充满了惊险的权力争斗之后才得以立足的。

佛法来到日本的时间是在钦明天皇在位时的6世纪中叶。同时，一个很小的黄金佛像也随之而来，天皇夸赞其金光闪闪，"蕃

---

[1] 1118—1190，平安时代末期至镰仓时代初期的武士、僧侣、歌人，俗名佐腾义清。佐腾义清23岁出家，后称西行，26岁时开始游历全国、四处游吟，创作了大量和歌。——编者注

神"（外来神）、"今来之神"的说法也随之而生。

"蕃神"的意思就是国外或者别国来的神仙，"今来"的意思就是"新到的"。之后又过了30年，敏达天皇在位的时候，也盛行"佛神"思想。再经过200年左右之后，元兴寺的资产账目当中也记载着"他国神"和"佛神"的说法。不管是什么佛，都被看成"他国的神"。佛，在过去就是神。

但是，苏我氏来到日本[1]，以苏我稻目为大臣又定居下来以后，人们开始渐渐明白了，佛像也好，佛经也好，都是从印度传来的，是以印度佛教为基础发展而来的。从百济来的叫鹿深臣的人带来了"弥勒菩萨一体"的学说，佐伯连带来了佛像，等等，这些传言一时间扩散开来。

苏我马子得知身在播磨（今天的兵库县西南）的外国（高句丽）还俗僧人惠便对佛教很是了解，于是拜惠便为师，潜心学习，自己的3个女儿也都削发为尼。更甚之，他把自家宅院改建为石川精舍，还在大野丘建起了佛塔。这就是佛教在日本生根发芽的瞬间，之后它便很快流行了起来。我想无论哪个国家也都是一样的吧？新的形式总是会扩散开来的。

新的外来文物和新技能在最初是一定会遭到反对的。举个现今社会的例子来说，AI和无人驾驶车辆的兴起，就遭到了很多人出于恐惧的反对之声，当时也是一样。敏达天皇时期，疫病流传，就生出了那是因为无视古来神灵，没有抵制佛教的说法，天皇因此听信

---

[1] 豪族苏我氏是大和王权建立初期的名臣之后，因与渡来人（4—7世纪从中国、朝鲜半岛等地迁移至日本居住的人）关系密切，接受外来的先进技术和文化，也会被看作渡来人。——编者注

了物部守屋和中臣胜海的进言，便倾向于排斥佛教的一方了。守屋竟然还放火焚烧佛殿和佛塔。另一方面，马子作为崇佛派则对佛教进行了宣传和吹捧。

就这样，物部的排佛派和苏我的崇佛派开始了对立。可无论哪一方都有对自己有利的皇族做靠山：物部推崇敏达天皇的弟弟穴穗部皇子，而苏我则支持钦明天皇和马子的妹妹所生的泊濑部皇子（崇峻天皇）。马子占了先机，杀害了穴穗部皇子，就这样，围绕着苏我和物部的冲突而起的"丁未之变"就爆发了。圣德太子一直追随马子，太子的"佛法兴隆"也就十分被重视，得到了一个再次宣扬的机会。这就是事情的原委。

这就是佛教在日本流行开来的故事。它是以穴穗部皇子的牺牲和物部氏的败退为代价的。

"显密体制"与"日本的灵性"

圣德太子之后，贵族和豪族们的氏族佛教的兴盛就更上一层楼了。那之后，一直到圣武天皇时期，佛教都打着"护国"的名义而十分得势，又叫作"镇国佛教"。此时是8世纪初，南部的七大寺也开始想要有所行动了。

但是，那时候神宫寺的建造和神前诵经等活动就已经存在了。神宫寺指神社和寺庙结合在一起的产物，神前诵经就是在各尊神灵面前诵读佛教的经典。因此，那时显然已出现神佛融合现象了。

就这样，一方面佛教的各派系开始扩张势力，认识上也各有千秋，各自发展；另一方面，像前文所叙述的"本地垂迹"那样，"混响"效果也开始产生。

不断深入的佛教，分成了"显教"和"密教"两个流派。在佛教史上，又叫作"显密体制"。归纳起来，显密共有八宗，或者说十宗：俱舍宗、成实宗、律宗、法相宗、三论宗、华严宗，天台宗、真言宗，禅宗、净土宗。[1]如今仍保留在日本各地的寺庙，基本都是获得过这些宗派认可的。八宗又再分为五流八派，本山、别院、别格本山等流派便应运而生。

从镰仓时代中期开始，又从法然和亲鸾分出净土真宗，从日莲分出日莲宗，一下子时宗等都开始流行，禅宗也逐渐开始变质。这个时期，真可称得上是日本佛教的兴隆时期。铃木大拙[2]把这种风气叫作"日本的灵性"，这说法十分贴切。

不久之后，德川时代就建立了寺请制度[3]，成立了"寺、地缘、檀家"的组合。同时，接受葬礼、丧仪的寺院开始增加，于是，墓地管理也就开始了，人们还需要起戒名。终于，日本的"家"也被囊括进了宗派的网络中。这就是为什么当代还会有人提

---

[1] 俱舍宗、成实宗、律宗、法相宗、三论宗、华严宗为古京六宗。桓武朝，天台宗、真言宗兴起，加入为佛教八宗。高仓之后，禅宗、净土宗又兴，为新宗。——编者注
[2] 1870—1966，日本禅学家，"大拙"为居士号。铃木大拙致力于向西方介绍大乘佛教，其大量著作对欧美思想界认识东方禅宗具有较大启蒙作用。——编者注
[3] 江户时期，幕府大力镇压基督教，老百姓被规定必须作为檀徒（施主）而归属某一寺院，从而得到非天主教徒的证明。这个制度被称为"寺请制度"。——编者注

出"府上是哪家的宗派呀?"这样的问题了。

在德川社会中,修炼者和祝祷的僧侣也开始增多了。街道上被称为"ゴマの灰"的无赖汉也开始出没。这里的"ゴマ"(goma),不是"芝麻"的意思(从发音上看),而是"护摩"[1]。其实就是暗指密教僧侣招摇撞骗,举行护摩仪式,其祈祷也是形迹可疑的。就这样,各种各样的民间宗派也加入进来。在一般老百姓之间,流行着类似于"绷着脸"或者"废物"这样的词,还有把死去的人叫作"亡魂",这些都是德川社会的特征。

"佛的展示"与"神的感知"

日本是多神多佛的国家,因此,很自然地,"神"与"佛"存在着相当大的差异。

比较容易理解的方面就是,佛教有着数量相当庞大的经典(佛典),而神道则是除了中世纪的《神道五部书》(现存版实为赝品,真品已流失)以外,就没有什么教典存在了。日本的神仙们,可没有像犹太教、基督教的《圣经》以及伊斯兰教的《古兰经》那样坚韧的精神支柱。

佛典也不是只有一个版本。它发源于梵语和巴利语(古印度语之一,小乘佛教的经堂语言),之后传入中国,就出现了汉译佛

---

[1] 梵语,又作"护魔"或"呼么",意译为烧。指火祭法或火供法,即于火中投入供物以作为供养之一种祭法,亦为密教一般修法中重要行事。——编者注

典，在这基础上，又出现了日语的转换。日本的僧侣和佛教皈依者，熟读鸠摩罗什和玄奘法师汉译过来的佛典。在第二讲当中，提到了跨越"和与汉的边界"，可是这边境要想真正跨越和通过，是需要相当程度的修行的。

在佛教中，作为礼拜的对象，是需要佛像的。本来受希腊雕刻的影响，途经犍陀罗国传至印度，就雕刻了释迦像。阿育王和迦腻色伽王[1]的时代，大乘佛法运动勃兴，为了向众生展示佛法无边、佛会伸出救助之援手，所以建造了很多其义显而易见的佛像。

中国和朝鲜也是如出一辙，相继进行模仿，日本当然也就开始盛行佛像建造了。做佛像的手艺人们也要磨炼技艺，特别是掌握嵌木、镶木的成熟技艺的定朝，运庆和快庆等人才辈出的庆派[2]，都做出了让人叹为观止的雕塑作品。

与此相对的，在日本，好像并没有建造神像的习惯。日本的神灵，没有自己的形象，它们都是依附在某些物体之上的，因此也就很少被人看见。神，一旦有了依附之物，就能够被人感知，这常常被人叫作"显灵"。我觉得在"佛的展示"和"神的感知"当中，就隐藏着那把破解日本这个多佛多神国家无尽奥秘的钥匙。

顺便说一件私事。我在2015年10月的时候，曾经和田中泯、石原淋、宫泽理惠、山本耀司商谈了一下，编排了一个由舞蹈

---

[1] 阿育王为古印度国王，公元前3世纪后半叶在位，他将佛教立为国教，传说曾举行佛教第三次结集；迦腻色伽王是1世纪末至2世纪中期贵霜王国的国王，据说曾举行第四次佛典结集。——编者注
[2] 镰仓时代，日本佛像雕塑界分为国派、院派和庆派，均由僧侣艺术家组成。庆派艺术家创作的雕塑手法自然、人物富有动感，成为这批人中的佼佼者；庆派僧侣名字中多用"庆"字，故被称作"庆派"。——编者注

（田中、石原、宫泽）、语言（我）、服装（耀司）组合的舞台剧，取名就叫《影向》（"显灵"的意思），演出地点在帕尔克（PARCO）剧院。那时，我深深感觉到"影"这个词，有一种能够激发潜藏在日语中的细情的力量。

影と動きの音がする
影和行动的声音

舞台剧《影向》。2015年10月末的两天时间，在涩谷的帕尔克剧院开演。我负责写剧本，与我有着40年私交的田中泯亲自出演，全部的演出者都穿着山本耀司提供的服装。我读着米肖、寺山修司和土方巽的语句，而田中、石原淋和宫泽理惠则用舞蹈来表现俳句、短歌。

第五讲

和谐与粗暴

始于天照大神与须佐之男的"和"

安静的事物，粗暴的事物

我很喜欢相扑。从听广播的年代开始（那时候有名的相扑力士是栃锦、若乃花[1]）就一直在关注。相扑哪里好呢？其实就是比赛开始前摆架势的、长时间的"静"，和指挥扇一挥的那一瞬间的"动"之后的激烈争斗。而这正是日本的写照。

相扑的呼出扇子一挥，东西分开，唤出力士的艺名，接着力士就登上土俵（相扑台），漱口，撒盐，呈蹲下姿势与对手对望，裁判员也会发出"相互对望"的指令。这种安静的过程会重复很多次，最后裁判员（行司）挥动扇子那一瞬间，两力士就开始了激烈争斗，一种小规模的粗暴斗争。为了几秒钟的激烈争斗，之前要进行数分钟，甚至从准备开始计算的话，长达十几分钟的淡漠和安静。

回过头来看，其实在日本文化当中，不也是既存在着像茶道、

---

[1] 栃锦清隆，第44代横纲；若乃花干士（初代），第45代横纲。——编者注

插花、地歌舞（京都舞蹈）这样极其安静的一部分，又有像生剥鬼节（除夕时人们扮成生剥鬼串门的民俗）、山伏（修验道行之人，也指走山路时出现的妖怪）的修行和花车祭祀这样热闹的一部分吗？歌舞伎当中也是一样，既有"世态剧"，也有"武戏"。歌舞伎十八番中，《暂》《鸣神》《劝进帐》《助六》等剧都是武戏，这些是市川团十郎家的主打戏（祖传家艺）。京都的坂田藤十郎家的主打戏则是"恋爱场面"的戏。

能剧当中，也是既有深远神能的存在，也有修罗能和鬼能等激烈场面的出现。世阿弥发明的复式梦幻能把这些都巧妙地融合在一起，在中途的"移动舞"这一环节中实现了切换，最具代表性的就是"神"和"鬼"的切换瞬间。"静"和"动"是成对出现的，也可以说是"一双"。

我既喜欢像恋爱戏那样安静的场面，也喜欢像武戏那样激烈的场面。这两种彻底性的、相互并存的形式正是日本文化的精彩之处。

当然，无论是哪个国家的文化和艺术，都有其柔软的一面，与之相对也都存在着坚硬的一面。古典音乐所相对的就是爵士乐，优雅的舞蹈和余兴把戏也是一对。即便如此，日本的这种"和"与"荒"的并存，真乃日本的精神和根基所在。

"和"与"Yamato"[1]与"日本"

圣德太子在《十七条宪法》（日本最初的成文法，604年制

---

[1] 即片假名"ヤマト"，"大和"的罗马字，指大和民族。——编者注

定）当中写到"以和为贵"。这句话来源于孔子的弟子有若的一句话："礼之用，和为贵。先王之道，斯为美，小大由之。"

这里的"和"是指不争不抢、保持和睦的意思。汉字的"和"，有"柔软""文静""和睦"的含义。但是，和风建筑以及和样书法、和式厕所、和算等当中的"和"字，就是"日本风格"的意思。它是从把日本叫作"大和"的这种说法中得来的，大和就是"Yamato"，有了"Yamato"这种叫法之后便有了"和"。

那么，日本为什么一会儿是"Yamato"，一会儿又是"日本"地来回变化呢？日本朝廷为什么又叫作"Yamato朝廷"呢？

现在的日本国号，使用"日本"这个名讳是毋庸置疑的。宪法叫《日本宪法》，政府是日本政府，中央银行也是"日本银行"，国语是日语。这些看起来都是理所应当的，但也未必就如此。大战前日本曾经叫"大日本帝国"；德川时代也不怎么会用到"日本国"这个称呼，而更多会叫"秋津洲"或"扶桑国"。

用英语来标识的话，日本是"Japan"。再用其他国家的语言来称呼的话，前后缀都加上后，叫法就各有千秋了，但发音还是相似的：法语读"Japon"，印度语读"Yaapan"，西班牙语读"Japón"，意大利语读"Giappone"，俄语读"Yapoonia"。无论是哪个读音，都是14世纪初的时候来自威尼斯的马可波罗，在听到中国话的"Cipangu"之后用意大利语音译过来的结果。大航海时代，用葡萄牙语读日本的话，就是"Xipangu/Zipang"这样的发音。这是所有叫法的基础。

中国现在也还是把"Japan"的读法用汉语音译的读法来读，发音为"riben",古代中国给日本取名为"倭"。另外,韩国的韩式音译读法为"Irbon"。所以说,日本也未必就一直叫作"Yamato"。

国号和国名是一个国家的标志,十分重要,但是令人意外的是,在很多地方它们是很随意的。其实各个国家也都一样,就像英国和"UK",美国和"USA"一样,"大和"与"日本"是并存的,就是这么回事。但是,在"日本国"作为一个国家的称号稳定下来之前,它的称呼还是有很多曲折和迂回的。

"Nihon"与"Nippon"[1]的区别

我写过另外一本书,《Nihon和Nippon》(《にほんとニッポン》,工作舍,2014)。这本书分析了为什么有人把日本叫作"Nihon",也有人叫"Nippon"。对日本人的称呼也是,有的叫"Nihonjin",有的叫"Nipponjin"。既然想知道其中的原委,就要从问题意识开始,追溯日本历史文化和社会文化中潜藏的"dual柔性结构"了。

所谓"dual",意思就是"成双成对的""有去有回的","reversible"的意思。"dual柔性结构"其实是我个人的见解,之后我会慢慢地解释。

所以说,为什么有"Nihon"又有"Nippon"呢?为什么日本银行不叫"Nippon银行"呢?日本冠军为什么读作"Nihon冠军"呢?这些理由都不得而知。在奥运会中,播音员都会读

---

[1] 均为日本人称呼自己国家时的说法。——编者注

"Japan",但是入场的运动员们的运动衣上却又常常印刷着"NIPPON"的字样。在观众席的观众们给选手们加油的时候,常常是齐声喊道"Nippon加油",而不是"Nihon加油"。也许是因为"Nippon"这个发音里面有促音,所以比较容易发力,容易给人鼓舞士气吧。就是我个人猜想的一个理由。但是,怀石料理却不是这样,作为世界遗产而遗留下来的日本菜,人们会称之为"Nihon料理"。

日本邮政、日本电信电话(NTT)、日本电气(NEC)、近畿日本铁道、日本通运、日本武道馆、日本体育大学,都是用"Nippon"来发音的,而日本航空、日本大学、《日本经济新闻》、日本烟草公司、日本交通都是用"Nihon"发音的。真是无法解释。曾经有某处对日本的上市企业进行了调查,国家名字的读法中,读作"Nihon"的占60%,而读作"Nippon"的占40%。

究竟如何区分"Nihon"和"Nippon"的使用方法呢?这区分方法又是谁规定的呢?如果没有人规定它,那么就放任自流吗?不做规定也可以吗?相信很多日本人也会有同样的疑问吧。就连国名都是"Nihon"也可以"Nippon"也行的这种做法,我想也正体现了日本"随意"和"暧昧"的本性吧(又或者说这也正体现了日本的"dual性")?

在桃山时代葡萄牙人编撰的《日葡辞书》当中,就已经记载了"Nihon"和"Nippon"这两种读法了。这也就说明在相当久远以前,日本就已经有了这两种读法。当时"日本桥"的读法,在江户地区读作"Nihonbashi",但是在大阪地区,则读作"Nipponbashi"。在这么小的一件事情上,就已经出现了东西方言的不同，所以有这么一种说法，即也许从一开始，就是为了保存这些不同文化而允许并称的吧。

太详细的就不说了，江户的文艺和歌舞伎，以及净琉璃的作品名和文中的称呼，等等，都是"Nihon"和"Nippon"混在一起的，怎么称呼的都有。但是到了明治维新以后，一君万民的"大日本帝国"登场，"Nippon"这种读法就稍显强势了。还要补充一点就是，昭和九年（1934）的时候，文部省临时国语调查会就曾经做出过报告，"日本"这两个字的读法应该统一为"Nippon"。但是，日本的街头巷尾都已经把"Nihon"和"Nippon"混在一起分不开了，这道命令最后也只能不了了之了。

国号"日本"的成立

是"Nihon"还是"Nippon"，到底应该如何发音我们暂且放在一边，"日本"这个国号是在什么时候得以确立的呢？它是在7世纪的后半期到8世纪之间确立的。那之前日本一直被叫作"倭"。这也不是自己取的名字，而是在中国的历史书《后汉书·倭传》《魏志·倭人传》《隋书·倭国传》当中把日本称"倭"，日本人呢，被叫作"倭人"，所以也就只能从了这个叫法。曾经还有一段时期，倭国在接受中国皇帝的命名后，确立了将军的名号为"倭五王"。

当时的倭国，与朝鲜半岛的百济和半岛南端的伽罗（加耶）在军事和商务交易上都是盟交的状态，因此称不上一个独立的国家。于是在663年，白村江（现韩国锦江入海口）之战就发生了。百济求助于倭国，请求在兵力上实行援助，倭国出于无奈只得出兵，结果惨败给新罗和唐朝的联军。从这时候开始，倭国才逐渐地走上了自立的道路；也是从这时候开始，日本才逐渐地成为一个独立的国家。

从齐明天皇开始到天智天皇继位以来，这段时期才是日本真正确立以"日本"为国名的时期。在《三国史记·新罗本纪》当中记载着"670年倭国国号改为'日本'"。

也就是说，天智天皇时期的统治，是一个新世界的开始。为此（也为了向唐朝显示），"天皇"的表记和"日本"的表记几乎是同时产生的。把这一点作为正式律令的是701年的《大宝律令》。因此在制度史上，"日本"是在701年成立的。

为什么日本又是"Yamato"呢？

就这样，日本终于在8世纪前后得到了"日本"这个国名。在那之后的天武天皇以后的时代里，据《古事记》和《日本书纪》的记载，当时也并没有一直使用"日本"这个名号，在记纪神话当中，称日本为"苇原中国"或者"丰苇原"。这些与其说是国家的名字，不如说只是表达了一个"水滨芦苇茂盛的国家"的概念而已。

另外日本也叫作"秋津洲""大倭丰秋津岛"等。这些都是对本州地区的称呼。本州、四国、隐岐、壹岐、对马、淡路、佐渡、九州统称为"八大岛"或者"八大州"，意思就是由8个岛屿构成的。记纪神话当中"国家产生"的场面中描述了这些岛屿产生的过程。

除此之外,还有"瑞穗国"的叫法。这种叫法源自稻穗成熟后垂穗的样子,因此还是"产米的国家"的意思。五日元硬币上的图样就是稻穗。平成十四年(2002),第一劝业银行、富士银行、日本兴业银行三家合并,就以"瑞穗"为名,创建了"日本瑞穗金融集团(MIZUHO)"("瑞穗"的发音就是"mizuho")。

从倭国到瑞穗国,不知经历了多少个名字,才最终确立了"日本"这个名字。但是,当时日本的读法也并不是"Nihon"或"Nippon",而是"Yamato"。写"日本"这两个字,读法却训读为"Yamato"。

即便是到了现代,我们还是会在很多场合下使用"大和"(Yamato)这一称谓。大和朝廷、大和政权、大和精神、大和魂等。奈良也一直都是"大和之国,美不胜收"的代表。另外还有大和媛、大和绘、大和三山、大和人偶、大和抚子、大和川、大和郡山、大和煮、大和号战舰、大和文华馆、黑猫大和(大和运输,快递公司)、《宇宙战舰大和号》等,都与"大和"联系在一起。

"大和"的身影存在于很多地方。如果又把"大和"两个字读作"Daiwa"的话,那么就还有大和书房、大和机动车交通、大和证券,以及过去的大和银行等,一个挨着一个,拥挤不堪呢。

不知道从什么时候开始,"大和"这两个字与"日本"合二为一了。写着"日本",却发着"大和"两个字的音。可为什么"日本"又读作"大和"呢?是不是原本从一开始,日本的训读方法就是"Yamato"呢?

我们已经叙述过,"Yamato"一开始的时候是"倭"这个字的读法。"倭"这个字原本的意思是"委身相从""温柔善良",这是中国人看见古代日本人的样子、姿态以及行为之后,按照眼之所见就暂时定了这样一个字。那时候日本人对汉字意思的理解并不完全,因此我们的祖先也就勉勉强强地认下了这个字为自己国家的名字,这种说法是后来学识丰富的朝臣一条兼良[1]的解释。另外一种说法就是日本人称自己为"wa"(吾、我),所以是"倭",这种说法是记录在平安时代的《弘仁私记》(讲解《日本书纪》的私人记录集《日本书纪私记》的一部分)里面的。另外,江户时代的儒学家木下顺庵则认为是"个子矮小的人"(矮人)才是"倭人"这种说法的源头。

即便有种种解释,日本的朝廷的确把"倭"这个字的读法定为了"Yamato"。在8世纪的天平年间,"和"这个字得到认可,因此在那之后,日本的写法就出现了"大和""日本""大倭"等。

可为什么到最后,"Yamato"这种读法得到了推广呢?我想应该是因为初期的王权根据地是在奈良盆地的大和之地吧。这种叫法在畿内一带传播开来,逐渐就在全国上下开始广泛流传了。如果在地理上把"Yamato"规范到最小的范围的话,那应该是指三轮山周边的地区。

从词源上来看的话,原本这个"Yamato"的发音是指"山之门"的意思。从奈良盆地到大阪,放眼望去都是连绵起伏的群山——笠置山、二上山、葛城山、金刚山等,而眺望着这些山岳的大和人,则应该认为自己的所处之地就是山门吧。在这里,诞生了

---

[1] 1402—1481,室町时代的儒学者、思想家,世称"一条禅阁"。一条兼良精通儒学、佛学和神道,主张三教一致,有"第一程朱学者"的美誉。——编者注

大和政权，继而有了飞鸟、藤原和奈良时代。因此，那时的日本人就把国名定为"Yamato"了。我觉得应该是这样的原委。奈良时代之后，就是平安时代了，这回又改换了叫法，叫作"山城国"了。山城就是"山之脊梁"，从平安京（京都古称）的角度来看的话，那些大山刚好是脊背。所以"山城国"，其实就是"山背国"的意思。

就这样，奈良的朝廷被称为"大和朝廷"，这是一个隶属于大和朝廷的国家，就叫作"日本"（发音"Yamato"）了。

和睦的天照大神与粗暴的须佐之男

接下来，该谈一谈本讲的题目了。大和里面的"和"字，有"和睦""和谐""柔软""温和"的意思。

圣德太子这位伟人，把日本的历史用"和"字熏陶得宜。当然，年号令和里面也有一个"和"字，昭和也是一样。使用"和"的年号有和铜、承和、仁和、永和、弘和、元和、享和、昭和等，有20个之多。

"和"，究竟是什么意思呢？它的本意刚才已经解释过了，就是使事态和状态缓和的意思。当然了，更多的还是大和的"和"的意思，也就是和风、和样、和式的意思，象征着"日本式的、日本风"。但是，不仅仅是这几点。实际上，这里面还是包含着天照大神系的神灵的（和谐谱系）。下面就开始讲讲这个话题吧。

首先，强调一个非常重要的知识点，就是"和谐谱系"和"粗暴谱系"是成对的。在日本人的心灵深处，"和谐"与"粗暴"是相当有关联的。

人们称其为"和御魂"和"荒御魂"。人们认为，凡是神，都有这两种倾向。温柔和蔼的灵魂，就是和御魂；强大而粗暴的灵魂就是荒御魂了。和御魂又分为幸御魂（关爱他人之魂）和奇御魂（理性之魂）。

在日本神话当中，伊奘诺神在做"禊"[1]时，生出了天照大神、月读命、须佐之男这三个神。在他的三贵子中，天照大神和须佐之男是姐弟关系。他命令姐姐去治理高天原，弟弟去治理海原，他们各自的治理方法，就是和御魂和荒御魂的象征。而天照大神和须佐之男的这种对比关系，在对日本的研究中占有极其重要的地位。

两个万神殿的故事

在日本神话当中有这样的描述。最小的弟弟须佐之男因为太过思念死去的母亲而终日啼哭，所以须佐之男也被叫作"哭闹之神"。而父亲认为，如果他一直这样哭喊哭泣的话，就无法治理海原了，因此父亲大怒，就把他流放到了根之坚州国（根之国），而那也是黄泉之国的别称。

不得已，须佐之男打算与姐姐告别之后再出发，没想到姐姐却以为弟弟是为了夺走高天原而来的。须佐之男为了证明自己没有那般野心，就发起了誓言。这样才打消了姐姐的猜忌。

---

[1] 日本神道仪式，一种沐浴行为，目的是洗去罪恶和污秽。——编者注

如果说犹太教、基督教的《旧约》圣书和《新约》圣书，最后生成了誓约的《圣经》，那么这须佐之男发起的誓言，就相当于日本神话所生成的誓约。当今的天皇家，也就是从天照大神的"和谐谱系"中延续下来的天皇家，这就是把伊势神宫的天照大神作为皇祖起源的原因了。

那么，须佐之男后来怎么样了呢？成功发起誓言之后，他自然也就得以进入高天原，于是十分膨胀起来。高傲自大的须佐之男在高天原旁若无人地乱闹，他摧毁了田地，肆无忌惮地搞破坏。就这样，须佐之男最后还是被流放到了根之国。

流放地根之国，其实就是出云。日本神话由此开始，分成了高天原故事和出云故事两个分支，这两个万神殿的物语并列前行。实际上，也许是因为接下来日本国的建设所需，所以就把日本海沿岸的出云势力和奈良的大和势力之间的互相争斗写进了故事里面。在日本神话里的描述是："力争和睦的天照大神"把高天原大和化，而"粗暴的须佐之男"则按他自己的风格治理出云。

最开始在出云神话中登场的须佐之男，救助了被当作活人献祭牺牲品的栉名田比卖，击退了八岐大蛇，从大蛇的尾巴里面取出了草薙剑，献给了姐姐天照大神。一时间，须佐之男就成了地域开发型的英雄了。

须佐之男在那之后与栉名田比卖结合，他们的子孙大国主命建立了后来的出云国。大国主命连同亲戚的兄弟少名毗古那神（少彦名神）一起，建立了十分出色的国家，且一度达到了非凡的繁华程度。而高天原天照大神一行的神仙，在看到繁荣的出云国后产生了羡慕之情，想要占为己有。故事就这样展开了。

于是就有了之后的故事。"想要得到这一切的高天原"一派和"拒绝这种想法的出云"一派之间进行了多次交涉。最终结局是大国主命坚持不住而让出了自己的国家,出云神话也就到此结束。

也就是说日本这个国家,是在出云打下的基础之上建立的国家。这段传说为日本建立国家的过程提供了一个很重要的假说:大和朝廷是由粗暴之君须佐之男的谱系而来的,正是他开发了出云之国,才有了后来继承这一切的大和。换句话说,日本并不是由神武天皇统一各地而建立起来的国家。

荒与游

在这里还要再一次阐述须佐之男所起的作用。须佐之男的"粗暴"个性,说到底是由须佐之男这个名字引申而来的。其实,须佐之男的"须佐"二字,是"消遣"(日语里面,"消遣"与"须佐"的发音相同)的意思,所以"须佐之男"实际上就是"会消遣的男人"的意思。因此,这个神的名字里所显现出来的消遣个性就很值得关注啦。

"消遣"用汉字来表示的话,可以使用"荒"(意思就是粗暴、胡来)来表示。风狂乱地刮,暴雨不停地下,院子里杂草丛生,技艺粗鄙不堪,等等,都会用到这个"荒"字。在现代文学中,也会时常使用这个字。另一方面,"消遣"有时候还会用汉字"游"来进行表达。"消遣"原本的发音,用来表现"粗暴""慌乱""破坏"等行为,但是日本人也把这个发音使用在了"游"这个字上。

因此人们认为，若因为一件事情而入迷、沉醉，这便是"荒·游"；本来应该一心一意去对待某事情，却中途沉迷其他事，这也是"荒·游"；因为一件事的发生而导致了中心的偏离，也就是打乱了"和"，这种现象仍然是"荒·游"。

这样的解释也适用于关于须佐之男的神话。他不也正是从高天原出走之后去了出云，后又在那里建立了国家，并沉迷于其中了吗？对于高天原和天照大神谱系来说，那就是"粗暴、痴迷"之事。也许从这里可以看出，日本的精神文化的根源，应该是在"和谐"与"粗暴"并存的基础上产生的。

寂

今天的日本文化，有一个软包装，就是我们常常会对外国人提起的"闲寂"。

寂，曾经也可用于表达"荒·游"的状态和意味，就是对于某些事情的沉迷、痴醉。但是，也一定是因为这件事情本身就趣味十足，所以才会让人痴醉的吧。

松尾芭蕉的俳句常被称为"寂之俳"或是"芭蕉之寂"，这种说法起源于元禄时代（1688—1703）的向井去来所写的《去来抄》[1]。门人野明问去来，文章的"寂"是什么呢？去来回答说，"寂"就是文章之色。这对话后来广为流传，那时候，去来的一句

---

[1] 向井去来是松尾芭蕉的弟子，江户时代著名的俳人。《去来抄》是其晚年的著作，是松尾芭蕉及蕉门俳人的俳句理论的集大成之作。——编者注

"守花老者的白发，与淡淡的樱花，渐渐凑在了一起"（花守や白き頭をつき合はせ），得到了老师"此句很是有寂之色"的夸奖。之前，芭蕉就曾发出过"此句寂色盎然，妙哉妙哉"的感叹。

所谓"寂之色"，指微微荡漾出了寂之风情的意思，也就是风情的本质渗透了出来。除此之外，芭蕉还使用过"余韵""玄妙"等词语，这些也都属于寂的范畴。

就这样，"寂"成了日本人审美意识的标志之一，特别是在文娱技艺当中被人们大肆追求。因此，随着年代、技艺者的不同，各式各样的、独特的"寂之情怀"也就相继产生。例如，中世纪的连歌[1]师心敬，游历到了"冰冷情怀"达到极致的北极附近；曾为普请奉行[2]的小堀远州（侍奉过丰臣秀吉与德川家康的艺术家）找到了武门茶道中的"美丽情怀"；金森宗和（江户时代的茶道大师）提出了"女子情怀"；等等。

心敬的"冰冷情怀"，具体来说就是看到了冬天的荒凉情景，到处洁白一片，而雪白中闪烁着光亮，树木的树枝上也都结了冰，那透明的冰柱晶莹剔透，十分惹人爱，但是在冰天雪地中，被冻僵了的感觉也油然而生；远州的"美丽情怀"是以桂离宫为代表的，黑色、白色、金色的完美结合产生了无与伦比的风情；宗和的"女子情怀"，指女性们的各种爱好，放在现代来看的话，想必就是那些老土啦，时髦啦的话题吧。

"寂"的感官和感觉，又与多愁善感联系在一起。多愁善感这

---

[1] 对咏形式的和歌体裁。——编者注
[2] 专门负责建筑工程的官员。——编者注

种细微而复杂的情感，是皇室王朝贵族们审美意识和心情的表达，本居宣长的《源氏物语玉之小栉》就是对其最好的诠释。它指出了日本人人情世故的本质中，潜藏着哀伤的情感。

这里的"哀伤"，没有可怜的意思。可能多少有一点怜悯的意思，"世故"这个词里面，本身就包含着清冽的哀愁和悲伤吧。西行法师曾经写过这样一首俳句："身处都城，举头望明月，无论遥望多少次，也都没有变化。"外出旅行的时候，看到了天上的月亮，就回想起曾经在都城看到月亮后产生的悲伤的情感，那真的是数不尽的哀伤。

就像西行在俳句当中写的一样，"多愁善感"这种情怀常常使"人情世故"的情感化到达了极致。真渊和宣长，便选择把紫式部的《源氏物语》当成这种情怀的宣泄出口。

顺便说一下，"あはれ"（aware，悲哀之意）在武家社会，就变成了"あっぱれ"（appare，值得赞赏、令人钦羡的）。"appare"是"aware"原本读法的促音读法，这变化可不容小觑，它代表着王朝的"哀愁"情怀，变成了武家所崇尚的"杰出""漂亮"。

武家的小孩子从小就必须要上战场，穿着威武的铠甲，拿着小小的、金光闪闪的刀。这样子在贵族看来，是"悲哀"的，但是在武门看来，那就是"美妙至极"的，是对孩子们至高觉悟的喝彩。

但其实，在"あっぱれ"中，也蕴藏着"あはれ"。二者之间的关系，也是双重的。和谐之事与粗暴之事也是一样，本是看起来不相关的两件事，但其实却互相影响着。往远看，这同和御魂与荒御魂也是有往有来的，也就是说，这其中也包含"荒·游"中的人情世故的出现。所有的这些，追溯本源，都可以回到须佐之男的传说了。

数寄

综上所述，贯串于文艺、游艺、武艺和艺能的"寂"以及"寂"本身传达出的表现方法、氛围鉴赏，还有消遣的这种感觉，统称为"数寄"，或者"数寄之心"。

这其实也是茶室的雅致建筑（日语叫作"数寄屋"）里面出现的"数寄"。喜欢什么东西，继而专心去致力于其中，感知其消遣过程中独特、美妙的意思，这也就是"数寄"了。而潜心致力于数寄的人，就被称作"数寄者"。

"数寄"原本是从"喜欢"或者是"喜欢上了"等词语里发展而来的（"喜欢"这个词和"数寄"的发音是一样的），再强调一下语感的话，就要把"梳理"这个词也拿出来了。"梳"这个字的意思在我看来就是把一种东西用另一种东西梳理开来。例如"铲土""滤纸""梳头发""透风""剥树皮""透过内心"等，都是数寄。这些词和事物，都不是单纯的字面意思，而是表达通过各种各样的挑选和甄别，最后才形成的一种感觉。这种选择和甄别，就和茶室优雅的建筑里面的"数寄"对应上了。日本人凭借这种情怀和数寄，来感知分组、分类的方法。

可能说得有点牵强，但总而言之，无论是"寂"这种情怀也好，还是数寄这种感情也好，它们都表现了人们对事物的执着。"执着"这个词在日本，常用于学习或者修身养性之初的阶段，但是如果过于执着的话就会妨碍事情的发展，就变成了拘泥。在佛教中，对一件事固执不变的态度就叫作"执着"，是坚决被禁止的。因为它妨碍了修行。

但是，硬要把这种执着放在自己喜欢的事情上，对一件事彻底底执着，反而会发现美，这样的事在日本可谓层出不穷。最有代表性的人物就是西行法师。

西行本名为佐藤义清，16岁的时候开始拜在德大寺家的门下，成为一名武士。到了18岁，他成为左兵卫尉，之后又升至鸟羽上皇的"北面之武士"，也就是太上皇身边的警卫。当时，同样任职的还有大名鼎鼎的平清盛。在那之后，清盛身经两次战乱，从公家手中夺取了政权，但是西行却与之相反，放弃了武士的身份转而遁世出家了。

虽然西行法师的故事不是像须佐之男被从高天原流放那样的神话传说，但也是一个不走寻常路而从事和歌、追求"寂之道"的故事。在那之后，他选择了全身心投入于"寂"，歌咏着"哀伤"与"美丽"的情感。

后来人们把西行法师的选择叫作"数寄的遁世"。出家也就意味着舍弃了这个凡世，做自己喜欢做的事情去了。说是出家了，那么按理就应该遁入佛道，但是他并没有像一个僧侣那样去生活，而是选择了按照自己的喜好去进行消遣的生活方式。这些在武家和佛教看来，是粗暴不堪的，但是对于西行来说，这些只是"游玩"罢了。西行这种生活方式也是通过和歌的各种各样的表达才得以流传的。西行之后，有更多出家遁世的人和数寄者不断出现。相信也有更多的人，会在旅途中仰望星空，看看那异乡的月亮吧。

侘

寂之外，现在开始，我们再来聊聊这个"侘"。

之前说到西行，他出家遁世之后，无奈只能清贫度日，生活拮据，也没有什么贵重之物，在旅途中也时常要靠别人的救济。他住的地方都是些废旧的草房而已，身边也没有什么特别的东西。但是，他的心是开朗的。

即便是刻意遮掩的地方，也会有人来拜访他。可是虽有人来拜访，他却连一杯茶、一块点心也拿不出来。因此，主人就说："您能莅临这么寒酸的地方，我真是欣慰，实在抱歉，我真是什么都拿不出来招待您，也没有像样的茶杯。但是，如果您不嫌弃的话，这（破旧的）茶碗也能将就喝一杯茶。"于是，他就慢慢地斟了一杯茶，又继续说："幸好啊，外面草原上的芒草都抽出了漂亮的穗，不妨采一些过来，就插在瓶子里，和热茶一起奉送给您吧。"就这样，西行既会对生活中的不如意感到歉意，也会把喜欢的东西拿出来进行弥补。

这就是"侘"的出现。在清冷的生活当中，只能招待给别人自己的真心，还要为了这些不如意而道歉。

西行和能因法师在旅途中拜访过一家农户，那家的主人出来说："让您下榻至如此破旧的农舍真是抱歉，就请您留宿一夜吧。只是十分对不住，招待您的只有粗茶淡饭。"但是，在西行和能因法师看来，这家主人的这种"歉意"是最难能可贵的。

这种"侘"的情感最终促成了空寂茶的诞生。村田珠光、武野绍鸥、千利休等人，特意把草房模样的茶室搬到集市中来，武家和町人（江户时代的城市居民）都会脱掉鞋子从小门进入，茶室里面的空间也缩小到了极致。装饰物只有少许的茶花和墙上挂着的书画而已。

在这样一个狭小的空间里，主人与客人悠闲地喝茶，谈论时事。空间的大小基本上是四叠半，利休的时代是三叠多或者是两叠。虽然茶室狭小，招待客人的也只有粗茶淡饭，但主人却都是出于真心实意——这就是茶道的基础。有机会就去待庵茶室（位于京都，茶道宗师千利休于16世纪末创建的草庵风格的茶室）看看吧，那是日本文化的极致表现。

不过，以上所提到的"侘""寄""荒·游""数寄"等，到了江户时代，都统一转变成了"俏·婆"（やつし）。

就好像芭蕉会把寂和"挠"（しほり）[1]都统称为"细"（ほそみ）[2]一样。"俏·婆"是从消瘦、憔悴这样的词语概念转变而来的。故意打扮成寒酸的样子，穿着破旧不堪的外衣，或者整天穿着瘦小的衣服，关注弱小的事物，等等，这些都是"俏·婆"。它本质上更接近"忧愁、哀伤"的意思。

为什么江户文化会发生这样的变化呢？我会在本书的后半部分从其他的观点对此进行分析说明。

---

[1] 俳句中自然流露出来的纤细的余情。——编者注
[2] 松尾芭蕉的俳谐理念。以细微而深入的诗心，展现出细腻微妙的句境。——编者注

にぎみたま・あらみたま

和御魂・荒御魂

图①是柔和优雅的天照大神的和御魂，图②是强壮而粗暴的须佐之男的荒御魂。这一对的出现总是震撼着日本文化，与"荒"和"游"都有关联，最终生成了"喜欢"的最高点——数寄。图③是松冈的书法作品"数寄"二字。图④是小堀远州所喜欢的"美丽情怀"的代表物——高丽茶碗。图⑤是金森宗和喜欢的"女性情怀"的代表物——色绘忍草图茶盏。

第六讲

漂泊与边境

日本人为什么对于"回乡"会感到如此哀伤呢?

重视边缘的日本

最近这几十年，东京的过度集中现象已经变成了一个大问题。人口、行政力、政府机关、金融、各公司总部、传媒、高等教育部门、IT产业，种种都集中在东京，不见改变。政府和各自治团体也都在不断地宣传与强调"地方的时代""家乡建设""乡村资本建设""纳税给家乡"等，但各种政策的开展都仍然不见成效。

2019年12月，"城市·人·工作创生综合战略"第二阶段正式开启，地方应该获得的KPI（关键绩效指标）有四个基本目标和两个横断性目标。该战略的重点在于逆转东京的过度集中现象，从而活跃地方经济，改善地方生活，以及增加地方人口。但是，当事者们有一半都放弃了。这样的话，创生预想就基本没有可能实现了。不管怎么试图分散出迷你型的东京，怎么努力分配东京式的KPI，对少子化和老龄化严重的地方来说，创生都具有较大难度。目前整个日本，全国上下的路边，都排列着相同品牌的大型超市和连锁店。

翻看过去的历史您就会发现，在日本，与中心所相对的地方，或者与核心所相对的边缘，与主要所相对的次要，这些地区都是相当受重视的。巡视地方这件事情，从古至今都十分被重视。最近的电视节目当中，常常会出现叫作"地方饮食"的节目，或者叫作"公交车旅行"的节目，这些节目不只是现在热门，过去也很受欢迎。我把这种倾向解释为"漂泊与边境之趣味"。实际上，有很多杰出的物语、记录文学和绘图都是以"漂泊与边境"为主题而创作的。

说日本的社会文化是以中心为主的，或者说是大都市主义的，都是偏见。日本真正有意思的地方正是在非中心的地方，这是我们最需要好好了解的。

在原业平[1]与《东下》

从最为有名的地方开始介绍吧，首先就是平安王朝的《伊势物语》《更级日记》《土佐日记》。

《伊势物语》的开头是在"从前，有一个男人……"之后便讴歌了这个男人，也就是在当时那个时代十分时髦的人物——在原业平。全篇采用了歌物语的风格，用125段话来进行描写，中心的内容就是《东下》，也就是一个纪行篇，它给后世带来了很大的影

---

[1] 825—880，平安时代前期歌人。《古今和歌集》序文中的"六歌仙"之一，著名和歌物语《伊势物语》的主人公以他为原型。——编者注

响。"东下"是从都城京都开始，一路向东而行的意思。业平一直东行到了武藏国，赞叹了隅田川的美。他在三河、骏河以及富士等地的见闻和体验的风俗，给后世留下了各种各样的题材。这些题材能使用在和歌、能乐、绘卷中，产生了奇妙的反应。甚至在即兴演奏和模仿滑稽作品当中也能够使用，且发挥出了巨大的作用并产生了非凡的影响。

因为业平是个十分帅气的人，因此他的恋爱故事有很多。他曾经做出过这样的决断："比起华丽的都城，我更希望可以住在东国。"这句话后来十分受欢迎。"东下"正是公共汽车旅行的著名路线。

《伊势物语》描写的是从都城往东走的路线。与之相对，《更级日记》则描写了从东边开始往都城方向走的东海道路线，是在上总（千叶县）之国府任职的菅原孝标同家人一起回京都的时候，他的女儿所写的日记。那时候他的女儿只有13岁，但是这部日记却是其女晚年根据回忆所写的。日记开头是这样的："我出生在从都城到东国的路途的尽头，不，是比那尽头更遥远的地方……"她虽然出生在乡下，但是却对世上流行的"物语"十分感兴趣。日记里面写到她从姐姐和继母那里得知了光源氏的故事，于是被深深吸引。

这名女子曾经是乡下一个大门不出二门不迈的女孩，她梦想着能蓄起一头长发，做一个像夕颜或者浮舟那样帅气的女子（二者都为《源氏物语》中的人物）。最终，她回到都城之后阅读了大量的物语，又进宫做了侍从，并在与父母指定的人成亲之后，终于顿悟到凡世间的生活其实并不像物语中所写的那样。于是她十分失落、失望，开始反思自身，想着如果能更好地学习一些佛道理念就好了。这样的想法与心情，终于激发了她的才气与灵感，这才写下了东海道上各式各样的都市人间的样子。这，就是《更级日记》的大概由来。

纪贯之的《土佐日记》，我们在第二讲的时候提到过假名的部分，在此便不再赘述。它是赴任土佐国司的贯之，在回京都之路的55日内，使用女性身份所写的作品。大津、浦户、大凑、宇多之松原、阿波、濑户内海的沼岛、大阪的和泉、箱之浦、石津、住吉、难波、八幡、山崎等地，在日记中一个接一个地登场。

歌枕与"流行歌曲"中的地方之美

《伊势》《更级》《土佐》之后，日本的纪行文学就一发不可收了。最有名的应数松尾芭蕉的《深处的小路》，他还有很多其他的旅行日记和纪行笔记，描写了芭蕉感兴趣的各地名胜和风光，以及生活习俗。

人们对名胜古迹感兴趣，因此就要借助于歌枕了。所谓"歌枕"，就是介绍和歌中出现多次的名胜古迹和修辞用语的入门书。北边有外滨、盐灶、末之松山，南边有博多、太宰府、对马，粗略地数也有200多个地方了。这其中的白河关迹、田子浦、龙田川、逢坂山等地最受欢迎。

到了中世，去各地巡游变成了一种时尚，最有名的要数熊野参拜道和伊势庙会，也就是在一些知名的灵地集会，这正是当今的圣地巡礼。不仅仅是单纯的圣地巡礼,在这些圣地,都会有观音的灵地存在,人们因为信仰观音而参与到地方旅游中来。熊野,也是其中之一。

观音灵地被人们视为观音净土,人们相信"补陀洛渡海"[1]就发生在这里,因此也相信只要能越过艰难险阻到达这里的话,也就能到达观音净土。灵地是"这辈子"和"下辈子",也是"此岸"和"彼岸",更是"真实"和"虚无缥缈"的分界点。

这种由真实走向虚无缥缈的路,就叫作"朝圣之路"。在这些"朝圣之路"上,从中世开始到近世为止,日本修建了很多名刹,大约有西国的33处,四国的88处,和坂东的33处。这些地方负责迎接人数众多的巡礼者。

接下来怎么样了呢?那附近的住宿和温泉都开始赢利,土特产和名产也随之产生。另外,艺伎和歌伎也活跃起来了,整个日本都被"趣味无限的地方游"给网罗了起来。各地艺伎们唱过的流行歌曲当中,都出现了这些圣地,还配合着独特的演奏,这在当时十分受欢迎。把这些歌曲都收录起来的作品是后白河法皇的《梁尘秘抄》。

中世的"网络"

地方交通网的基础,无论是今天还是过去,都是干线道路。古

---

[1] 日本中世时期舍身行的仪式之一。佛教传入日本后,人们将补陀落山视为观音的净土,许多人想方设法乘船渡海前去。——编者注

有"四道将军"开道。《日本书纪》当中记载，崇神天皇十年（前88）时，他派遣了四位将军，分别是大彦命、武渟川别命、吉备津彦命、丹波道主命，分别去了北陆、东海、西道和丹波四路。

这就是"四道将军"。"将军"这个词，和之后出现的"征夷大将军"中的"将军"二字含义相同，意思就是先有一定的目的地，并向目的地进军的领军人物。崇神天皇是公元前2世纪至前1世纪间的天皇，所以大体上从那个时期开始，日本地方上就已经产生了最初的开拓者。

随后，五畿（畿内）七道也就被划分出来了。五畿分别是大和、山城、摄津、河内、和泉，七道则是东海道、东山道、北陆道、山阳道、山阴道、南海道、西海道。古代日本的基础设施就此登场了：东海道连接了江户（今东京）至京都，东山道把东北六县和栃木、群马、长野、滋贺连接起来，北陆道、山阳道、山阴道相当于现在的铁道和新干线，南海道是四国四县以及和歌山、淡路岛的辐射范围，西海道指九州七县的路径。这些"道"又被分成大路、中路、小路，大体上每30里（约16千米）就会设置一处宿驿，每处驿站都会准备好可使用的马匹。就这样，驿传制度建立起来了。

这样一来，海港路、河川路、盐道，更甚之还有神社和寺院的参拜路径也都加在了一起，就形成了日本各地的"网络"。民俗学家宫本常一在名著《被遗忘的日本人》（《忘れられた日本人》，岩波书店，1984）中曾表达了一种观点——在过去，只要是生活在这张网里的人，就是日本人。

在网络上行走生活的人们，不仅仅是旅人，漂泊的"网民"也在其中，也就是"流动"的人口。与常民相对的，这些人被叫作"游民",在民俗学当中被统称为"流浪者"(游牧者)。

古代中国和古代日本都对这样的人实行差别对待,并且称呼他们为"教化外之人"或者"县道局外人"。但是网野善彦[1]先生等人的研究表明,这些所谓的"网民",其实也是"乐""公界""别所""无缘"[2]等特别地点和区域的建造者,他们开创了属于自己独自的生活、商业文化,医疗设施和娱乐场所也都一应俱全。

这样看来,"网民"们所聚集的"网络"基本上成立的时间应该是在13世纪后半叶,历史学者和民俗学者们认为,如今日本社会文化的中层结构,基本上就是在这个时期奠定了基础。那时,常民和游民的比例,大体上达到了一个平衡状态。我认为,21世纪的地方创生,正需要一种中世"网络"的新形态,一种再生。特别是与"网民"相关的事情,都应该受到足够的重视。

从漂泊者蛭子到万人敬仰的惠比寿

"网民"原本就是漂泊者或者是流民的姿态。在日本历史中,漂泊者和流民的动向,占据了相当重要的位置。这是为什么呢?现在我们就来讲一讲。

还是要回到日本神话当中来说,《古事记》里曾经提到,伊奘

---

[1] 1928—2004,日本史学家。曾任日本常民文化研究所研究员,其丰硕的研究成果被日本学界誉为"网野史学"。——编者注
[2] 乐,没有身心之痛,惬意安宁的事或地方;公界,在禅宗中,它被认为是指远离尘世的修行之地和在那里修行的僧人;别所,非领主所在的地方;无缘,割舍一切血脉亲情,拥有治外法权的地方。——编者注

诺和伊奘冉结合后生下的孩子里面，有水之子。其中的代表，即蛭子神。

这两位神把出生就没有手脚的蛭子放在以芦苇编成的小船上，在淤能棋吕岛放入海中随流而去了。接着他们生下来的第二个孩子是淡岛，也是水之子。之前的蛭子终于还是漂流到了岸边，并且长成了相貌端庄的男子。在西宫地区流传下来的故事中，他以"夷三郎殿下"之名创造了莫大的财富，为了纪念他，人们开始祭拜他为西宫大明神，之后他又被人们敬奉为惠比寿神，即保佑商业繁盛的神，也是今天西宫神社的始祖。现如今仍然有"生意兴隆，竹叶茂盛"[1]的说法，可见惠比寿是多么受欢迎。

蛭子转变为掌管财富的惠比寿神，淡岛则转变成了各地艺伎和歌舞伎的守护神。因此艺伎和歌舞伎等游女身份的人，在吉原等烟花柳巷之地所祭拜、供奉的神，包括百太夫[2]等，都是淡岛神。

这些故事都是十分具有代表意义的。这些本有着漂泊宿命的边缘人，最后却"逆袭"为能带给人财富的象征性神灵，在文化人类学中，这种反转的剧情遍布全球。"贵种流离谭"（出身高贵者因故流落他乡，并遭遇种种艰难试炼的故事）就是这一类型的题材。日本的漂泊文化和边境文化当中不乏这一类的传说故事，在各地都会有类似于"流离的最后的反转""漂泊的最终的荣耀"这样的物语广泛流传。

这些物语的流行源于人们无法忘记那些被授予了"负面印记"

---

[1] 每年正月初十的"惠比寿之日"，西宫神社会开始举行"十日戎"，在该祭礼上人们以竹草等物装饰神龛，作为商业繁荣的象征。——编者注
[2] 日本傀儡戏神，也是娼妓的守护神。——编者注

的人，不想让其放任自流，不得不去面对的心理。这样的心理简单来说就是指同情别人的不幸，常常被称为"无常观"或者"恻隐之心"。下面举几个这方面的例子：

第一个例子。能乐的舞台，正对舞台的左侧有一条从后台通向舞台的桥式通道，这通道上有三棵松树，分别称为"一松""二松""三松"。通道过后稍往右，有以松羽目为背景的背景墙（镜板），这就是正舞台。正舞台上立着仕手柱（主角柱）和目付柱。在这些的前面，就是白州，是客人的座席。通道的最里面是镜间（能乐表演者登台之前戴面具的地方，设有镜子），表演者都是从这里缓缓登台的。配角不化妆，素颜登台，主角要佩戴面具。能乐的面具，暗示着主角登上舞台后所要展现的人物性格。

但是，很多的能乐作品，登上舞台的主角大部分都是神，或是死者的亡灵，以及行踪不明的人物，他们几乎都是不幸的。这些人的亡灵得不到超度，于是游走于各地。有着悲惨的过去和境遇的人们的故事，就这样被主角演绎出来。能乐是日本古典艺能的代表形式，其舞台以及所表现的内容，就是一种被美化和被深度刻画的"漂泊的艺能"。

第二个例子。日本人常常被说成"判官びいき"（对弱者表示同情）的达人。这句话里使用的"判官"（原句是袒护判官）是指九郎判官源义经的故事。他乳名是牛若丸，因为是源义朝的第九个儿子，所以又叫九郎。因后升至左卫门尉，所以义经也被称为判官。这个故事讲的是他的哥哥源赖朝因为担心义经功高盖主，而一路追杀他至奥州平泉，无奈，他连同弁庆等勇猛之士奋勇抵抗，最终以自裁落幕。义经曾在征讨平氏一族的战役中立下赫赫战功，但是最后却落得了如此落魄的下场。日本人大都觉得这样的义经十分可怜，于是判官的这段佳话就得以流传了。这就是日本人同情弱小的故事起源。

第三个例子，《平家物语》所写的是刚才所说的义经所征讨平氏一族的王公们的故事，讲述这物语的人是琵琶法师[1]。《平家物语》一开头是"祇园精舍的钟声一如往常地敲响，沙罗双树花开花落，预兆了胜者必衰的道理"。接下来又写道"骄兵必败，恰如春宵一梦；猛者遂灭，好似风前之尘"。

日本人始终认为骄兵，或说骄傲的人好景不长，所有的一切都像春宵一梦，诸事无常。换句话说，就是对万事都是随风飘浮的尘埃这种想法不能释怀。这种想法有时叫作"败犬的斗志"，有时又会被称为"败北主义"，等等。这还不算完，日本人总觉得像平家与义经之间发生的这些事情，终有一天可能也会发生在自己身上。诸行无常啊，这就是"无常观"，也是"恻隐之心"的意思。

我们就是这样被平家、义经以及能乐舞台所表现出的漂泊感所征服的。夏目漱石在《三四郎》当中也曾表现出这样的情感，《三四郎》中有一句名言就是"怜近于爱"。疯癫的阿寅[2]一直以来也都是个失败者，可是如果就直接说出"你就是一只败犬！"的话，那么一切就都结束了。这就是日本人的普遍想法。

---

[1] 平安时代的宫廷乐师，多为盲人。镰仓时代以来，琵琶法师中出现了一批以《平家物语》为蓝本，专门说唱源、平两个武士集团战争故事的僧人。后来就单独演变成为"平家琵琶"这一流派。——编者注
[2] 指日本家喻户晓的影视角色寅次郎。寅次郎是一个内心善良的流浪汉，他热爱家乡却四处流浪又不断失恋，其社会底层的人物形象和流浪的见闻反映了日本时代状况。——编者注

"无常"与"恻隐之心"

无常观是中世日本人人生观和价值观的代表。鸭长明的《方丈记》与吉田兼好的《徒然草》,都是关于无常的文学,认为这世间都是无常的。这种观点源自佛教中的四谛观。

所谓"四谛"就是苦谛、集谛、灭谛和道谛,也是四种断念,是由释迦牟尼最先提出的。苦谛是指世间皆苦;集谛就是指世间疾苦都来源于无常之人的执念;灭谛是指注视着人间的疾苦,只要抑制住执着的信念就可以减少苦难;最后的道谛就是指万事皆有道(正道)。这其中的苦谛是生、老、病、死这四苦,再加上爱别离苦、怨憎会苦、求不得苦、五蕴盛苦在内的一共八苦,也就是日语中常说的"四苦八苦"的来源。该说法通俗易懂,在日本广为流传。

就这样,佛教的谛念在中世的日本变奏成无常观,又进而在《方丈记》和《徒然草》中产生了独特的内涵。长明在一开始的时候就写道:"浩浩河水,奔流不绝,但所流已非原先之水。河面淤塞处浮起泡沫,此消彼起、骤现骤灭,从未久滞长存。世上之人与居所,皆如是。"

"河面淤塞处浮起泡沫"指的这凡世间的人也好,甚至凡世间也罢,都是无常的。

无常观又常常与"恻隐之心"联系在一起。这个词是从《孟子·公孙丑》当中出现的"四端说"里摘取的,即"恻隐之心,仁之端也"。孟子曾说,人都有四端,包括"恻隐""羞耻""辞让""是非"。所以体谅别人的心情（恻隐）、知耻（羞耻）、谦逊（辞让）、感知言行对错的能力（是非），被看作应有的四种德行。而这四端，就发展为后来的仁、义、礼、智。

在我看来，日本人对于其中的"恻隐"和"辞让"是最为重视的。尤其是对于在一件事情中，没有得到好结果的人，我们都是会抱着怜悯之心的。《方丈记》当中有描写地震和台风过后房屋倒塌的场景，面对这些场景，长明都写出了怜悯之情。而这种情感出现的前提就是无常观。

"风雅"与"乡土"

判官也好，西行也好，疯癫的阿寅也好，这些都可以说是败北主义的典型，但是我觉得这并不是所谓的"死亡美学"——三岛由纪夫虽然是这样看日本的，我却觉得我们没有必要陷入这样的想法当中而不可自拔。我觉得我们更需要的是注重"变幻"。下面举几个例子：

巡礼和边境就一直受到人们的喜爱；人偶净琉璃和歌舞伎的"道行物"（歌舞伎舞蹈的类型之一，大多数用来表现恋爱的男女）也十分受欢迎；时代小说和时代剧电影中的"流浪者"备受偏爱；司马辽太郎的"街道漫步"[1]系列也吸引了众多读者；更甚之，巴士自由行的人气节节高升；还有一个占卜故人现况的电视节

---

[1] 由朝日文库出版的司马辽太郎行走日本各地以及海外各处的纪行系列文集，它从1971年在《周刊朝日》开始连载，一直连载到1996年司马辽太郎病逝。——编者注

目，也是一直都在反复播出；等等。把这些都放在一起来看，可以发现日本人的"漂泊""落魄""无常""边境""巡礼""道行"等这些感觉，都碰撞在了一起。

它们都肯定了一点，就是"变幻"。就像我们会寄情于四季的变幻，历史和人生的境遇也会出现变幻。虽说《伊势物语》中的业平只是从首都搬到了乡下，但是反过来想，他面对转变而宠辱不惊的样子也是十分帅气的。

回首过去，我们会发现，平安时期"风雅"与"乡土"已并存。"风雅"的意思是"雅观、典雅"，这都是由"宫廷""首都"派生出的词语，也可以表示大都会主义和现代都市主义；"乡土"则是"粗鄙、粗俗、土里土气"的意思，可它是最让人们感觉到趣味横生的。因为不论空寂茶的草庵风格也好，质朴的穿着也罢，在我看来，都是从根本上就存在着的、与"风雅"相对的"乡土"。这二者是共存的。

不过这些和近代欧美地区所流行的"田园回归志向""田园都市构想"还是有些不同的。并不是整个地域、领域范围内都要刻意促进这种"乡土"的习气，也不是要根据所谓的"现代主义"来改造它，而是单纯因为喜欢而喜欢，用喜欢的感觉来维持这种"乡土"。

对"变幻"和"失败"的宽容

我在上面大致进行了一系列的介绍，包括主流和非主流的、聚合和分散的、大的意向与小的意向、恒常的与变幻无常的等。它们体现的都是一种反对英雄常胜的心态，比起核心，人们更喜欢去赏味边缘，觉得这更是别有一番情趣的。

这并不是败犬主义，而是人们在故意宽容"失败"，并转而去声援失败的人，也就是"恻隐"。因此无论是判官还是阿寅，都是被鼓舞的对象。我在本书中，会多次走这样一条路线，并且不断将这条路拓宽、加深。

为了再深一些地探讨这个话题，我不得不指出另外的关键之处。我会在其他部分中进行具体说明，所以就先简略地解说一下：

第一，日本一直以来都不重视"反乌托邦"题材。全世界的科幻题材基本是以"终结""大蜕变""反乌托邦"等主题来进行描写的，因为犹太教、基督教的基本核心思想就是这样的。但是在日本，如果先把佛教的末法思想（认为释尊入灭后将迎来佛法尽灭的来世）放一边的话，人们并没有设想过"全部结束"意味着什么。这也许就叫乐观，或者也可以说是太没有危机意识了。相反地，日本人始终坚信一定会有"复活"这样一个说法。科幻题材方面，在小松左京的《日本沉没》登场之前，根本就没有反乌托邦类型的文学作品存在，何况，小松左京在那之后写出了《复活之日》。

第二，日本的中心主义思想十分薄弱，古代的京城也曾多次迁移。光是从7世纪来看，京城就有飞鸟板盖宫、难波长柄丰碕宫、近江大津宫、飞鸟净御原宫、藤原京、平城京、山背恭仁京、紫香乐宫、难波京、平安京等多处。但它们中既没有像埃及和东方国家那样的古代大都市，也没有像古波斯和古罗马那样的首都。这种变迁不是因为从一开始日本人便喜欢分散的，而是因为他们喜欢"边留痕迹边行进"。而这种习惯，最终止步于在江户都城建设上投入了大量时间和精力的德川家康时代。

也就是说，"八百八町"的大江户文化也好，以东京为中心的一端集中现象也好，从日本的历史和日本人的喜好来看，它们无疑都是例外。伦敦也好，巴黎也罢，哪怕是柏林，大都市的样子总是大同小异。但如果无法避免这种雷同的话，我希望东京的职能，还是能够再稍微分散一些。

第三，我之前也曾经提到过，日本是脆弱且多灾的列岛，常年被火山喷发、地震、风灾、水灾、海啸、暴洪等自然灾害困扰着。无论是日本的核心还是边缘，都逃脱不了这样的宿命。但与之相对，这里也依然有很多自然的美好存在，像是四季分明啊，花鸟风月啊。四季虽短，却能够在每个季节都感受到独一无二的风情。

第四，就是日本人的情感和心性。对于日本人来说，"有常的"就是常世，就好像"niraikanai"[1]，那是在大海另一端的世界；而浮世则被看作"无常的"。就像《伊吕波歌》中唱的那样，"花虽芬芳终需落，人生无常岂奈何"，这与《平家物语》中的"诸行无常"也联系在了一起。

这就是对"变幻"的感观。"变幻"这个词的当用汉字是"移"，但是它其实还有别的写法，例如"映"和"写"。

第五，可能有点不太好理解。之前在本书中提到过，日本的各路神仙都不是主神，而是客神。有八百万如此庞大数量的神仙，随之而来也存在着各种各样的价值观和评判观，难以集中化。另外由

---

[1] 冲绳方言，意指海对面的理想之乡（类似彼岸）。——编者注

于神仙数很多，因此日语中的主语也就多变，有时候第一人称和第二人称倒过来的情况也会出现。

举例说明，比如日本人在称呼自己的时候，会分为以下这几种情况：

"わたし"（"我"最普遍的说法，不受年龄、性别约束），"ぼく"（仆，多为男子对同辈或晚辈的自称），"おれ"（俺，俗语，关系密切的同辈男性之间或在身份低的人面前的用语），"わし"（年长的男性或相扑界人士在同辈及晚辈面前的用语），"あたし"（女性用），"あたくし"（私，在比较郑重、严肃的场合或对身份比自己高、资历比自己深的人说话时使用），"あたい"（女性用，可爱、撒娇的说法），"拙者"（在下，男性用居多），"わて"（私，俗语，京都、大阪方言），"自分"（自己），"うち"（关西人常用，女性用居多），"手前"，等等。

虽说这些称呼有地域之分且都受方言的影响，但是在使用它们的时候，大多是依照前后文的语言环境来进行区分的。更甚之还有"手前共"（商人谦虚的用法）这样的说法，以表达谦逊之意。但是如果对方是无礼而蛮横的家伙，那这个"手前"就会变成"てめえ"（蔑称，意思是"你这个混蛋"，粗暴的称呼方法），第一人称突然就变成了第二人称。日本人这种根据不同局势和场面而变化人称的现象，象征着日本文化的脉络是多元化的。

这一讲中我要说的意思想必也很清楚了，就是地方创生，要着眼于边境和边缘地区。

日本有着"被漂流而走的神，反而会带来好事"的信仰。蛭子在经历了千辛万苦之后，变成了图①中的福神惠比寿（葛饰北斋作）。图②是"补陀落渡海"的样子。行者都是舍身渡海，信仰着能够带领民众渡向净土。

here から there へ

从 here 到 there

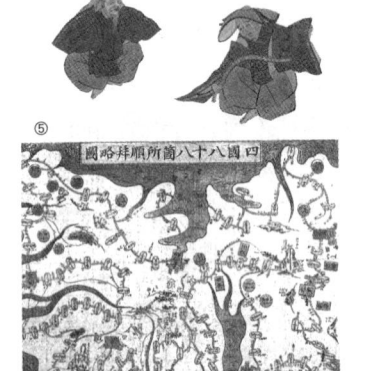

《职人尽绘》当中画的，都是中世的匠人，其中多是漂泊者和游民。图③是猿乐师和田乐师[1]，图④是遮住面孔的货郎。江户时期，为寻求观音净土而巡礼的四国八十八所真是人满为患，极为流行。图⑤就是巡礼顺拜的地图。

---

[1] 猿乐是日本古代以魔术、杂技等为主的演艺形式，后来演变成能；田乐是日本与农事相关的祭祀舞蹈。——编者注

第七讲

型·间·拍子

隐藏在间与"五七"调的型、拍子之间的谜

"型"是什么？

日本有趣的地方之一就是武道，其中柔道、剑道、空手道、弓道、合气道都是很独特的。这些道，无论哪一个，都在具有杀伤力的技能中加入了仁、义、和、礼的理念，而最终达成了"道"。

这些，现在都被统称为"古武道"了，但是之后又派生出很多变化了的武道。例如空手道里出现了震惊世界的极真空手道；职业摔跤和K-1[1]也都是很独特的运动。我的一位好友前田日明，他始终相信在日本武道中所蕴藏的思想才是日本思想文化的根源所在。

日本的武道书是由兵法书发展而来的。最初的代表作就是宫本武藏（江户时代前期的剑客）的《五轮书》了。这是极好的一本书，全书都由短小精悍的文章构成，结构上共分为地、水、火、风、空五卷。

---

[1] K-1为搏击比赛，"1"指"第一"，它在日本国内具有较大影响。——编者注

五卷的名称也是佛教中的"五大"。把这"五大"从下至上堆积起来之后（由地面至天空），便形成十分典型的"五轮"——地轮、水轮、火轮、风轮、空轮。在建筑物当中颇具代表性的有五重塔和五轮塔，它们的形状都继承了"五大"的传统形态，由下至上分别是方形、圆形、三角形、半月形、宝珠形。把这些形状各异的石头从下至上堆砌起来的话，就形成了日本随处可见的石灯笼（五轮塔）的样子。实际上，在墓地时常可见的舍利子塔，其上端的部分就是由这些形状堆砌而成的。

60岁才来到熊本的武藏，朝着自己来的方向写下了这本《五轮书》，全书整体强调的就是"型"和"风格"。书里面主要记载了太刀的拿法、与对手的对峙方法、走位的步法，以及其他很多方法。其中大部分都是对"型"和"风格"的论述。

武藏把武艺用型和风格、做派来加以解释说明，但是，日本文化里面的"型"究竟是什么意思呢？这还真是不好解释。

首先，"型"按照大的方向可以分为两种。一种可以理解为模板，也就是雕刻成型的木板，即模子。按照模型的样子，一个一个的东西就这样被做出来。陶俑、建筑物的建材零件、金属工艺品、江户小纹、木版印刷以及和果子，各种各样的制造品其实可以说都是千篇一律的。这用英语来说就是template（模板）。

另一种就是与身体动作相关的型。这一方面比刚才所介绍的要丰富得多，但也十分复杂。艺能、武艺、游艺的型，都是属于这一方面的。例如舞蹈、插花、茶的泡制方法、人形净琉璃等，都是有各自的型存在的，所以要找到一个综合的说法去解释所有的这些现象十分困难。

实际上，即便是英语，对"型"的表述也是多种多样的。style、type、model、mode、pattern、form、frame、template等，非常之多。用外国语言来解释日本文化的时候，一般来说，用英语比较多，也比较易懂。在英语中，不管是style也好，form也好，又或者是pattern也好，它们在日语里都是一个"型"字。不过要明确"型"的内涵也确实十分需要对语境和文化有诸多理解，仅仅用语言描述就真的很难明白，可以说"请用身体来记住这个'型'吧"，大概也就是以心传心的意思。

那么英语里关于"风格"的用语群是否能够完美解释日本的舞蹈、相扑、文乐（净琉璃）的动作、三味线的弹法、神事的老规矩呢？想必也是有难度的，或者说不太可能。我曾经两次被委托承办青年神职全国大会的组织和演出活动，当时，要向来自海外的嘉宾们解释清楚神事的做法和规矩，真的十分困难，因此我深有体会。从30多岁开始，我便从事同声传译的工作，经历了10年的打磨，与海外的艺术家也好，海外的文人也好，都由是我来负责其与日本文化接洽的部分，但即便这样，每次说到"型"，它都是最难让人理解的。

日本独特的统一旋律

为什么日本的"型"会如此难以理解呢？其实这都源于日本的语言文化、艺能文化、音乐文化与欧美文化的形成过程是不同的。若要分析之所以不同的原因，只能说它与思想和背景的形成有关系，另外与技能方面也是深有关联的。

比如说能乐的舞台吧。对着舞台的方向,由右至左的乐器排列分别是能管、小鼓、大鼓、太鼓。进到能乐堂里面,演出开始之前,演奏者会带着乐器,安静地坐在属于自己的座位上。到这个步骤为止,都与西洋的乐团登台顺序是一致的。但是这能管、小鼓、大鼓、太鼓的四重奏演奏却没有被调音。不是不想调,而是根本做不到。

首先,能管是一种约40厘米长的、用川竹制作而成的横笛,笛身有7处指穴,属于无簧式吹奏乐器。每一支这样的横笛其音色都是微妙的、不同的,因此想要调音基本是不可能的,所以,合奏也是不可能的。而它的制作方法又无法改变。

吹孔和最近的指穴之间,有一处相当于人的"喉咙"的穴,秘密就在于此。这"喉咙"的厚度大约有2毫米左右,是一截好像薄膜一样的竹管,它的作用就是使进入的气体不容易通过。因为"喉"的存在,想像西洋音乐那样发出平均音律(十二平均律)的音阶是不可能的,若想和日本其他的乐器一起合奏也是难上加难。而且,每一支管发出的音调也都是稍有不同的。因此也就需要演奏者使用不同的吹奏方法来克服这些困难,从而吹出自己想要的音调来。

首先需要能奏出低音——"吕音"的吹法,其次是高音——"甲音"的吹法,最后是更高音的、具有穿透力的吹法。最后一种吹法又一分为二,一种是把整根管的音域都调出来的单吹法,还有一种就是把外面的空气都吸入到管中的双吹法。这里提到的双吹法,常被人们称赞是神仙降临的声音。

这神一般的乐器是能乐四重奏的首领。当然了,它和交响乐队的首席——小提琴是截然不同的。基本上每次合奏,能管如果不演奏"前奏曲"的话，其他的演奏者和表演者就无从开始。

下面说到小鼓。小鼓偶尔还需要润湿，否则就敲不出好的声音。这种乐器是用马皮盖在樱花树干上制成的，周围用叫作"调音带"的麻绳系紧固定。小鼓的湿润程度不同，发出的音律也不同。因此，演奏者有的时候会在舞台上用嘴巴润湿手指再进行拍击。与之相反，大鼓却需要鼓皮干燥才可以发出所要的声音。为此，演奏者在准备室里都要下一番功夫。过去的话，鼓皮使用火钵里的炭火来烘烤；最近的话通常是用吹风机，登台之前都得把大鼓鼓面吹得干干的。

基于这种情况，可以说日本的乐器都是很任性的。除了以上介绍的情况以外，小鼓、大鼓的演奏者们常会为了附和拍子而发出一些"咦""呀""哟"之类的声音，演奏者的乐器声音与他们自身演唱出的声音混合在了一起。这就更不可能调谐了。

但是，即便各种声音如此乱七八糟地混合在了一起，却能达到一种独特的、统一协调的效果，这不得不说在日本的艺道里，有着某种神奇的秘密。除此之外，还有现场舞台上，用音乐来进行的"打ち合わせ"[1]，这里面也蕴藏着独特的"型"的力量。

伸缩自如的间拍子

日本文化没有刻意去制造任何便利与合理的东西，当然也没有

---

[1] 相似旋律的合奏；现常用指预先商量的碰头会议、工作会议，"打ち合わせ"一词源于能的舞台。——编者注

特意去制造什么不方便的东西，一切都只是更讲究临场发挥，临场的创造与发挥是十分受重视的。因此，乐器也才会在制作的时候去设计重重的困难，这就导致了日式乐器的旋律和拍子与西洋乐器不同。

西洋音乐的拍子是可以分割的，因此可以用加法计算。比如说，肖邦的《E小调第一钢琴协奏曲》就是五拍，伯恩斯坦的《坎迪德序曲》是七拍，杰夫·贝克的 *Scatterbrain* 和斯汀的 *I Hung My Head* 都是九拍，斯特拉文斯基的《春之祭》是比较有名的可变拍的作品。这些并不是无条理的，也不是凭演奏者的才能任意发挥的，无论哪个旋律都具备十分严格、合理的拍子。

但是日本呢？拍子是伸缩自如的——这就是日本的"间拍子"。它不是按照1，2，3，4的节拍进行，而是按照"1和2和3"的这种节拍，音与音之间有一个"和"（即是"间"，音与音之间的空白或休止）的加入。这个"和"，就是所谓临场发挥的"和"，而且这个"和"还可以进入到"裏拍"[1]。在前文中提到过，武藏的《五轮书》中就有对拍子的具体分类和记载。这些分类方法颇有意思，拍子或被拉长，或在有的地方被反着来，变化多端。

"形代""物实""凭座"

三十几岁的时候，我第一次对日本的型感兴趣是因为"形代"这个词，它实在是太让我吃惊了。

---

[1] off beat，指反拍或弱拍。——编者注

所谓"形代",不完完全全是型,而是作为形状的力量表现形式的代理物。把形状用应有的力量形式表现和处理,就是形代。这力量是无法用肉眼看到的,是在神的干预下成形的。

有一种叫作"天儿"的小人偶,是个十分不可思议的东西,人们习惯做一个这样的人偶娃娃放在幼儿的枕边,以祈祷孩子可以健康成长。这些娃娃都是手工制作的,在《源氏物语·若菜》中也曾出现过相关的描写——稚子若要无忧成长,就需诚心亲手制作一个天儿。母亲和乳母用木头和竹子做成一个T字形,再在这上面插上头,穿上衣服,就做成了。听说美智子殿下在生下浩宫(令和天皇)之后,就亲手做了天儿娃娃。

说到这里您可能会觉得这娃娃是个守护神吧?但其实这个看法并不准确。它只是一个替身,用来承载这个孩子可能会遭遇的坏事和祸事而已。说直接点,天儿是一个会提前把孩子的负面影响都带走的载体。这就是形代,它是一种"代偿的力量",或者说是"代负的力量"。

我通过对天儿娃娃的了解,感觉到形代其实与日本的型其背景有着密不可分的关联。我有一个朋友,"山海塾"舞蹈团的创始人天儿牛大,他本人也是一个舞者,1977年首创作品《AMAGATSU颂》[1],之后又发表了成名作《金柑少年》。这些舞蹈都是十分罕见、十分特别的,其本质就是把舞者的身体作为形代来表现。当然了,这其中既有形,也有型。但无论哪种,都只是一个间接属性的角色,迎接着那些从现在开始就会到来的某种事物,都是代行者而

---

[1] 天児(アマガツ),读作amagatsu,天儿。——编者注

已。形代和型不只是单纯的pattern和model，而是对未知事物力量的一种假想。

还有一些不可思议的话题，在这里也顺便都讲一下吧。这样或许才能够更好领会形代和型的真谛。

古时候开始，日本就有一种叫作"物实"的思考方法，"物实"是"事物的种子""源头"的意思。解释得通俗一些，就是事物原本的样子，或者说是成就一件事情的根源。但它的内涵可是一点都不平凡啊。在《古事记·誓约》中，就有了"之后出生的五柱之男子，根源出自我"这样的叙述。天照大神咬碎须佐之男的十拳剑后，旋即哈气，吐出的云雾中生出三柱女神。须佐之男则咬碎了八尺琼勾玉，吐出的云雾里面诞出了五柱男神。天照大神便说"这五个男孩来自我身上所佩带之物，因此都是我的孩子"。天照大神把三神器——天丛云剑（草薙剑）、八尺琼勾玉、八咫镜，当成自己身体的一部分，利用这些神器开始撒种，播出本源，因此才有了上述"我的孩子"这么一种说法。

究竟发生了什么呢？可能即便跟您这样大致说一遍，您还是不能够好好理解吧？不管怎么说，这一件件的东西变成了孩子，着实让人感到瘆得慌，再怎么解释"物体的种子"这样的说法，这种奇妙的媒介神奇地介入其中，多少还是让人费解的。但是我们的祖先，但凡发生了好的事情，一切都平安顺遂，就会觉得这与某种不可言说的神秘力量有关。这种神秘的力量，就是前面所说的"种子"。这，也就是我们一直在解释的"物实"的意思。

另外，还有一种思考方法叫"凭座"，也叫"寄坐""依坐""尸童"。它原本指萨满教里面的神灵借宿在某个假体之上，假体是媒介性质的存在。简单说，就是由萨满巫师来充当灵魂寄宿体来与现世沟通，但后来逐渐演变为不使用巫师或女巫，而只用一个人偶来发挥同样的作用了。

这凭座和刚才所说的"出生的根源"并不同，它是"粘在座上的"。而如果没有这里提到的"座"的话，那么重要的东西就无法贴合上来。反之，有了凭座的话，无论是神圣的，还是怪异的事物，都会有去处，也就是这个"座"。座敷童子[1]等妖怪就是坐在坐垫上面的，往往坐着或是倚靠着什么。这种民间故事还是很容易理解的吧？厕所里面的花子[2]也是被"座"在厕所中，所以才会一直停留在那里。

这些看法和想法，都足以说明日本的"座"和"场"是多么重要的存在。各种事物会依附、粘贴、出现在这些"座"和"场"上。人们继承了这样的看法，经历了年代的考验，几经回转，终于在"间"上着了魔。

"定型"的成立

说到拍子，日本从过去开始就有五七五七七、五七五、五七、七五等语言上的节拍。这些其实并不只出现在日本的和歌、短歌、俳谐当中，它们也会出现在日常生活当中。

---

[1] 寄居在人类家中的妖怪孩童。座敷童子在家时会为人类家庭带来福祉，若离开则会招来不幸。——编者注
[2] 花子是死于厕所的女孩因怨念而化成的恶灵，"厕所里的花子"则是日本家喻户晓的校园怪谈之一。——编者注

日本人普遍认为五七调或者七五调朗朗上口，好像也没有一个日本人会讨厌三三七的拍子。不仅如此，节拍在日本人的生活中亦随处可见，各种各样的生活用语都会使用这样的节奏来说话。例如，"マッチ一本、火事のもと"（火柴一根，火灾之源），"飛んで火に入る夏の虫"（飞蛾扑火，自取灭亡），"上野発の夜行列車おりたときから、青森駅は雪の中"（从上野开出的夜行列车，下车时，青森车站已矗立在白雪中），"小っちゃなころから悪ガキで、十五で不良とよばれたよ"（从小我就是个坏小子，15岁就被人叫不良少年了），"セブンイレブン、いい気分"（7-11，好心意），"三井住友ビザカード"（三井住友，VISA之友），"千と千尋の神隠し"（千与千寻），等等。2018年，米津玄师那首点击量超过了1亿的 *Flamingo*（《火烈鸟》），用的就是五七旋律。

　　那么又是从什么时候开始，日本人喜欢上了五七调和七五调的呢？是绳纹语言萌芽的时候吗？还是跟稻米文化一起沉淀下来的呢？都不清楚。但是，在看过冈部隆志、工藤隆、西条勉编著的《七五调的亚洲》（《七五調のアジア》，大修馆书店，2011）之后，我觉得应该是和亚洲的歌谣有关联。

　　用拍子和调子来考虑发音的韵律和节奏的方法叫作"音数韵律"。全世界都分布着偶数型和奇数型的音数韵律，而在日本沉淀下来的，就是五七调、七五调了。这好像和长江文明的调子是相通的。

　　和歌也叫作"敷岛之道"。传说须佐之男咏出的那首"八云立兮层云涌，出云清地八重垣，欲笼吾妻居此处，遂造出云八重垣，其八重垣可怜矣"就是最初的日本和歌。但我想更主要的原因其实是这样的格律被街头巷尾所有的人都广泛喜欢吧？很长一段时间里，《万叶集》里收录了长歌（五七·五七·五七······七）、短歌（五十·五七·七）、旋头歌（五七七·五七七）、佛足石体歌（五七·五七·七七）等，各种形式十分混乱。直到《古今和歌集》问世，"五七五七七"的格式才算彻底稳定下来。于是，"定型"的说法也被确立了下来。

秘传的型

之后产生的，就是我一直以来十分关注的"古今传授"这种传承形态。它将《古今和歌集》的读法以及注解，以秘传的方式传下来。作为二条家[1]的秘密，在二条家断了子孙以后，就只传给一门弟子，接着便一代代传承下来。

二条为世的弟子顿阿传给经贤、尧寻、尧孝，最后传给东常缘，东常缘又把这些都托付给了连歌师宗祇[2]，这便使古今传授达到了巅峰。传说东常缘传授给宗祇的时候，地点是在美浓的妙见宫（现明建神社），因此我也常常会去那里拜访。现在那里已经作为

---

[1] 二条家是藤原北家嫡系的孙辈，为镰仓时代把控朝政的藤原氏"五摄家"之一。二条家继承了和歌大家藤原定家的传统，以歌学为家族世袭之学。——编者注

[2] 二条为世是日本镰仓时代后期的歌人，二条氏长子，为官时奉天皇之命撰写歌集，晚年出家。顿阿是藤原南家末裔，入二条为世门下学习歌，在二条家嫡嗣断绝后，顿阿的后裔经贤、尧寻、尧孝等人继承歌学，但二条家已衰弱不振。战国时期，曾师从尧孝的武士东常缘响应天皇之诏，将所学传授给弟子宗祇及公卿足利义满，重振了歌道。——编者注

"古今传授的故里"而被保护在了竹林之中,旁边还有家很东西好吃的法国吐司面包店,我曾经好几次在那里做演讲。因为武满彻的《十一月的阶梯》而闻名全世界的横山胜也,也曾经为我在一旁配乐。

古今传授有"口传"和"剪纸传授"两种,剪纸传授对纸张是有特殊要求的。宗祇使用特殊的纸张传授给了三条西实隆和肖柏,肖柏又传授给了林宗二,到此为止,算是形成了三支分流[1]。古今传授流传至此,通过这样的方法又能传到细川幽斋这里,不得不说十分有戏剧性。

在三条西实枝(实隆之孙)正要向幽斋传授的关头[2],幽斋所居住的田边城被石田三成攻陷,全城都被包围了,朝廷担心照这样下去幽斋会被杀死,于是派遣武臣去保护幽斋,这才使得传授得以顺利进行。

古今传授是如此重要,以至于朝廷要在背地里伸出援手去保护它,这才使得它能够得到传承。我觉得,这里其实还体现出了日本人想要对"型"采取保护。对日本人来说十分重要的型,同样也是通过口传或者秘传留下来的。例如世阿弥的《花传书》等,长期以来都是通过口传或者秘传来传承的。

型和秘传,间和职人,从一门到另一门。日本的型文化真的很难解释说明,但这也是有原因的,它在日本的职人社会里,得到了

---

[1] 古今传授由东常缘传给宗祇,宗祇经三条西实隆传给细川幽斋的为本流;宗祇传给肖柏的和肖柏传给林宗二的是另外两条分流。——编者注
[2] 由于三条西实条的父亲三条西公国年纪尚小,故先秘传给幽斋,待公国长大后再由幽斋传授。不过由于公国早死,所以幽斋就转而传授给实条。——编者注

彻底的解释——师傅和弟子之间的关系，可不是靠民主主义的。

现在，在日本的宫殿匠人师傅当中占有TOP位置的小川三夫，年轻的时候曾拜在西岗常一门下修行过。西岗师傅可是参与过法隆寺修缮和药师寺再建工程的名人。西岗曾说过，他几乎是没有教授过弟子任何东西的。小川曾经叙述过这样的感怀：他说师傅在他的面前使用刨子刨出的木花，厚度不到一毫米，透明到可以看见对面站着的人，而这，就是古今传授。这番话和这个故事，是在日本的匠人之间所流传的佳话。

通过刨子刨出的木花来让弟子记住什么是"型"，这仿佛有点强人所难了，但这也正是日本的型研究中最绝妙的所在。这种精神及其绝妙之处又融入和乐器的制作中，还有形代、物实、凭座的思考方法中，以及宫本武藏那兵法节拍的精粹中。

第八讲

小小的我

从一寸法师到宝可梦精灵[1]
——日式极简主义的秘密

---

[1] Pokémon，即口袋妖怪、宠物小精灵，GAME FREAK开发的游戏及其系列动画中的特殊生物。——编者注

宝可梦精灵与辉夜姬

林明日香有一首歌叫《小小的我》，是宝可梦动画电影《七夜的许愿星——基拉祈》的主题曲，其中有一句歌词的内容是："小小的，那时的我，心绪没有丝毫纷乱……"歌手的声音稍微有点低沉，透露着一些哀伤的感觉，真是让人百听不厌。

宝可梦精灵是很新奇的构思。GAME FREAK（游戏富利克股份有限公司）的社长田尻智，从胶囊怪兽[1]中获得了灵感，于是制作了角色扮演游戏——各种胶囊中的小怪兽可以沿着通信线缆[2]来

---

[1] "奥特曼"系列中出现的怪兽伙伴。它们被存放在怪兽胶囊中，会听从奥特曼主人的命令现身，与邪恶怪兽作战。——编者注
[2] 游戏连接电缆（通信ケーブル），是一条用于在两个任天堂游戏掌机之间传输数据的电缆，此外，它也可以连接任天堂游戏主机和与之相容的周边设备。连接线是启发宝可梦系列的创作者田尻智的重要元素之一，在访谈中他曾提到因为他构思出生物经由缆线从一台游戏机跑到另一台游戏机的情景，于是便成了之后游戏中的交换功能。连接线曾是宝可梦系列最早也是第一世代唯一能交换宝可梦及对战的方法。——编者注

来去去，被互相交换。当时，这款由任天堂发售的游戏人气高涨，平成八年（1996）之后，可谓是中了头彩一般火爆。人们爱称它为"宝可梦"，无论是登场人物的周边商品也好，动漫也好，连它相关的卡片游戏也都被开发了出来。

因为发源于胶囊怪兽，所以一开始宝可梦被简称为"胶囊梦"，但是这种叫法不是很顺口，因此就改为"口袋怪兽"，简称"宝可梦"。虽说这些小精灵用英语来表达是monster，是怪兽的意思，但是当它们被放进小小的胶囊里面后，就显得十分可爱。

要知道乐天的一款巧克力里曾赠送过贴纸，上面画的是恶魔和天使人物，大家都喜欢收集这些卡片，这便是先行者。宝可梦相关产品的开发上，田尻从这个点子当中也得到了相当程度的启发。BANDAI（万代）公司于同年开始销售的"拓麻歌子"（たまごっち），也是同种类型的产品。这是根据横井昭裕和万代的本乡武一的创作灵感而研发的在电子手表中养宠物的方案。

这种在"胶囊里放入小怪兽"的奇想，使日后日本的孩子们都十分沉迷于此。为什么会有这样的产品产生、这样新奇的点子冒出来呢？是乐天的促销员太厉害了？还是田尻与横井的构思太奇特了？

也许上述说法都可以作为一部分原因，毕竟他们都是很优秀的。但其实这种物品中生出特殊生灵的奇思，也是日本人由来已久、最为擅长的构思方法。

最容易理解的例子就是《竹取物语》（又名《辉夜姬物语》）了。一位伐竹翁在竹林里砍竹子，突然有一棵竹子开始发光，老翁觉得很不可思议，就去砍那棵发光的竹子，于是在竹节与竹节之间的空洞里面，出现了一个发着光的迷你女娃娃，在微笑着。这可正是历史性的"宝可梦第一号"。

女娃娃辉夜姬越长越漂亮，上门求亲的人接踵而至，而她却给这些追求者出了一个又一个的难题，就是不同意。最后的结局，是她升天回到了月亮之上。这是远比《源氏物语》还古老的平安时代初期就有的故事。它被称作"日本最老的SF（科幻）"，除了川端康成和星新一以外，还有许多作家把它翻译成了现代文。

不只是辉夜姬，桃太郎和一寸法师也都是宝可梦。桃太郎是在从河上游"咕咚咕咚"漂流而下的大桃子里出生的，他和辉夜姬一样，都是"胶囊宝贝"。最后他茁壮成长，同小白狗、小猴子、雉鸡一起，到鬼岛上驱逐了那里的恶鬼，并带着金银财宝回到了家中。

另一个是一寸法师的故事，讲的是一对老夫妇十分想要一个孩子，于是他们在住吉神社诚心诚意地参拜祈求，不料居然真的灵验了，这对老夫妇还真得到了一个孩子，只是这个孩子只有一寸大小。一寸大概有3厘米那么长，所以这孩子确实非常小。可即便是这样，这个孩子16岁时还是把碗作为自己的船，用筷子做桨，划着去到了京城（京都），还竟然娶了一个大户人家的漂亮小姐，得到了万宝槌。当他挥动万宝槌的那一瞬间，自己竟然就一下子变大了，这只宝可梦靠着自己的力量而成长了起来。

小小的神＝少彦名神

在日本的传说当中，为什么像宝可梦和蛋蛋精灵（可孵化精灵的休闲游戏）这样的角色都能获得成功呢？

柳田国男在《桃太郎的诞生》（《桃太郎の誕生》，角川文库，1973）当中曾尝试去揭开过这个秘密。桃太郎为什么会在水边被发现？桃子里面蕴藏着何等的神力（桃子是一种能够驱邪的仙果）？为什么他长大了就一身正气而且能够拥有财富呢？这些问题国男都一一进行了调查。于是他彻底查明了，日本人的血液中就是源源不断地流淌着对"小小的孩子"这种传承的执着。全国的小木人和护身符，以及女儿节的人偶等各种版本的"小小的孩子"，都是与这种执着有关的。

接下来再看看文化人类学家石田英一郎的《桃太郎的母亲》（《桃太郎の母》，讲谈社学术文库，1984）吧，他进一步对与水边相关的传说都进行了研究，确立了"小小的孩子"的传承是由日本神话中出现的少彦名神（少名毗古那神）的传说在起作用这一看法。那么，少彦名神又是谁呢？

在这个世界上，像白雪公主与七个小矮人、拇指姑娘、匹诺曹这样的故事或传说十分繁多，数不胜数。因此，小小的人物最后获得成功，或者能得到蜕变机会的故事也并不罕见。但是，像少彦名神这样，能关乎一个国家的建立的人物，仍旧是个特例。

少彦名神，就是出云国的大国主命在建立国家的过程中最重要的partner（合伙人）。他从海的另一边，好像是披着鹪鹩或蓑蛾皮，乘着一片薯叶制成的船漂流而来，帮助大国主命建立了国家。在神产巢日神的命令下，他与大国主命结为义兄弟。由传说中他披着蓑虫的翅膀这个细节来看，他应该是一个极小的神仙。而薯叶的小船，别名"天之罗摩船"，也反映着各种各样的臆想。那么这个少彦名神到底是何方神圣呢？他又掌管什么呢？

出云国被高天原一族（天照大神一族）接管，这就是之后的"日本"（大和朝廷）的原型。少彦名神作为建设出云国其根干部分的参与者，对出云国的繁荣做出了卓越的贡献，放在现代语境中，少彦名神就是顾问这样的角色。也就是说，小小的神、小小的人能起到巨大的作用，在大事件孕育的神秘过程中，这样的人是不可或缺的，这种精神也一直在日本得以传承。

少彦名神的传承不仅在《古事记》和《日本书纪》当中有记载，就连在《播磨国风土记》和《伊予国风土记》当中也出现过。在这些书典当中，少彦名神在医药的开发、温泉的挖掘、谷物的培育、酿酒等方面都有突出的贡献。甚至从海的另一边漂流而来的航海术，也得到了发展。可以说这位神是非常有技术能力的，国家建立时各种各样的计划都是他敦促实行的。

宝可梦的根源竟然上溯到少彦名神这里，也许您会觉得很意外吧。但是这些也许又都是和日本小小的却又频受自然灾害的地理特征是有关系的吧？又或许是与大多日本人体型矮小（因此被叫作"倭人"）有关系呢？但是，日本人却都觉得那正是日本的魅力所在，是无可取代的东西。

总结来看，我个人认为少彦名神，其实就是日本"人"的象征。

"小小的"与"可爱的"

柳田的"小神仙"论（小さ子），是对如何解读日本的那些重大成功或具备重大意义的事情而言最大的启发。珍惜和珍视放入"胶囊"里的"成长之芽"，这种思考方法的原型，在柳田这得到了认可。

这些都与日本人珍视"小的事物""小的地方"的价值观和美学观联系紧密。和歌与短歌，还有更短的俳句得到普及，以及在小小的庭院中的小小的茶室里所诞生的茶文化，这些当然可以说都是"侘·寂"最为珍贵的美学意识，但是归根结底，它们都是对于"小神仙"的礼赞。

清少纳言在《枕草子》当中提到了"可爱的万物"（うつくしきもの）这个概念，而且书中出现了不止一次。"可爱的东西是：画在姬瓜（香瓜）上的幼儿的脸。小雀儿'啾啾'地学老鼠叫，一声呼唤，便一跳一跳地过来了。如果给小雀儿的脚上系一条绳子，老雀儿便会叼着昆虫喂进它嘴里，很是可爱。两岁左右的幼儿急忙地爬来，路上有极小的尘埃，让他一眼发现了，他用粉嫩嫩的小指头撮起来，给大人看，实在是可爱。留着刘海的幼儿，头发遮住眼睛了也并不拂开，歪着头去看东西，也是很可爱的。"

另外还有"偶人。从池里拾起极小的荷叶观赏，小小的葵叶，也很可爱。无论什么，凡是小小的都很可爱"。这些都在《枕草子》的第151段有所记载。清少纳言在里面叙述的"小小的事物"都是美不胜收的。看来想要讲关于日本文化的事，真逃不过这种观念呢。

不只是对小的事物关注，还认为小的事物都很可爱、很美好，要感受到它的重要。这才是切入点。

如果您注意到了这一点的话，那么日本人喜欢短歌和俳句的原因，深爱小院子和盆栽的原因，搭小屋子米表演曲艺会的习惯得以流行的原因，以小博大的柔道会发展起来的原因，喜欢小小的居酒屋和小小的料理室的原因，代表日本的本田和索尼等产业之所以能够率先开发摩托车、半导体收音机、随身听的原因，卡西欧的迷你计算器会风靡一时的原因，超小型无线电接收信号器会那么流行的原因，就都可以得到解释了。

扇子 手帕 端呗[1]

我认为，"小小的事物"就是能够理解日本社会文化和技术文化特征的密钥之一。尤其是在技术方面，日本人特别心灵手巧。江户时期到明治时期家庭手工业的扩大化，由于资源匮乏而使得加工技术得到发展，等等，经常作为日本人心灵手巧、喜爱小的事物的原因被列举出来。对于小小的事物，大家真是尽情施展解释说明的才华，对其大书特书。

比如说扇子和手帕。扇子本身的用途就不必说了，不管是男性还是女性，在身穿和服正装的时候，扇子都是必需品；大相扑比赛中的呼出[2]，都会打开扇子大声呼唤相扑力士的四股名（相扑选

---

[1] 日本和着三味线一起唱的一种短歌。——编者注
[2] 相扑比赛中的杂役，负责传唤相扑手上场、整理相扑台等工作。——编者注

手的绰号）；茶道当中，人们在正坐的膝盖前面要放一把扇子，以示与对方之间的分界线，起到结界的作用；日本舞蹈的扇子是在强调身段和表情的时候而用的。

手帕可是好东西。用它可以擦汗，可以擦拭身体，但最离不开手帕的就是祭祀活动。特别是带圆点的花布手帕，遍布全国各地。手帕随手一拧，盘在头上就可以当缠头巾，而且它也是在阿波舞和盂兰盆舞等传统祭祀舞蹈中不可缺少的道具。

手帕不过就是用木棉通过平织的手法，织出的一块再简单不过的布，在平安时代就已经出现了。在《今昔物语集》[1]当中，它被称作"手布"。手布有三尺（一尺大约30厘米）的，也有九尺的，好像都很长，到了江户时代手布就变成了布匹通常的幅宽（约36厘米），长度大概就是二尺五寸（一寸约0.1尺）。另外手帕还可以染上自己的家纹或者商号，在祭神的时候作为带在身上的装饰品、赠礼、擦拭茶具巾等，它被用在各种各样的场合，掀起了一阵阵流行的热潮。日本的单口相声艺术家们抖开手帕，折成两折或三折，就可以用它比作钱包或公文等意象来表演给台下的观众看，真可称得上精彩的艺技。

这项技能就叫作"见立て"（比拟、比作、比方）。把一个东西比喻成A、B或C，或者把一个既定的东西做成是A、B或C的样子来示人，这就是一种打比方的艺术形式。很多小东西都可以被当成打比方用的道具。大的东西大都十分显眼，体积比较大，不好使用；小的东西就不一样，它们可以被看成各种各样的东西，也可以

---

[1] 日本最大的说话文学集，共有31卷，由天竺（印度）、震旦（中国）、本朝（日本）三部组成。——编者注

随意地改变其用途。在这里我们也可以看出日本人价值观的多样性和易变性。

日本自古流传下来的音乐又叫邦乐，下面我们就来了解一下对于日本邦乐有着代表性意义的三味线音乐中的端呗和小呗[1]。端呗也好，小呗也好，都是要坐在观众席中去欣赏的短小形式的歌曲，它们与三味线的气质十分吻合。我和端呗弹唱名人本条秀太郎偶尔会一起度过一整个晚上，把日本各地的端呗和小呗都唱一遍，直到尽兴。端呗要使用拨子弹奏，而小呗则是用手来弹奏。所有的日本人，都可以试着记下两三曲来赏玩一番。

昭和的那些小小的东西

除此之外，还有许多值得一说的各种各样的小小的物件。江户时代，像根付[2]这样的小物件是很流行的。人们习惯在和服上垂挂着印盒或者是烟盒，用一根绳来拴住这些东西，根付就是连着绳子，卡在腰带与和服之间的固定物。在这些小物件上面，往往都有着极其精致的雕刻和描金画，在现今社会，比起日本本土，这些小东西更受海外的关注。一个小物件标价几百万甚至几千万日元的情况并不罕见。

---

[1] 在江户时代末期由端呗演变而来，比端呗短小，也多用三味线伴奏。——编者注

[2] 又称"根附"，是日本江户时期人们用来悬挂随身物品的卡子，如其字面意思，附着于末端。由于传统的和服没有口袋，所以系在腰间的腰带，成了悬挂随身物品最好的位置。——编者注

根付是男性随身携带的物品，其实也不一定非要是这种特殊的物件，其他比较普通的东西，也会像这样小小的，却又精致非凡。例如漆筷子和门扇的把手等。不是说凡是小小的东西就都很好，而是在这些小小的东西上面，凝聚了匠人们那令人惊叹的技艺，即便是不起眼的小东西，下了功夫去做，同样也可以让人瞠目结舌。草鞋和木屐的带子，用来装小物品的收纳袋等都是十分小的东西，但它们却都透露着别出心裁的设计。像女儿节的人偶，不就正是其中的典型吗？不论是大酒杯还是小酒盅，都可以装满时髦与现代。

当然，也不只是久远的过去是这样的。小小的东西、小小的地方，在昭和年代也是十分受人关注的。

在我上小学的时候，男孩子们爱玩的游戏是扇卡片和剑玉，女孩子们呢，则喜欢玻璃弹子和手编绳。这些都是放在手里，或者用手指来玩耍的游戏。而男孩女孩们游戏的场所基本上就是学校的沙场或是家附近的空地中一块十分狭小的地方。他们偶尔可能也会被带去游乐园或者是大商场的天台，但去的也都是很有限的空间。虽然玩具和基础设施没有重叠碰撞，但也都摆放得拥挤不堪。

不只是孩子们，大人也通常也在狭小的地方生活和消遣。虽然不似小津安二郎的电影里那样拥挤，但是昭和时期的房子和商店的确都是很小的。昭和的房子，给人的印象大概就是海螺小姐的家、天才傻鹏和阿松的家、《永远的三丁目的夕阳》里的家，对了，还有樱桃小丸子的家。那些房子客厅十分狭小，圆圆的卓袱台[1]和现在客厅里的桌子比起来，根本不值一提。冬天的时候，就是日本特

---

[1] 日本明治时期流行的四脚圆形矮饭桌，可以让家庭成员围坐着吃饭，现在已十分罕见。——编者注

有的被炉登场的时候了。一家四口也好,一家七口也罢,大家都围着桌子而坐,把脚伸进去取暖呢。

就是这样一个又一个小小的房子,构成了城市的模样。日本的街道也窄,街上的车辆主流就是自行车和达特桑小轿车。世界上的小型自动挡汽车主要产自日本。公寓和团地住宅区的房屋布局也都十分简单朴素,基本上是从手冢治虫和石之森章太郎住过的常盘庄[1]开始,一直到20世纪80年代高桥留美子的《相聚一刻》(小学馆[2])中的一刻馆(漫画中的公寓)为止,都是这一类的代表。

大人们在外消遣的去处一般都是居酒屋、麻雀(日本麻将)屋、咖啡厅,这些地方都很狭小。或许是因为昭和年代大家都太穷了吧,当然还有一个原因——过于宽敞的话,容易让人感到不安。过去,曾有外国人评价日本人住的地方都好像是兔子窝,这真是太令人气愤了!他们不懂我们是故意选择小的地方居住,这,是我们的喜好。

与"极简主义"的不同

2018年的冬天,在六本木的国立新美术馆里,举办了一次主题为"扇之国·日本"的展览会。从日常生活中的扇子,到舞蹈扇,再到各种各样的扇绘和《法华经》扇面,等等,都得到了完美展

---

[1] 以手冢治虫为首的漫画家专心创作伟大漫画作品的阵地,后来成了第一次新漫画党和第二次新漫画党的活动地点。被称为"漫画圣地"。——编者注
[2] 日本的综合出版社,因为创办时以出版适合小学生的教育图书为主要业务,故名小学馆。——编者注

示。这场展览把日本人所看重的"小小的精神"表达得淋漓尽致。我看完了这场展览后，有这样几点感想：

第一，这世界上无论是哪个国家，都存在着欣赏small size或petit（法语：小的、小人物的意思）这种感觉的历史。法国人的Petit Romanesque（法语：小浪漫）就是其中的代表之一。我想这是可以和日本的"小小的精神"相提并论的。

从美术史的表现上来看，如果剔除掉装饰性的话，单讲简易的、小型的美术样式和设计，就应该定义为"次要艺术"（lesser art）或是"极简主义"（minimalism）。在19世纪后半叶，威廉·莫利斯在包装纸和壁纸上印刷漂亮的植物图样，与"大大的美术作品"正好相反的是，这些是可以作为日用品的美术，他提出了这样的"日用美术"的概念，也应该得到推崇。这便是lesser art的开始。芥川龙之介的毕业论文选题便与莫利斯有关，大家都认为，或许就是受了毛里斯的影响，才导致后来他喜欢写短篇小说。

极简主义是指简化了装饰性的表现方式，重复表现小型概念的体裁，它在美术、建筑、文学，以及设计方面都很流行。20世纪60年代后半程，弗兰克·斯特拉和唐纳德·贾德开创了这一流派，极简音乐也随即诞生。

这些都是小型主义的一种，但是我觉得这两种minimal style和日本"小小的精神"本质并不相同。日本并非要把大的东西想方设法去弄成小的来表现，而是要在"小小的事物"和"小小的空间"里面去发现新世界。在这样的世界里面，才有了少彦名神、桃太郎、宝可梦和小津安二郎。

第二，把日本这种小小的感觉，和节约呀，不灵活、不擅长呀……关联起来的想法，也是错的。

在日语里面，有"器用"和"器量"两个词。这两个都是很重要的词，都是对"器"这个字的活用。"器用"关联到使用器皿的才能，它不单单指身通百艺的意思，而是包含着如何能把器皿的力量进行最大限度地调动、收起来的意思；"器量"这个词呢，则蕴藏着要把器皿能够承载的能量发挥到极致的深意，因此就有了"器量大"这种形容人为人大度、格局很大的修辞。

这样看来，日本人有很多的地方都会使用到这个"器"字，它不仅仅是装物件的器皿，也是承载人心境的器皿。日本人把折扇、筷子、女儿节人偶都看成"器"，用现代的表述也许可以称作"作为媒介的'器'"吧。这或许也正是小小的更适合日本人"器用"和"器量"的扇子和手帕，即便在当代，也还是会用作问候或馈赠礼物的原因所在吧。

第三，日本人恐怕也都没有仅仅认为"小小的"是 small style 或 small size 吧？可如果说不是的话，那"小小的"又是什么呢？那请您就再回想一下之前提到过的短歌、俳句和端呗吧。这些都只是短小的某种形式而已，而 short cut 又是很奇妙的，此处的 short 也不单指短或小，而是有像"寸心""寸金难买寸光阴"中"寸"的深意。就像日语里面表达一点、小小的意思的"ちょっと"这个词，罗马音读"tyotto"，但是它写成汉字就是"一寸"。

也正是因为如此，一寸法师才是如此史无前例的。清少纳言和小津安二郎想必也感受到在这"小小的"其间，其实蕴藏了"寸志""寸心"的含义吧。

"小丫头"的冲击

我长时间做编辑这项工作,因此不光对写书,还对各种格言、语言的使用方法也很感兴趣。当然,对于日本历史文化中的语言(用语),我也研究过一二。历史,其实就是由语言组成的。

例如,在《新古今和歌集》(成书于1201年)的时代,出现了"有心"和"余情"的概念;对于村子里面无所不知的长老,人们称之为"日知いの使者"(熟知一切事物的人),把他们当作圣人来崇拜着;对于某种"道"的心得理解得十分透彻的人,被称作"折り紙付き"(表示绝对不会出错的、值得信赖的保证、有定评的);把"さぶらふ"(侍、候)这个动词变形为"さむらい"(武士),用来表示出自武门的身份;与"粹"[1]所相对的词语是"野暮"(不懂人情世故、俗气);对于把强行照顾作为借口,也就是伪装旅伴而偷盗别人财物的人,我们称之为"護摩の灰"(骗子、窃贼);使用从未有过的手法切、刻出的表达世风的版画,就是"浮世绘";负责服侍将军的女性们的住所,叫作"大奥"(后宫);领子比较高的外套我们习惯叫"high collar",而喜欢这种时尚的女性,我们会称其为"ハイカラさん"(喜欢西方文化、从西方归来的人);只写自己的事情的小说,我们会冠名为"私小说";等等。无论哪个词语都十分有趣,都是出类拔萃的表达。

在昭和和平成的时代里,大门不出二门不迈的待嫁女儿我们称之为"深窓の令嬢"(深闺千金)或"籠の鳥"(笼中的金丝

---

[1] 罗马音为"sui",表"精粹,精华",可指通晓人情世故,也可指打扮得风流、俊俏。——编者注

雀）。在家里面打游戏、足不出户的青少年我们称之为"宅男"。这些命名的方法也都是很巧妙的。

这些可以说都是时代所创造出的关键词、流行语。或许这样的看法，能让您更容易理解历史文化——历史就是由语言组成的。在最近的膨化食品和日用品等物品的命名中，也体现了这一点：雪见大福（冰淇淋）、嗓子润（咽喉药）、味道棒（ぽん・pon，味ぽん，柚子醋，一种调料）、o-i茶（お～いお茶，这个名字是吆喝声的拟声词，就像店内顾客吆喝小二的那种声音，充满亲切感，一种茶饮料）、土豆宝贝（じゃがりこ・jagarico，马铃薯零食）、名流鼻子（手帕纸）、嘎哩嘎哩君（冰棍）等，都是这样。

在这种发展趋势下，又出现了本田beat和日产Be-1等小型机动车，以及"小枝"、"百奇"（Pocky，ポッキー，因咬下饼干棒时发出的声音而得名）等这些细棒状的巧克力小食品。哦哦，还是我们"小小的"在发挥着作用。最让我感动的一个流行词就是"小丫头"（コギャル）。"ギャル"（太妹）这个词表现了日语里面特有的缩略形式，在它的前面加一个"ko"，也就是"小"（コ）的发音，就顺理成章地出现了"小丫头"这个词，而像安室奈美惠这样的コギセル明星也就诞生了。我真是佩服得五体投地，看来少彦名神的传承，至今不衰。

小さ子たち

小的集合

极小主义、极简主义、缩小志向；たたむ（折叠、折起叠放）・よせる（靠近、紧贴）・つめる（填充、没有缝隙）・けずる（减少、将物体表面切薄）；清少纳言在《枕草子》中阐述了"小小的都是美丽的"的观点。日本人总是喜欢把思考和想象力都集中在"小小的"上面。

辉夜姬、折扇、根付、宝可梦；本田 CB250T、电子宠物；桃太郎、扇卡片、随身听。令和年代的孩子们，下一个世代又将如何对待"小小的"呢？

第九讲

模仿与学习

世阿弥所讲的学习的本质
以及当下日本教育当中的不足之处

日本人从古至今是如何学习的？

2019年冬天，之前文部科学省计划准备从2021年开始实施的大学入学考试改革，由于记述问题[1]这一题型的引入而陷入瓶颈，改革也就不了了之了，真是十分遗憾。

不只是答题卡"○×式"解题的问题，还有本来预定要给国语和数学科目设置的能有充足时间去慢慢解答的试题。但是国语就涉及计分不方便，或者说，计分的基准不好设定的问题；英语学科则在社会上委托了企业的职员以兼职工作的形式来参与评分；等等。各种问题横生，因此各项改革措施全部都被终止或延期了。

升学考试的改革，本来是预计作为"高大接续研究"的一环来实施的。高大接续本来是以构建从高中到大学能够接续一贯的教育

---

[1] 用于考查考生的语言实际运用能力的题型，即在掌握了单词和语法的情况下，如何快速、准确地连词成句。这除了基础的词汇和语法知识外，还要求考生能够把握词与词之间的关系，了解日语句子的成分构成。——编者注

体系为目标的，但没想到改革最后却是如此收尾。主要原因还是在于所有的老师和考生在记述式考题面前都面露难色。记述式的尝试难以推广，这简直太可笑了！我也不得不服气。

在本讲当中，我们将集中讲述日本人从过去到现在是如何学习的，在学习的过程中又使用了什么样的教材和工具。狭义地讲，讲述的就是"读、写、珠算"（読み書きそろばん）都是怎么操作的。通过对这些过程的探讨，让我们来试着思索日本人所累积下来的学习方法。

我们常说的"读、写、珠算"，这种说法从江户时代中期开始流传下来。整合来读的话，应该是"读写、珠算"，但是不能因此就断定，人们只具备读写能力和计算能力就够了。因为拥有这些能力这并不意味着高级或高阶，这只是暗示了这些能力支撑着人类认知力的基础而已。

在20世纪初，苏联有一位年仅37岁就离开人世的天才发展心理学家——利维·维果茨基。他为了阐明"学习"的基本，提出了无数的假说，其中就包括在儿童的头脑中潜藏着学习认知的工具。《思考和语言》（《思考と言語》）、《孩子的想象力和创造力》（《子どもの想像力と創造》，新读书社）、《艺术心理学》（《芸術心理学》，学文社）、《"近侧发展区间"理论》（《「発達の最近接領域」の理論》，三学出版），有一些关于他的书，我从年轻的时候开始就很喜欢读。

维果茨基认为，对儿童内在认知道具的培养教育，是重要的"学习"触发点，并且他特别强调了"模仿与协同"才是最基本的。他认为"模仿与协同"是与民族的心性和语言的感觉紧密相关的。

在日本的高考当中，记述式题目不受待见实在太让人遗憾了！我认为这也暴露了当今日本人的认知能力已经无法帮助他们写成文章这一事实。

在这里，我要先想想看，为什么会变成这样子呢？从结论来看，我觉得要在日本人所谓的"读、写、珠算"当中，找出能与维果茨基所提出的"模仿与协同"相对应的东西是很重要的。这就需要把世阿弥的学习方法论作为一个大前提来思考，它可是日本人"学习"的主干，所以无论如何都要引起重视。

官的儒学，民的佛教

就像前面所陈述的，日本人历史性的"读和写"源自对中国汉字的学习，以及对由汉字派生出的假名文字的学习和使用。曾经拥有这般读写能力的，是贵族、僧侣、儒者或是官中的女性。如果说和歌是对日式读写能力独特表现形式的发展，那么与之相对的，知识和学问的"读写能力"就是由中式的儒学和佛教在掌管着。

早在律令时代，就已经有大学寮[1]的存在了（在地方上又叫作"国学"）。本科的明经道、学习律令的明法道、学习历史的纪传道、研习文章的文章道等，各个科目都有博士、助教、直讲[2]来教授。

---

[1] 日本古代仿照中国太学建立的大学；用于培养官僚，传播日本儒学。——编者注
[2] 三者均为学官名。——编者注

本科的明经道，是学习中国经学的学科，教授的是《论语》《春秋左氏传》《周易》等儒家经典，平安时代中期以后，由中原氏和清原氏担任教官。纪传道和文章道比较混乱，比起纪传博士，菅原道真所属的菅原氏所掌控的文章博士更有势力一些。但由于他们的势力过于庞大，道真最终被降职了。明法道是由坂上氏和中原氏主宰的[1]。

但其实无论哪个学科，都源自儒学，所教授的几乎都是中式的课程内容。在日本，虽然没有像中国科举制那样的考试制度，但是在大学和国学学习的人们看来，如果不能饱蘸中国的墨汁，那么无论哪条路都是走不通的，或说不管哪门学科都是学不好的。

另一方面，在古代的日本，佛教寺院也兼有大学教育机关的职能。例如奈良时代承载着南都六宗的各大寺，就起到了这个作用的。

想学习三论宗和成实宗的人去了元兴寺和大安寺；要学习法相宗的，去了兴福寺和药师寺门下；华严宗是东大寺；律宗是唐招提寺；俱舍宗是东大寺和兴福寺门下，各有不同。这些寺庙就像今天的各所大学和高中一样。当然，一旦入了哪个门下，就要开始膜拜佛教、佛法所带来的世界观，从经文中学习知识和文法。

佛寺教育继续发展，最澄和空海（真言宗创始人）就出场了，密宗[2]开始盛行。天台的延历寺（比睿山）和真言的教王护国寺

---

[1] 平安时代，日本私学规模庞大，家问以家门相传，形成垄断。如清原氏、中原氏垄断明经道，菅原氏垄断文章道，坂上氏垄断明法道，等等。——编者注

[2] 源于古印度佛教中的密教，由日僧空海在9世纪初传入日本，后建立了日本天台宗系密教"台密"和重视朗诵真言（咒语）的"东密"（真言宗）。——编者注

（东寺）地位飙升，一直以来在南都六宗学习的学生们都逆转方向，升学到密宗寺院的人也不在少数。其中空海设立了私立学校"种智院大学"，以建立完全供应伙食制度的统合教育（不分阶级、不论僧侣）为日标。

儒学和佛教带来的教育热潮，一直持续了很久，"官"的学校传授的是儒学，与之相对，"民"的学校就分派给佛教的各派系了。特别是延历寺，有着巨大的学术中心般的机能（换个说法就是相当于像今天的东京大学，十分权威），学生们在那里学习了一部分基础知识，继而便会开始转向独自的"学习"和"教授"。像写了《往生要集》的源信、《选择本愿念佛集》的法然、《叹异抄》的亲鸾，都曾是在延历寺研习过的学僧，他们最后也都成了开辟新的教学方法和领域的领头人。

寺庙是出家的地方，佛教系的学习都避免不了要离开家人，因此又派生出了很多日式的学习哲学。但是，这些所谓的学习规划和教程，都逐渐变得趋于保护各宗派的教义和宗旨，这与日本人学习的初衷无甚关联。最后，到了近世，越来越多的学校和私塾都开始被儒学所覆盖了。

江户时代的读写与珠算

即便是这样，在德川时期，社会上也还是出现了新的教授

"读、写、珠算"的机会——藩校和寺子屋[1]得到了普及，教材也多使用往来物[2]来进行教学。

所谓的"往来物"，就是收集了书信和证文等文例的书面材料，是使用在现实社会中能够得到流通的文章来进行读写训练和学习的简易教材。比起"四书五经"那样的儒学经典（《论语》《大学》《中庸》等）来说，"往来物"更具实用性。如室町时代的《庭训往来》《富士野往来》，和江户时代的《商卖往来》《农事往来》等，历史上存在过很多这样的教材集。这些都逐渐变成了学习读和写的基础，因此武士、町人和商人的识字率得到了提升。村子里的里长和单口相声里面常常出现的"横町"（胡同、里弄、小巷）里的大房东等人，也都开始识文断字了。

德川社会日本人识字率提升这件事，使当时到日本来拜访的外国人十分吃惊。例如外交官戈洛夫宁[3]曾经发出这样的感叹："我很意外，日本人竟然这么喜欢读书，就算是兵卒们也会在看守的时候看一些书。"在长崎出岛的荷兰商馆工作的菲塞尔[4]也曾经有过这样的表述："我不敢相信会有像日本人这样不管做什么都可以使用文件的国民。他们在很大的社交范围内进行书信往来，这也让我

---

[1] 藩校是江户时代至明治初期，日本各藩建立的教育机构，目的是让武士家庭的子弟能在他们各自的领地上学；寺子屋为这一时期的初等教育机构，因多开设在当地寺院中，故名寺子屋，教育内容仅限于当时平民谋生所需的识字和计算。——编者注
[2] 近代教科书出现之前，日本寺子屋广泛使用的一类教科书，曾被作为读书与习字的教材。原指书信往来。——编者注
[3] 俄国航海家、海军中将，曾为德川幕府的俘虏。——编者注
[4] 荷兰商人，于1820年访问日本，并在日本待了9年，直到1829年才返回荷兰。——编者注

很吃惊。而且不只是男性，妇人也乐在其中。"

那么，"珠算"又发展得如何呢？这方面就是彻底作为"道具"使用了。各藩的官吏和商人们清一色地单手打算盘进行计算。火绳铳、三味线、算盘，几乎是同时进入日本的。

算盘来源于中国，传到日本的时间是桃山时代，算珠的大小，还有算珠的数量（从五珠到四珠）等，最后都被改良了。日语算盘"そろばん"的发音为"soroban"，就是由"算盘"的中文读法音译而来。它是用于四则运算的演算器，高难度的微分和积分是计算不了的，但它对于日常计算还是很有帮助的。而且会一点珠算的话，也可以辅助心算，因此算盘就得到了普遍推广。

这种"算盘主义"在日本持续了很长时间，就像涩泽荣一[1]的《论语和算盘》所谈论的一样，它就是日本财政经营的象征。因此，珠算也很受学校教育的重视。在我的中小学时代，使用算盘的课程一直贯串始终（被逼着打算盘），不只是学校，城市里总会有那么几处算盘私塾（珠算教室），我的朋友们都会去那里上课外班。顺便提一下，我中学时代的女朋友就是京都珠算大赛的第三名。

但是，"算盘主义"其实也不过就是会算算数，算数并不等于数学。因此，即便是说一部分的"和算"[2]可以进行一些高难度计算的学习（撰写《割算》的毛利重能、撰写《尘劫记》的吉田光

---

[1] 1840—1931，日本最具代表性的儒商之一。涩泽荣一中年时弃政从商，致力于将《论语》的思想应用到经商实践中，创办了数百家大型企业，被誉为"日本近代企业之父"。——编者注

[2] 和算是日本的传统数学（算学）。广义的和算是指西方数学传入之前日本发展的数学，狭义则专指江户时代由数学家关孝和发展起来的一种数学。和算深受中国算学影响，成就包括一部分优秀的行列式和微积分的成果。——编者注

由、撰写《发微算法》的关孝和等人的和算，都研究并开发出了独自的算法），但是从根本上而言，数学性的思考方式还是没被普及。算盘主义把合理的推论转变为可能的理论时，还是有些苍白无力。像所谓的三段论法等关于逻辑思维方面的学习方法，也没有得到拓展。

因此形成了这样一种说法——日本人不擅长逻辑思维。这种说法基本上是对的，在儒学、佛教、往来物、算盘当中，没有一项是可以培养逻辑思维的。

但是也不能因此就认为日本人都是不讲理的。从镰仓中期开始到室町时代为止，这个阶段日本人很重视日本人所独有的理论——"道理"。下面我们就来说说它吧。

道理与理屈[1]

镰仓时代的后半期，是继源氏三代（源赖朝、源赖家、源实朝）之后实行君临统治的北条氏执掌天下。到了第三代执政之时，北条泰时[2]登场，他颁布了《贞永式目》。由于这个施政大纲是在贞永元年（1232）制定的，所以才有了这样的叫法，其实它正式的名称为《御成败式目》。纵观日本的法制史，在独创意义的层面上，它是

---

[1] 道理（どうり），做人、做事要懂得的正确行为和方法；理屈（リクツ），事物的道理、合理的逻辑与秩序。——编者注
[2] 1182—1242，镰仓幕府统治时期的权臣。曾任首任六波罗探题，当政期间设"评定众"，裁决镰仓幕府政务；1232年命评定众制定法典《贞永式目》，确立了北条氏在镰仓幕府的统治地位。——编者注

首屈一指的。

《贞永式目》一共有51条条文，从世上的古老规矩，到容易发生争执的纠纷，再到借贷和遗产继承的决定方法，等等，都制定了细致入微的判定规则和标准。这是第一部武家法典，明示了当时被唤作"御家人"的武士们，要如何在社会上自处，并规定了他们的行为和价值基准。条目的细则就不一一说明了，整体来看，《贞永式目》有一个史无前例之处——它把相关的价值基准都看成了道理。

简单来说，就是从今以后大家都要重视世间的道理，凡是不遵守道理的人都会受到惩罚。遵守道理，就是生活的全部。北条泰时想说的就是，这世界都应该彻彻底底由道理来治理，这个国家也应该变成一个关乎道理的国家才对。表达判明、识别含义的当用汉字是"弁える"（辨别），也就是说应该要用辩证的眼光来看待问题。可能听起来会觉得没什么关系吧？其实也不是的。

"道理"的意思就是"做人、做事要懂得的正确行为和方法"，就是人们都应该走的正确的道路——其实也就是"理屈"。如果违反了这所谓的道理，人就会失败，并付出代价。所以，才一定需要具备明辨是非的能力。

道理的英文单词是"reason"，现在分词是"reasoning"，也就是推理、推论的意思。《御成败式目》提出了日本人都应该遵守的道理、理论，至此，基于道理的"成败观"便成了重要的社会规则。

对此，有两位当代思想家，他们写了两本书给出了很特殊的评价。一本是山本七平的《日本的革命哲学》（《日本の革命の哲学》，祥传社，2008），里面评价说北条泰时的《御成败式目》是日本最初的"独立秩序"，也正是在这些条款里，强调了要把日本人调动起来的原理。

另一本是大泽真幸的《日本史之谜：为何这个国家只有一次革命成功了》（《日本史のなぞ：なぜこの国で一度だけ革命が成功したのか》，朝日新闻，2016）。这本书也仍然赞美泰时回避了天皇家和公家朝廷的范例，展示出日本人独立革命原理的这一壮举。无论是哪一本书，都给出了"泰时提出的'道理'就是日本人的'理屈'"这样的评价。

就这样，日本也算是有了自己的reason了，但是这个reason并不是逻辑性、数学性、论证性的东西（无法辩证的），它充其量是一种社会心理的、辨明是非的能力罢了。也正因为如此，经过了从室町时代到战国时代，武家社会的信长、秀吉、家康统一了天下后，泰时的道理一说虽然被继承了下来（即"武家诸法度"[1]），但遗憾的是道理说并没有继续深入下去，所以它也并没有得到走出日本社会，走向世界的机会。

因此，到了近世社会，道理就逐渐和"义理"啦、"人情"啦诸如此类的词混在了一起，成了这世上的一种普遍观念了。或许也可以说，道理是向着武家社会的内部开花结果了（这种说法在井原西鹤[2]和近松门左卫门的作品里也出现过）。

---

[1] 德川幕府制定的旨在约束诸大名权力、维护德川氏在全国统治地位的诸项法令，是德川幕府统治大名的基本法。——编者注

[2] 江户时代前期的俳人，善于创作浮世草子，其作品记录了江户时代武士与町人的生活实态，对后世作家产生了深远影响。——编者注

换句话说，所谓的道理，在海外是行不通的。事实上能够证明这一点的，就是"黑船"所带来的混乱和骚动。幕府末期的维新大骚动，导致了在明治时代席卷而来的"西洋知"。

把以上这些再总结一下，我们就可以得出这样的结论——日本人的"读、写、珠算"是一种"国内咀嚼型"的技能。

义理人情的局限

明治政府在构想如何建设近代日本的时候，所选择的方针当中，有两个需要达成的目标——"塑造新的日本"和"为古老的日本而自豪"。"新日本"是指统治力、产业力、军事力都齐备的日本，这主要体现在"文明开化""殖产兴业""富国强兵"这三句口号上。"令人自豪的古老的日本"指万世一系的天皇以及一路变迁而来的日本历史，作为日本的国民理应为它们感到骄傲。这也就要求人们需要用新的知识、学问来描画古老的日本。

为使新日本变得更强大，就要开设工厂；要想更好地夸耀古日本，就要兴办学校。这两个场所不断地兴建，工厂以产"物"为主旨，而学校则是以产"人"、产"历史观"为主旨。在此之后，还需要能够同时夸赞"新日本"和"旧日本"的人才。这可不是一件简单的事情——"物"产出，卖掉即可，但是"人"和"历史观"，则是需要说服力的。

那么应该怎么做呢？从结论来说的话，就是明治政府决定一方面要迅速吸收西洋的学问，一方面要通过《教育敕语》[1]来植入日本的道德观和国民观。但是，这也带来了些许的"扭曲"。

还是按时间顺序来解释一下吧。首先，新政府决定，为了解读日本的历史和社会，要采用"使用欧洲的学问"的方法。明治时期以福泽谕吉、中村正直、中村兆民为首的知识分子，十分重视了解海外的学问、使用海外的课本、学习海外的见识和技术等，主张从锁国的状态中脱离出来，与海外的列强们为伍来重建自己的国家。这在当时是理所当然的事情。

福泽谕吉的《西洋事情》撕开了突破口。这本书记录了他搭乘"咸临丸号"抵达旧金山湾进入美国，与遣欧使节团同行在一年多的时间里游历欧洲各国，以及作为"军舰受取委员会"的随员再一次远赴美国，这前后三次留洋旅行的体验和见闻。书中具体记载了议会、外交、纸币制度、税制、公司、军事、科学技术、图书馆、学校、报纸、医院、博物馆、电信机等各种他在西方的所见所闻，总之什么都写进去了。

看完这本书之后，能感觉到当时日本人是多么迫切地想要去了解欧美的实际情况，字字句句都透露出了焦虑的心情。接下来谕吉所著的《劝学篇》更是大卖特卖，其中有一句话十分出名："天不造人上人，亦不造人下人。"但其实福泽谕吉最想说的是后半句，人们生来无富贵贫贱之别，唯有勤于学问，知识丰富的人才能富足，没有学问的人就会贫乏。他认为人人生而平等、自由自在，没有上下之别，都可以平等地接受教育。因此做学问，特别是读写的能力、计算

---

[1] 日本明治天皇于1890年10月颁发的关于国民精神和各级学校教育的诏书。——编者注

能力、基本的道德观,为此养成运用科学的习惯是十分有必要的。

光靠道理、义理、人情还是不够的。他强调,对以后的日本来说,新的知识、合理的思考方式、应用科学的学习才是当务之急。

外国人的功绩

明治维新施行的19世纪70年代,也正是达尔文的进化论风靡欧洲的年代(《物种起源》发行于1859年11月),因此,当时流入日本的主要就是以社会进化论为基础的改良思想,也就是达尔文主义,或者叫社会达尔文主义。这一份来自西洋的参考思想真是势不可挡。

明治政府在《劝学篇》的带领下,于明治五年(1872)由太政官宣布施行《学制》。这是日本最初颁布的关于学校制度的教育改革法令,它规定了"学区""学校""教员""学生以及课业""海外留学生规则""学费"等六项事宜。就这样,达成了"国民皆学"[1]的目标。

为方便参考,在这里解释一下什么是"国民皆学",它简直包罗万象。初等教育机关是小学校下等科、女子小学、村落小学、贫人小学、小学私塾等;中等机关是小学校上等科、中等学校下等科、外国语学校下等科、中学校预科、诸民学校等;高等机关是师范学校、由外语教师教学的中学校和医学校、诸艺/理/医学校、

---

[1] 人人皆有通过考试享受平等教育的权利,这是一个不问阶级的学制。——编者注

工业/法/矿山学校、兽医/商业/农业学校等；再加上大学，组成了"小·中·高·大"的教育体系。

另外还要大书特书的是，在小·中·高·大的体系中，都由政府雇佣外国人进行教学，尤其是在法律、政治、西洋音乐方面，更为积极。曾经在美国进修过音乐教育的伊泽修二，致力于音乐教育的普及与推广，在小学阶段，他引入了风琴和钢琴，歌曲也都是采用西洋旋律来编曲。另外鹿鸣馆[1]也因此诞生了，人们开始载歌载舞。

基多·沃贝克和罗伊·兰辛·简斯全面教授英语；詹姆斯·柯蒂斯·赫本提出了日文的赫本式罗马字拼写方案，并且创立了明治学院大学；威廉·史密斯·克拉克创立了札幌农业学校，其中内村鉴三、新渡户稻造等人才辈出；博瓦索纳德教授法律，并且奠定了法政大学的基础；发现了大森贝冢（日本新石器文化遗址）的美国动物学家摩斯教授动物学；发现了中央地沟带的德国地质学家瑙曼则教授地质学。我十分敬佩这个时期被御雇而来的外国人他们所具备的勇气与执着。感谢他们来日本所进行的教育工作，感谢他们认真地对待日本的年轻人，为这些年轻人打下了学习的根基。

被发现的日本美

如此看来，明治时期的"学习"似乎是靠向欧美的一边倒。其实不完全如此，也发生了一些意外的情况。像小泉八云（原名Lafcadio Hearn）、芬诺洛萨、乔赛亚·康德这样取材于日本实情

---

[1] 明治维新后出现的类似沙龙的会馆，供西化的贵族聚会玩乐。——编者注

的创作者,他们虽是被御雇而来教授欧美文学、美术、建筑的,但是当他们第一次实地接触日本文化的时候,惊诧不已。然后,他们开始担心这些令他们瞠目结舌的文化会被欧美的逻辑和工艺给破坏掉。

Lafcadio Hearn在松江与一位名叫小泉节子的日本人结婚了,并在日清战争和日俄战争期间的明治二十九年(1896)取得了日本国籍,开始以小泉八云自称,他把日本的成规和传说故事等翻译成英文,向西方介绍。他的杰作有《日本魅影》《心》《怪谈》。芬诺洛萨带着赫伯特·斯宾塞的社会进化论来到了日本,他可是一位博学英才,当他看到日本的佛像和绘画之后,感到十分诧异和惊喜,他和冈仓天心的想法十分相似,觉得日本人最应该感到自豪的就是那属于日本的、独特的绘画。天心的代表作有《茶之书》《觉醒之书》《理想之书》,他强调,用欧美的理论,永远都无法解释日本文化的精髓;建筑家康德使得东京丸之内出现了炼瓦街,并且培养了片山东熊(代表作品有旧赤坂离宫、东京国立博物馆表庆馆)和辰野金吾(代表作品有日本银行总行、东京车站、奈良饭店),按理说,他为日本带来了西洋风格建筑的精髓,但是他本人却十分痴迷于日本的绘画和三味线音乐(端呗和小呗),并向河锅晓斋(浮世绘画师)学习日本画,还把都都逸[1]给翻译成英文出版了。

小泉八云、芬诺洛萨、康德等人发现的日本之美是存在于生活当中的,这种美也是师傅传达给弟子的一种技法和感觉,但并不是从教育当中继承而来的。"生""技""美"从来都是相辅相成

---

[1] 流行俗谣之一,是一种采用口语表现男女爱情的歌曲。——编者注

的，而这些外国人也正是被如此细腻的感觉所打动了。

在此之前从没有被外面的世界所知的浮世绘，一时间受到了无上的关注，在这个时期，大量作品流出到海外，成为人们谈论"Japanese"的话题。其实浮世绘对日本人来说，除了美术价值以外，最重要的价值是它对江户社会风貌和风俗的写照。在外国人看来，这可是非常不同寻常的表现手法，认为它是登峰造极的日本艺术品。

但是，政府想要给老师和学生们的，并不是要提供日本人十分看重的、对于"生""技""美"相辅相成的诠释能力，至少在《学制》当中，完全没有表现出对其的重视。那么，明治时代的"学制"所强调的又是什么呢？是《教育敕语》，它是规定着从现在开始，日本人作为大日本帝国的国民（臣民），都应该遵守的历史观和道德观，这是官方诏书。

《教育敕语》与国体

《教育敕语》于明治二十三年（1890）颁布，这个时间正好在《大日本帝国宪法》的颁布和第一次帝国议会的召开之间。《敕语》其实也正是看准了这个机会才颁布的。

之所以叫"敕语"，是因为它是"明治天皇的御诏"，由曾担任女子高等师范学校校长的中村正直书写原案，草案是由曾经参与制定宪法的井上毅和在儒学、教育方面持有独特主张的元田永孚来起草的。

开头写的是"朕惟,我皇祖皇宗,肇国宏远,树德深厚",之后又阐述了臣民需要克忠克孝、与兄弟姐妹团结一心、夫妇和睦、博爱及众等共12条的期待德目。这是一次相当具有道德性和国家主义的诏敕,其誊本,发放到了全国的学校被朝拜着。

到底发生了什么呢?从某种意义上讲,从《御成败式目》到《武家诸法度》的"道理",已经正式被针对明治臣民的统治所替代了。明治维新取缔了丁髷束发,禁止佩刀,废止了"武士",日本文化内核彻底被改变了。这是一种强调国民应该要护持"国体"的教育思想。

国体就是关乎"日本这个国家的体制"的关键词和核心思想。这个词最初是由幕府末期的水户藩儒官会泽正志斋在《新论》当中使用的,之后又作为尊王攘夷的思想前提和一种新的观念形态被广泛提及。在近代的语境下,"尊王"这种意识形态本身,其实就是一种国体吧。而《教育敕语》,正是把拥护"国体"作为学校教育的前提来实施、开展的。

但是这么做,其实是有些过火的。明治政府的教育方针十分极端。福泽谕吉认为日本最应该掌握的是领先全球的文明和知识,因此政府就御雇外国人,他们也确实十分出色地完成了这个任务,把文明带到了大学教育中来,而且这些外国人对日本的传统文化也十分感兴趣。但《教育敕语》所强调的以天皇为中心来护持国体的这种思想却被到处传播,因此关于教育的初衷,就变得极为不得统一。

基于这种情况,明治以来重塑新日本和感怀古老日本的两大学习任务,就此分道扬镳了,且这一趋势持续至今。前者是要迎合西洋知识的输入并追随全球主义;后者是把日本主义式教育思想的重心放在了民族主义上。今天，这个特点仍旧是保持一分为二的。

那么，日本究竟要学习些什么呢？全球化和地方性要如何融合在一起呢？这些问题都不是新出现的，而更重要的是，要如何看待还没有陷入民族主义这种国体的当下呢？

升学考试和答题卡的问题也是一个万年难题，这也许是思考方法和思考能力都停滞不前了的缘故吧。日语是一种十分重视上下文连贯性的语言，但高中和大学的考试全都是"〇×式"的，如果一味再重复这些问题的话，那么就会与日本人基本的学习能力发生龃龉。

当然，所有的事情都是要通过参照来学习的。所以首先应该搞清楚日本人要学习什么，要怎样学习，并在责备和批评过后，还应该知道学会的东西该使用在什么地方。这其中，其实就蕴藏着日本人所十分擅长的"学习的姿态"。

至于日本到底要学些什么，有什么样的方针、方向、方法呢？我觉得在这里，我们暂且有必要去回望一下世阿弥。

世阿弥的"物学"[1]

世阿弥并不是一个学者。他是名为结崎三郎元清的能乐师。世阿弥是他的艺名。因此他是一个艺能人，按照今天的说法就是艺术家。

---

[1] 模仿，模仿事物、人。——编者注

他同他的父亲观阿弥一起成就了观世座[1]，受到过足利义满（室町幕府的缔造者）的青睐和期待。世阿弥创作了像《高砂》《赖政》《井筒》《班女》《砧》《融》等歌谣曲目，同时也留下了像《风姿花传》《花镜》《申乐谈仪》等21部能乐艺能论。其中《风姿花传》曾经以通名《花传书》盛极一时。

世阿弥首创了复式梦幻能，这是一种高难度的能乐结构，兼具"勿忘初心""隐秘之花"[2]"众人爱敬"等特点，孕育、流传出了许多脍炙人口的佳句、名句。那么贯穿于世阿弥的作品和能乐理论著作的核心思想是什么呢？开门见山地说，即强调"学习"就是"模仿"的论点。这与维果茨基的观点十分吻合。

世阿弥写下了两个字——物学，但是读作"monomane"（ものまね，模仿的意思）。嗯，不是"もの真似"，也不是"物真似"[3]，而是"物学"。这样做的意义十分重大，世阿弥作为一个艺能者，通过"物真似"，发现了"学习"即"模仿"这个道理。

其实，世阿弥在能乐成为确立的艺术形式之前，已经是从事猿乐和更古老的田乐的艺能者，他取材于平安时代的传承和风俗，来展示自己的技能，本质上都是模仿性质的艺能表演。在这些表演中，神、老翁、往生者，以及亡灵都一一出场。世阿弥非常关注这些题材，他曾多次思考，为什么在日本艺能的根干中，会掺进了神

---

[1] 大和猿乐四剧团之首，史称"结崎座"。观阿弥是第一代座主，世阿弥是第二代座主。——编者注

[2] 保持隐秘是获胜的关键，技艺之花必须是珍贵的，才能撼动观众的心灵。——编者注

[3] 物真似（ものまね），对人类或动物的声音、姿势等各种状态进行的模仿。——编者注

和亡灵呢?

诙谐的模仿艺能，无论对贵族、庶民、僧侣还是武士而言，都是不可缺少的。也许是因为通过这种方式所讲的话，更容易被大家所理解吧。可如果仅仅是为了博大家一笑的话，那想必那些神啊、亡灵啊，其实也就没有什么出场的必要了吧?

世阿弥是这样想的：神也好，亡灵也好，往生者也好，虽说它们是肉眼所看不到的存在，但我们始终是能感觉到的，如果无视或亵渎它们，也许就会遭到报应。因此，就要把这些存在都设置为舞台上的主人公，再想方设法去把这些主人公的气质和风姿都表现出来。而要想完完全全地把这些表现出来，就非常有必要了解主人公生前的样子和姿态。为此则就需要配角，配角负责和主人公之前的姿态偶然相遇，相遇后主人公再恢复本身，也就是神、亡灵、往生者。那这具体会是怎样的一种表演呢？这正是世阿弥所要思考的表现形式。

于是在能的舞台上，最开始的一幕就是配角在旅途中到达某地，然后配角会先介绍自己现在所在何处，说明这里过去有过怎样的传承和传说。继而在舞台左侧的镜间，幕布一下子就被拉开了，主人公缓缓登场，从桥式通道来到舞台的正中央，接着和配角开始对话。主人公开始讲述自己的身世，但都是以其过去的姿态和样貌进行的。

终于在能管响了一声又一声之后，小鼓、大鼓和太鼓也都响起来，这一刻，主人公才回归到真身，展示本性，也就是神、亡灵、往生者的样子。这一段就叫作"移舞"（移り舞，模仿他人姿态的舞蹈）。在这之后，主人公就好似什么事情都没有发生过一样，再缓缓通过桥式通道，回到那个与世隔离的镜间中，消失殆尽。

这就是复式梦幻能产生的来龙去脉。世阿弥把人们本来所应该学习的东西，通过模仿来完整地表达、表演。

为了接近真实而进行的模仿

世阿弥觉得他所能追求的最珍贵的东西就是"花"，如《花传书》中的花、《花镜》中的花、"时节的花"中的花。花又是什么呢？是某种盛开、绽放的状态吗？世阿弥认为，"花"就是"真实的、逼真的"，他也曾有过类似于"真实的花"这样的说法。所谓"真实"，其实就是字面意思，"真正存在"的意思，一种真实主义。能够反映出那份真实的，就是"花"了。

真正的东西都不是那么容易抓住的，即使是想接近也很困难。因此，世阿弥觉得要想关注到"真"的外在的"体"，就要学会模仿。这个外在的"体"，就是能的表演者的身体所表现出来的"风体"[1]。

不过要注意到一点，想要做到这些，就需要演技。这里的演技可不是单单靠彩排和排练就可以做到的。它需要稽古，也就是要"思索和模仿过去"。这"古"也许就是孕育了"真"的实体，是"根源"。而为了接近这个作为"根源"的"古"，就要带着"风体"，不停地去练习演技，这无论如何都需要依靠前面所提到的"物学"（模仿）。也就是说，有必要去学习过去的"物"。日

---

[1] 在能乐中，指角色、曲风、艺风、风格等要素，一种风姿。——编者注

本的"物"这一词，其实就像之前阐述过的一样，是"物"也是"灵"，它也有"物语"的含义。

就这样，世阿弥练习"模仿"，以此来接近"真实"，并把这一过程唤作"学习"。

我觉得，这里面其实也蕴藏着"学习"这个词的真谛。容我霸道一点，我认为日本人应该从小学就开始学习世阿弥的学习论。《花传书》也是应该早早就开始教授的，即便教授的是翻译成现代文的版本，也是没问题的。这些话，我也非常想对最近喜欢手办的一代人说：手办其实就是一种"风姿"和"风体"。而谈起手办的话，人们可能会联想到cosplay，这也是完全可以、同样适用的。甚至说在手办和cosplay中体现着世阿弥的"模仿与学习"，也是完全可以的。

中村吉右卫门是我早年还在早稻田大学上法国文学课时的同学，当时的他，还叫中村万之助这个名字。当时的万之助，和他那年轻有为的哥哥市川染五郎（后更名为松本幸四郎，现更名为松本白鹦）比起来，可以说是出名晚、人气薄，因此他本人也而十分苦恼。但是在那之后，他十分努力，现在也成了优秀的艺人。

但是吉右卫门氏本人曾这样说，在众人看来，他那所谓的优秀和杰出，都是"吉右卫门终于能像他的上一辈一样啦""哇，和上一辈一模一样呢"。这些褒奖的话，他听到之后会很开心，但同时也会有一些微妙的感觉。

这一番话，其实表现出的是：在日本，学习的根本就是"抄写、模仿"。评价某个人的学习成果时，也不是看你是否有什么创新和独特之处，而是看你是否完美地展示了你的模仿，是否十分逼真地还原，等等。学习，是基于模仿的。

这种关乎学习的哲学，其实也可以用"象"字来表达，就是一种从"型"与"形"入手的学习方法。另外，"肖"也同样可以表达，肖像性的、风姿风体性的，或者说是临摹、映射，都是可以的。日本人把这些看作能够接近"真实"的手段。

当然这与日本人所重视的"练字"也可以联系在一起，因为习字其实是以字帖和画帖的临摹为前提的。这也正是维果茨基的"模仿与协同"中所强调的。

如果说日本人的学习基础是模仿和抄写的话，那么我们就可以一边承袭着前辈们的才能与技能，一边再把"知""艺""姿"都联系起来进行学习。但也不能只是单一、静止地学习，而是要把老师们的服装仪容、字里行间的语感都学习起来，这恐怕，会是我们更擅长的吧？而"〇×式"的考试，正是与此相反的。从今开始，小学生也要增加电脑课程的学习了，软件和App的前辈是什么样子，也是应该要了解的吧？

第九讲 模仿与学习　185

小泉八云、芬诺洛萨、乔赛亚·康德（图①），日本的"学习"根干中存在着"模仿"的基因，"稽古"的意思可以解释为思考、思索古代和前人。图②是江户寺子屋里的女老师和学生们，老师被称为"手习师匠"（讲解、传授读写知识的老师，寺子屋的主人）。明治时期的御雇外国人发现，"日本的美"是通过拜师学艺、代代相传得来的。

まねびの系譜

模仿的谱系

②

①

图③就是强调护持国体的《教育敕语》，它让人们开始思索日本的"学习"到底是什么。

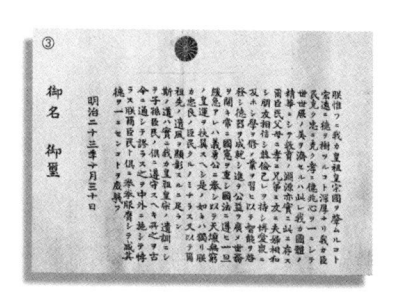

③

第十讲

某种根源

公家、武家、家元,被人们看作品牌的"家"

"家"作为一个品牌

近来的新闻中，总是在上演着家庭内部"相爱相杀"（原义指既相互爱着对方，又会与对方争吵、伤害对方）的戏份。不是父母杀了孩子，就是孩子把父母杀了，实在是太让人心酸了。虽说我们不能因此就认定家人之间的纽带从此就变薄变细，或者说被切断了，但至少可以说"家"这个概念，现在被人们小看了、轻视了。

我想就"家"这个话题来谈一谈。说到"家"，它可是和日本历史中最根本的部分紧密相连的。

过去的日本，在很长一段的时间内，"家柄"（家世）、"家格"[1]都是一个家的品牌。今天企业做出的商品都是各自品牌的

---

[1] 用来表示日本历史上氏族或家系的社会地位、社会评价的术语。大体上，家格并不是对家庭进行评价，而是将国家或社会的全体成员阶层化，根据特定氏族的成员所持有的血统和地位进行排列，从而使氏族之间阶层固化的制度。——编者注

代表，然后再根据这些商品在不同商场中的表现来决定这些品牌是否成功。但是在过去，家本身既是一个品牌，也是一份重要的遗产。

我们可以比较欧洲的历史，他们不仅有家族门第作为品牌，还有牛、马、农产品，包括红酒等都是有品牌的。爱马仕、路易威登、波尔多红酒，都是个中代表。这些知名品牌当然在日本也有，但是日本这种"家就是品牌的说法"好像并不是很好理解，也并没有引起广泛讨论。味滋康和索尼家喻户晓，但是产醋的中野家和产酱油的盛田家却无人问津。这两家都是爱知县知多半岛的老铺子了。

为什么在当今的日本，门第和家风不再能成为品牌了呢？我想这可能是因为在战后，随着财阀的解散，再讲述家族的历史就会被人轻视、看不起，甚至会被人反对和抗议吧。如今的三井、三菱、丰田，已经都不再是"家"了。同时，随着贵族制度的废止，所谓的上层社会也渐渐消失了。但我总觉得这样并不好，人们会因此忘记历史、忘记根本的。

"家"即品牌的历史之所以会被忘记，是因为人们在谈及血缘的时候，会心有芥蒂，这可能是原因之一吧。过去，曾经有"优生学"这样令人咋舌的词横行过，欧洲曾因为犹太人的"家"引发过对犹太人进行大屠杀的惨剧，在日本，"家"也成了地域差别的歧视事件的重大理由。但如果因此就把"家"看成形成封建意识、差别意识的罪魁祸首的话，我觉得似乎也不是很妥当。

日本的家，都是大有文章的

还有一个十分麻烦的地方，就是日本的"家"的概念，被解释得相当宽泛，或者说被解释得十分暧昧不清。这样，就大有文章可做了。

比如说，大家众所周知的，在日文里，国家就是写作"国の家"（国之家）的。那么问题来了，这个"国家"的意思，到底是一个关于国的家呢？还是一个由家聚集在一起而组成的国呢？要是解释起来的话，就会变得很微妙了。英文中的国家是state、nation、country，听起来完全没有家的意思。德语的Länder，以及西班牙语的País，也都不是家的意思……

而日本，为什么会把国看成家呢？也许是一种习惯？不行的，这样的解释无法令人信服。

事实上，我们不只是把国看作一个大的家，就连家与家之间，也是有本末关系存在的。例如本家、分家和新家。还有克劳德·李维-史陀（法国人类学家）的结构主义，如果要谈及社会关系中由婚姻关系建立起的历史，这是不可或缺的话题。但是在日本，却没有这样严密的结构，激烈争夺"本家"归属的情况一直持续着。直到最近，也还存在着像荞麦面店和和果子店等，各种本家同行相互竞争的现状。京都的招牌和果子"八桥"就是典型的例子，西尾八桥屋本店、圣护院八桥总本店、圣光堂八桥总本铺、井筒八桥本铺等店铺，都在为谁是"八桥"本家而互相竞争着。

另外一方面,"家元"[1]这种叫法的存在也是很不可思议的。之后我会慢慢解释,这其实在世界范围内都是罕见的一种现象。但是,这并不是一种被公认的制度,只是名字一旦确认了,就可以称为这个名下的家元了。可能您觉得,这么轻易就可以做到的话,那还有什么威信可言呢?恰恰相反,茶道也好,日本舞蹈也好,他们的家元都是十分有威望的。

像这样的事例还有很多很多。总之,提到"家"的话,总是会有许多许多的解释,真的是很有故事的一个词啊。可不管怎样,想要了解日本的话,那么就免不了去正面了解这个"家"。

圣德太子与"国家"

在日本,"国家"一词最初是在圣德太子制定的《十七条宪法》中出现的。这本典籍可谓无人不知无人不晓。其中第四条这样写道:"群臣有礼,位次不乱。百姓有礼,国家自治。"

也就是说,群臣如果遵守礼仪的话,社会秩序就不会混乱;百姓如果能够做到有礼有节的话,那么国家就可以不治而治了。

但这里的"百姓"其实不是指如今的老百姓。在古代律令社会,只有在户籍上标识有"良"字的、有姓阶层的群体,才能叫"百姓"(众姓氏的集合)。因此,贵族、官人、公民、杂役都是

---

[1] 一种继承技艺的家庭传统,日本各种传统技艺之道中传授本流派正统技艺的掌门人或宗家。师傅(家元)和被授予技艺(名号)的弟子之间,存在着庇护与供奉的相互职责。——编者注

百姓,这里面不包括皇族,也不包括贱民等"化外人民"(这些人叫作"虾夷")。

即使会有一些例外存在,但我们还是可以认为,在圣德太子的年代里,"国家"这个家就是由知礼的群臣和百姓们建立起来的。只是这里的这个"家",它是可以用"户"这个单位来计算的。

因此,原本的"国の家",应该就是家集合起来而成为国家的意思吧。这里面的"家",不是房屋或住宅,也不是作为征税对象的"户",而是人们在一起生活的那个家。说到在一起生活过日子的家,我们也许不禁会想到隐秘在民居中的家,或者像与谢芜村(江户时代的俳人、画家)曾经写过的"五月烟雨,大河滔滔,岸边两户人家"那种家的样子吧。但这都是百姓的家,使国家得以成立的家,也许并不单单是这样的家可以做到的,得是有家名的家才行。

有家名的家,也就是前面提到的有品牌的家,在很长一段时间内,都是以公家和武家为代表的。支撑着日本的家能成为品牌的,除了皇族以外,就属这公家和武家了。那么接下来,我想谈谈它们。

公家的序列

所谓"公家",就是奉命于朝廷的氏族显贵和上级官人。这里面又分三位以上的位阶,可以允许进出神社内殿的公家(公卿),叫"堂上家",剩下的公家被称为"地下家"。这些地下家,是无法升殿（入朝议政）的。

之后到了平安后期，武士开始登场，他们蠢蠢欲动，建立了欲成为国家栋梁的"武门之家"，这就是武家。而与新兴势力武家相抗衡的，就是公家中以藤原北家为中心的摄家（摄关家），家格也由此确立。公家开始按照顺序打造品牌了。

排名第一的就是摄家了。近卫、九条、二条、一条、鹰司，这五摄家最为有名。只有摄家可以从大纳言、右大臣、左大臣升职为摄政、关白、太政大臣。他们垄断了公家社会的最高官职。

接下来就是清华家了。它是继摄家之后第二大的家格，三条、西园寺、德大寺、久我、花山院、大炊御门、今出川，等前七家被选中。与摄家不同，他们另辟蹊径，走近卫大将这条路，最后升至太政大臣。摄家和清华家统称为"公达"。

清华家的庶流又建立了大臣家，分为正亲町三条、三条西、中院这三家，除此之外还有羽林家、名家、半家。羽林家名字的由来是这样一句话："如展翅般神速，如山林般密集。"其总数超过了60家，又各自分出了流派。其中闲院流分为姊小路、大宫、押小路、风早、高松、武者小路、四辻、薮、中园、高丘等23家之多；花山院流分为中山、难波、飞鸟井、野宫、今城这5家；中御门流分为中御门、持明院、壬生、六角等9家；御子左流分为冷泉、入江等4家。另外还有四条流、水无濑流、高仓流等也都蓄势待发。

到此为止，就是代表了日本的"贵族家柄"了。再明确一下，公家就等于贵族。

需要关注的是，这些家里面，几乎都有被保护起来的"家业"

和"家学"。很多家还掌管着典章古法、歌道、衣装、药事等重要事务，而这些都是只能靠世袭才会拥有的。嗯，这就好像拿到了特许执照一般。换句话说，品牌的产生，一定要有特许执照做担保。日语中，这种"执照"也叫作"知行"。知行原本指领主行使的领土支配权，使用这种权利的地方叫"知行国"，或称为"一元知行"，再到后来，知行就慢慢转变成形式上的空架子，没有任何实际意义了。

这样，掌控朝廷的势力就得以确立。这是一个以拥戴天皇家为最高统治地位的金字塔型系统。那么，武家又是怎么一回事呢？

武家的成立

武家也是"家"，也有家门之分，发源于"兵之家"。公家中有一个分支，就是把武艺作为家职的家，这个家逐渐发展为后来的武家。可以理解为是公家末端的、专注军事的贵族因此一步登天了。因为他们以弓箭和刀作为武器，因此也被称为"弓取之人"。

他们以武力为专，擅长守备和攻击，因此作为当时的白河太上皇的北面武士[1]来守卫朝廷、守卫庄园等。最后，他们有了组织和党派（一族郎党[2]），其中就出现了像平清盛这样最后成了太政大臣的人，清盛一派自此得名平氏。之后，平清盛的对抗势力也就相继产生了，其中最大的一股一族郎党就是源氏一门。平氏分

---

[1] 警卫武士直接听命于上皇。因其居所位于院厅的北面而得名。——编者注
[2] 指家族乡党，"郎党"指幕府时代将军或诸侯的家臣，后引申为"追随者"。——编者注

为4流，而源氏竟然有21流，每一个领头人都是"栋梁"（武门的栋梁）。

朝廷也需要利用他们的势力来巩固自己的权位。崇德太上皇与后白河天皇之间的政权斗争引发了"保元之乱"，后白河天皇的身边又有因藤原通宪（信西）和藤原信赖的内部政权斗争所引起的"平治之乱"。无论哪场争斗都有源氏和平氏两家的参与。保元、平治之乱后不久，慈圆[1]就在《愚管抄》中写道："后鸟羽院[2]去世之后，日本出现战乱和冲突，之后便成了武者的天下。"因此，从这个时候开始，"武者之世"便打开了局面。

那之后，平氏和源氏的角逐也就开始了，双方武力竞争一触即发，这就是后来的"源平合战"，而被流放至伊豆的源赖朝所建立的镰仓政权也就此诞生。

源赖朝被朝廷任命为征夷大将军，武家政权开始被称为"幕府"，他所建立的也就是镰仓幕府。"幕府"原本指征夷大将军的居所，或是拉起阵幕的阵营，也就是字面上"幔幕围起来的府邸"的意思。之后幕府演变成武门的统合性的象征名。

将军的家臣就是御家人，他们要对着将军，也就是镰仓殿下宣誓忠诚，一定要鞠躬尽瘁，死而后已。当然，镰仓殿下也要对其知恩图报。这就是所谓"御恩与奉公"说法的由来，也是日本分封式封建制度的开始。

---

[1] 1155—1225，平安时代的佛教僧侣。慈圆出身于藤原氏北支，其创作的《愚管抄》记录了13世纪初期的日本历史。——编者注
[2] "院"是对上皇、法皇的尊称。——编者注

就这样，一直以来都只是"兵"的人们，翻身变成了"武者"或"武士"。这称呼可与古代豪族大伴氏那样的武官完全不同。他们在后来又被称为"士分"，士分又分为"侍"（上等武士）和"徒士"（下等武士），比如说在德川时代，旗本[1]是侍，而御家人就是徒士。顺道提一下，"足轻"就是兵卒。

综上所述，武家其实是公家系统里崛起的一支力量。在与公家分道扬镳后，它们建立起了以"武家栋梁"也就是"将军"为中心的新的武家系统。

承久之乱，一个分岔路口

镰仓幕府是诞生在东国的政权，其影响的势力范围也就不言而喻偏向东边了。从那里出发，为了征服全国，幕府对各国都实行"守护""地头"政策，以此征收租税、维护秩序，从而掌握了实际的警察权。但是，这其中首都（京都）和西国仍然还是朝廷和公家的势力范围。

建保七年（1219）1月，发生了大事件。三代将军源实朝，在镰仓八幡宫的大银杏树下被侄子公晓暗杀了。至此，北条义时开始掌权，统帅军队，他认为新将军要让后鸟羽上皇的皇子赖仁亲王来接任。太上皇听说此事之后，要附加条件才肯同意。但义时立刻就判断出那些条件全都意在扰乱幕府，因此他当机立断，让自己的弟

---

[1] 一般是指在江户时代食封未满一万石，但有资格在将军出场的仪式上出现，御目见（直接谒见将军的资格）以上的德川将军家的直属家臣团的统称。御目见以上都视为旗本，否则称为御家人。——编者注

弟北条时房带领一千骑兵直抵京都，太上皇提出的各项条件胎死腹中。

太上皇自然是失望至极，他指使寺院诅咒镰仓幕府，掐诀念咒，以制伏诸恶，公然表示出了反对之意。因此也就在承久元年（1219）7月，曾经守护过内宫的源赖茂，受到西面武士的伏击被斩杀。赖茂当时也是有野心想要当将军的。

经过这些事情之后，太上皇决定要打倒幕府，顺德天皇也同意这一主张，于是他自己主动将皇位让给仲恭天皇，而他自己则恢复了自由身，投入到讨伐幕府的征战中。鼓起勇气的太上皇秘密集结了三浦氏、小山氏、武田氏，整合了军队的势力，终于在承久三年（1221）发出了讨伐义时的诏书。这就是日本历史上极其有名也十分重要的"承久之乱"。

太上皇举兵的消息传到了幕府，于是一场前代未闻的"朝廷VS幕府"的对峙就开始了。太上皇一方在一开始是占优势的，但北条政子（源赖朝的正妻，源实朝的生母）发表了一场热烈的演讲，她主张为了继承实朝的遗业，理应驱散太上皇的军事力量。在她的鼓舞下，幕府军队集结了19万大军进攻都城，在木曾川和宇治川的大战中一举得胜，压制了太上皇的军队。

最后的结果自然就是朝廷军惨败。后鸟羽太上皇被流放到隐歧岛，顺德上皇被放逐到佐渡岛，支持过太上皇的人几乎都被斩首了。这以后，幕府在京都设置了六波罗探题[1]来监视朝廷的一举一

---

[1] 六波罗探题是镰仓幕府继京都守护之后，在京都的六波罗地方所设的行政机关首领，主要的任务是监视朝廷、统辖西国区域的御家人。——编者注

动,同时,北条氏执政的政治体系也得以确立。

应该可以说承久之乱使得日本的历史发生了戏剧性的转变。事态开始向武家制服公家、压制公家的方向演变。

但是,这并不代表朝廷和公家就都消失不见了,这种说法是完全站不住脚的。虽然它们的势力被削弱了,但是武家的政权会巧妙地支配朝廷,朝廷这一方当然也会对武家慎重任用,另行图谋策划。日本史最重要的部分,就是这段了——朝廷和幕府的关系是如何发展的故事。

最后的结论就是,朝廷和幕府明确了这种对立的关系,并且作为一个"拥戴天皇的日本",开始去运营这样一个国家。这种运营是如何做到的呢?这就是之后的南北朝、足利时代、战国时代、从信长和秀吉一直到家康的250年间所持续的话题了。

而对这种运营起到决定性作用的就是"武家传奏"。这是连接朝廷与幕府之间的纽带。

它产生于后醍醐天皇时代,在室町幕府时期制度化,是指公家与武家之间联络的专属代理人。很长一段时间内,有相当数量的人物成了武家与公家之间的疏导管,它也是德川时代仅次于关白的要职。因为他们都是从大纳言和参议中选拔而出的专属代理人,那么自然是备受瞩目的。

但是,疏导管有时候也会堵塞、扭曲,甚至复合化。朝廷和幕府在保持着对立的同时,传奏人搅和在其间,有时候情况又会变得很复杂。而在这复杂的变化过程中,日本历史也就被渐渐动摇、撼动,于是慢慢呈现出了新的样貌。所谓新样貌就是幕府末期的尊王攘夷、"国体"思想的蔓延、维新的"王政复古"提案。但是，这些都只是以一种扭曲的形式出现在了明治时期的日本。传奏一定是在什么地方按错了键，而他们按错，反倒加快了明治维新的到来。

《黎明之前》想要说的事

岛崎藤村曾经有一部里程碑式的小说——《黎明之前》（《夜明け前》，1929）。"木曽路はすべて山の中である"（木曽路尽在山中），这句名句就是这部小说的开头。它是用文库本这种袖珍本，足足四册才写完的大长篇。如果想要好好了解一下日本的话，那么这本书是绝对要读的。

主人公青山半藏是以藤村的父亲为原型的，故事发生在中山道的木曽马笼，背景正是幕府末期的维新时代，半藏则是在那里坚守的、延续了17代的驿站老爷，也是该庄的庄屋（村长）。

半藏跟随平田笃胤派的国学者学习国学，他期待着在黑船到来之后日本将会发生的变化，他一边心潮澎湃，一边侧耳倾听着木曽路上的小道消息。不久，王政复古的大号令便传来了，这真是一个让人欣喜的好消息，他高呼"万岁！"半藏深信，如果像古代一样的王政可以得到恢复的话，那么周边的山林就可以好好修整一番，村民们也可以如自然共同体一般重新生活了。

但是在那之后，明治日本所发生的可叹可悲的变化，让他感到甚是吃惊。对着西洋文化摇尾巴的文明开化浪潮日渐高涨，随处可见。不久，就连山林砍伐的禁令也颁布了。半藏觉得一定是发生了什么误会，才会有这样的法令被下达，因此他决意上京。他满心以为，像他这样的人是可以为日本的发展出一份力的，于是他进入了教部省开始工作。他想要为育人贡献力量，但是同事们都觉得半藏的想法古板又牛硬，还嘲笑他说国学已经没有什么用处了。

伤心欲绝的半藏，在扇面上写下了忧国忧民的诗歌，并把扇子扔向了明治天皇队列的马车中。

故事写到这里就暂且告一段落了。半藏回到了马笼，终日沉思，可即便如此，他还是去飞弹一宫水无神社做了宫司（神官），不管怎样，半藏虽然努力重振人生，但失意却接踵而来。此时的半藏，已被刻上了某种抹不掉的标签，藤村把它认作"某种根源"。对半藏来说，明治的日本是失去了"某种根源"的虚像，晚年的半藏也越发疯狂了。这个故事的结局，是十分暗淡的。

藤村还有一部小说是《家》，故事还是发生在木曾，时代设定为明治末期。里面的人物稍微时髦了一些，都是城市里的人物。

故事围绕着住在城镇里的两个世家名门展开——小泉家和桥本家。主要是围绕家主和儿子们十多年的生活状况以及他们与周围的人际关系进行描写。家主都是被"家"的概念束缚的老人，而儿子们则想要从那束缚中挣脱出来。主人公（原型是藤村自己）小泉三吉不想从属于任何一边，他只是想默默写好自己的小说，独善其身。但是，他始终也摆脱不了"家"。

从陷入恋情，到抒情憧憬，再到探求人性的矛盾，三吉十分迷惘，陪伴他从小长大的这个"家"到底是什么呢？三吉的父亲与《黎明之前》中半藏的结局一样，"发疯"而死。这部《家》虽说是自然主义文学的代表作,但全篇还是围绕在明治日本失去了"某种根源"这一方面来叙写。

见证了"家之亡"的森鸥外

藤村的作品,总是对人们暗示着日本过去的"家"所守护的东西,但是那些被守护的东西正在默默崩溃着,也正在被无情地修正着。

那么日本的"家"所守护的究竟是什么呢?为了弄清楚问题的答案,这次我们来介绍一下森鸥外的小说,看看他是怎么诠释的。

鸥外是在津和野出生的藩医的儿子,他本人也是东大医学部毕业的军医。作为陆军的派遣留学生,鸥外在德国度过了4年时间。因此,他可是一位对西洋知识和文化都十分了解的、有才华的作家。处女作《舞女》讲的是日本青年和德国女孩阿莉塞之间的恋爱故事。他早期还翻译过安徒生的《即兴诗人》、歌德的《浮士德》和卡尔德隆的诗篇等。

这之后,他就作为明治的代表文人被推崇。在文艺杂志《昂》(スベル)创刊以后,他又通过频繁参加作家活动博得了相当高的人气。他还写了一部描写金井湛的地方青年在东京的日子的小说,作品名叫《情欲生活》(ヰタ・セクスアリス),这也是他对撰写奔放的性的文艺作品的挑战。明治天皇驾崩之后,乃木希典[1]将军

---

[1] 1849—1912,日本陆军上将,也是日本对外侵略扩张政策的忠实推行者。明治天皇病逝后同其妻剖腹殉节,被看作日本武士道精神的代表。——编者注

立即表明自己将要追随天皇并向其忏悔，于是携夫人一起剖腹殉节。森鸥外得知以后，十分愕然。

这时候的鸥外，觉得自己到了该挺起腰板做人的时候了，他认为自己要写的东西不应该是那种轻浮的、谈性论色的小说，而应该要朝向"简净的美"。在做了这个决定之后，不到一周的时间，他就拿着短篇小说《兴津弥五右卫门的遗书》的原稿来到了"中央公论"[1]。这篇小说主要写的就是日本的"家大于天"的理念。

紧接着，鸥外又发表了他的代表作《阿部一族》。书中讲的故事是根据真实事件改编的，取材于江户时代初期，在肥后藩主细川忠利死后，忠臣们也都相继殉主的这一史实，描写了武士们气壮山河的精神世界。《阿部一族》仍旧围绕着"日本的家"究竟是什么来写的。鸥外正是因为已经感受到了"家之亡"，所以急切地想分享自己关于"日本的家"的思考。这也是一部杰作，人生必读的作品之一。

再之后，鸥外再没有写过西洋题材的小说，一直到死为止都是在写历史小说（稗史小说），像是《山椒大夫》《涩江抽斋》《伊泽兰轩》《北条霞亭》等。

家元制系统

那么为什么无论是藤村也好，鸥外也好，这些明治时期的代表

---

[1] 《中央公论》是一份在明治时代创刊，经过大正、昭和、平成时代，发行至今的月刊（综合杂志）。——编者注

作家都会在自己的创作巅峰期把"家"和"家之亡"作为自己的叙事标的呢？这是因为他们在注视到家的同时，也看到了日本的"某种根源"在逐渐崩塌。

日本的家，就是这"某种根源"的载体。该怎么解释呢？要想解释清楚的话，就不得不回溯到前文提到的公家和武家的历史中去。但还是不要重复了吧，省略这一段，让我们把目光转移到关于"家"的另一个话题上，也就是"家元"。

家元，一种将艺道、艺能、技能、武道等技艺看作家学流派的师徒系统。家元一般都是世袭制，偶尔也有需要养子和入赘女婿等形式来维持的情况。名称嘛，除了家元，也叫作"宗家"。

这种把传技之人叫作家元的现象，其实早在奈良、平安时代的雅乐传承和御子左家的歌仙继承当中就已经出现了。那之后，家元制在能乐、舞蹈、音曲、香道、茶道、花道、武道等各个方面扩展开来。

家元制所主张的，总体来说就是"型的继承"、"流派和作风的维持"、"成员的协作性"、"一家相传"（一子相传）、"稽古"、"一座建立"[1]、"日本文化的重视"这七部分，每个部分都是很重要的。但是我觉得，关于"座"的技术的坚守和发挥可能才是最为关键的。

而这些，基本上都是免状制的，都是默认带有许可的。而这类许可又不是像驾照、医生执照这一类个人的东西。所谓家元制的许

---

[1] 所谓"一座建立"，是指茶道参与者的地位是平等的，人们要相互尊重，共同创造、享受一种和谐的茶室气氛。——编者注

可，是日本的软组织、网络化的产物，把家元的"家"，分别从上下、左右两个方面用"纽带"系了起来。而这其中，其实也存在着独特的拟（拟）似家族性[1]。正因如此，"型""流派"和"日本"，才得以一直被守护着。

茶道的传承与家

茶道，集大成于千利休确立了空寂茶的样式之后。在此之前，村田珠光以"草庵茶"为目标进行研究，之后又有连歌师武野绍鸥对"座文化"进一步培养，最后，所有的这些由利休在信长和秀吉的赞成和援助之下得以完成，成就了最后的"空寂茶"。

掌权者极力支持他，利休选择对一切事情都用心地去做"减法"。茶室都是简单的四叠半或者三叠台目[2]左右的小小的样式，举止动作也都是谨小慎微的，这些都是亮点。再大的人物，也都只做简单的迎接。

千利休的茶道，首先是由"利休七哲"来继承的，包括蒲生氏乡、细川三斋、牧村兵部、古田织部、芝山监物、高山右近、濑田正宗。再往后就是织田有乐、小崛远州、片桐石州等人相继承袭，茶道在流传过程中不断发生变化。真是绝妙的继承体系。

江户时代以后，利休的养子（也是女婿）千少庵之子，名叫千

---

[1] 不是实际的家庭成员，具有类似家庭关系的情况。非血缘关系的家人。
——编者注
[2] 由3张标准榻榻米和1张台目榻榻米构成的茶席。——编者注

宗旦，到了他这里，就形成了表千家、里千家、武者小路千家等"三千家"，三千家都继承了利休千家茶道的传统。这可是三支漂亮的箭啊。表千家是由宗旦传给三儿子的不审庵、里千家是四儿子的今日庵、武者小路千家是二儿子的官休庵，他们各自仍旧在今天京都的小川町附近保留着宗家的茶室。这三家用先代的茶道制作方法做出的茶我都品尝过，确实都有各自独特的氛围和情趣，我在其中满满地感受到了那一份悠闲与自在。

而除了宗旦四天王[1]之外，山田宗偏的宗偏流、藤村庸轩的庸轩流随后产生，继而又产生了久田流、堀内流、川上不白的江户千家流等。这些流派都形成了各自的家元，他们都是"在传承着什么的家"。

茶道，就是一客一亭，亭主给每一位客人斟茶。可以说这就是茶道的全部了，这里，就出现了一个"假设的家"。在这"假设的家"里面，亭主和客人对坐，以面对面的形式进行品茶等茶道之事。这项"基本"，从利休的时候开始就没有发生过改变。而这就是那个在不断重复着的"某种根源"。

虽说是不断重复，但是这其中又时常会上演各种精彩的"配合"。挂轴、茶花、茶釜、茶碗、茶杓（勺）、和果子等，每次泡茶的时候，这些用具都会发生一些用心的变化。而如果选择全套服务的话，最后还会享受到怀石料理。虽说各流派的功夫可能并不会有什么太大的差异，但是无论坐下多少次，最后总是会有一些新鲜的"喜好"被呈现出来。这里面，其实还蕴藏着日本的家的另一个

---

[1] 宗旦的门人之中，山田宗偏、杉木普斋、藤村庸轩、松尾宗二这四人被称作宗旦门下四天王。——编者著

模板。

这也是千家茶的另一处魅力所在，就是被称为"千家十职"的专门为千家生产茶道用具的10个家族：茶碗师是乐吉左卫门，茶釜师是大西清右卫门，涂师是中村宗哲，指物师是驹泽利斋，金物师是中川净益，袋师是土田友湖，表具师是奥村吉兵卫，一闲张细工师是飞来一闲，竹细工、柄杓师是黑田正玄，土风炉、烧物师是永乐善五郎，就是这十职。随着时代的更迭，这些职务和职能也许已经发生了些许变化，但正是这十几代工匠职人们的传承在支撑着千家的茶道，这就是日本文化中的"俱乐部财团"文化。它之所以会一直被维持下来，并且得到继承，是由深远的历史所决定的。这也正是在日本"家大于天"的道理一直被人们所深信不疑的原因。

亲分子分[1]与侠客们

茶的话题如果想继续说下去的话，恐怕一时半会儿无法结束，下面我想说一些家元之外的话题——亲分子分，这真是应该拎出来好好讨论一下的。

但这话题要是说起来的话，估计很多人会质疑：那可是黑社会[2]呀，是反社会势力，是触犯法律的组织呀，等等。但即便是这样，如果谈及日本的"家"的话，亲分子分这种组织，不也是一种

---

[1] 以"家"制度为中心的、家庭式的父子兄弟关系，"亲分"领导、照顾"子分"，"子分"服从、效忠"亲分"。——编者注
[2] 日本黑帮会参照家庭模式来进行组织，有着自己的父亲式的人物（即"亲分"）和"子女"（即"子分"）。——编者注

家吗？想要分析日本文化特色的话，它也是不可缺少的一部分。我认为亲分子分也是对武家一族郎党的承继。

关于亲分子分，也许您马上会联想到黑社会中的亲分（大佬）、子分（小弟）、兄弟分（兄弟）等。但其实在日本的中世纪时期，就已经出现了"寄亲""寄子"[1]这样的说法。

这些都属于正规的主从关系，作为保护者和奉公者的联结而产生，例如日本的元服礼（男子成人礼），武士家庭元服时，由乌帽子亲[2]将乌帽子交给元服者，两人之间就建立了义父子关系，元服者会一直受到乌帽子亲的庇护。而之后不久就出现了商家、艺能团体中与之相似的"亲子"（师徒）关系，木匠师傅、相扑师傅、鸢职[3]师傅等也相继登场。

后来，各地（主要是在宿场町[4]）开始出现了赌场，鱼龙混杂，每天都有金钱结算的交易。赌场是骰子和钞票的运营所、赌博的阵地，这里让人很容易头脑发热。虽然赌场会专门雇用一些赌徒、保镖和掷骰子的人，但还是需要有人来把持这一切，这个人就好像前面提到的寄亲（大家长）。

借贷之事也会频繁发生，自然就会有逃债者和追债者。随着步入赌场的人不断增加，这个社会就变成了"小混混"的社会。于

---

[1] 战国时代一种虚拟同族血缘关系所构成的主从关系，或是保护与被保护的关系。——编者注

[2] 日本男子成年时行元服礼，由特定人物为其戴上乌帽子，这位特定人物被称为"乌帽子亲"。——编者注

[3] 建造日式木造房屋的工匠，对技术要求很高。由于要在栋梁之间跳来跳去，被称为鸢职。——编者注

[4] 古代由驿场发展而来的城市。——编者注

是就出现了"一宿一饭之恩"的说法——各地都会有一些掌持一"家"的老大,他们带领着小弟,照看着这些小混混,有时候还会窝藏一些犯了罪的人。在这样的基础之上,侠客的世界也就随之产生了。

因此,也就有了上州(上野国)的国定忠治和大前田英五郎,下总国的笹川繁藏和饭冈助五郎,骏河国的清水次郎长,等等。当这些大哥聚头的时候,就是众所周知的《天保水浒传》[1]了。

这之后,明治时期收拾了筑丰远贺川河道一带流氓地痞的吉田矶吉被看作"最后的侠客"。他把由赌徒、小混混组成的社会团体,彻底改为了黑道。但即便如此,亲分子分的些许规矩还是被保留了下来(比如敬酒)。所以说,如果想谈日本的"家",那么这些侠客的"家",也是不容忽视的啊。

---

[1] 模仿《水浒传》的小说,后演变为各种浪曲、讲谈等说唱的素材。——编者注

第十讲　某种根源

家的象征

图①是岩崎弥太郎老家（安艺）的土仓鬼瓦，上面刻着"三阶菱"的家纹。据说如今三菱标志的原型就是它。

图②是《名所江户百景之大传马町木棉店》，画了浮世绘的挂帘，还有着传达位置情报的作用，这些图形其实是某种记号。

图③是画上了家纹的将军旗。

日本的历史和文化，主要是武家、公家、商家的"家"在支撑着。"家纹"就是家族或氏族的象征。

家を象る

第十一讲

回归另类

现今的日本社会所缺乏的婆娑罗（BASARA）[1]

---

[1] バサラ，指日本传统审美意识，指华丽的衣着风格和豪爽大胆的行为举止。——编者注

气魄倾奇者[1]的出场

我担任校长的ISIS编辑学校,是一所互联网编辑学校,有"守""破""离"三种课程,每种课程都会出一些另类的题目,学生们各自解答,每一道题目都会由代课老师来指点迷津。"守""破""离"是茶道和剑道里最重要的心得,首先就是要守护好型,其次是破型,寻求突破,最后则是在离开了型之后仍能够达到自由自在的境界。这一系列的进阶,就是学校学习计划的着眼点。这是一所很有趣的网校。

"守"的课程中有一道这样的题目:请列举出像歌舞伎般的存在。答案真可谓是五花八门,有蔬菜店的铺面、摇滚明星的演唱会、山本宽斋的服饰衣装、旭山动物园的经营理念、闲置的庭园、暴走卡车(Dekotora)、全套的中国菜等。即使可能不了解歌舞

---

[1] 读作"kabuki mono",意为装扮奇特、行为举止异于常人、思想脱离常识的人。——编者注

伎，但只要提到"好似歌舞伎一般的存在"的话，大家马上就能想到这个，提到那个。这就是日本人。我就是想用这样的题目来激发日本人的想象力和编辑能力。

歌舞伎这个名称其实是源生于"傾く"[1]一词的，因此，最开始的kabuki（歌舞伎的发音）写作"倾奇"。单看字面意思是倾斜的，那么就没有理由认为它是正常的存在：倾斜便意味着没有找到平衡，也可以说是故意把平衡点给破坏掉了。

解释起来就是，有那么一点多样性，还有那么一点夸张，又有那么一点过火或异样，把这些特点都综合起来就是倾奇。而拥有这种风情的人物，就是题目中所提到的倾奇者。真的就像暴走卡车、摇滚乐歌手那样呢。

这个词最早出现在庆长年间（1596—1615），出云阿国与名古屋山三郎组成组合[2]，在四条河原表演了倾奇舞，从那以后，便有了这个词。那之后，穿着花哨的男人们成群结伙地走来走去，吸引着人们的眼球。他们把发髻高高绾起，腰间还佩带着朱鞘的大刀；他们衣着毛皮阵羽织，拿着长长的大烟袋，一边吞云吐雾一边迈着方步。有的人还吃霸王餐，到处找碴儿，净做些坏事。就这样，倾奇者开始声名狼藉，前田庆次、大鸟居逸平等人臭名昭著，黑束组、神祇组等徒党也相继产生了。

虽然本质上是无赖，但这些人是很重视团结和信用的。而令

---

[1] 字面意思为扭曲的、失衡的、古怪的。——编者注
[2] 阿国是出云大社圣殿的一名女祭司，她曾在舞台上"召唤"青年勇士名古屋三郎的亡灵，扮成倾奇者，演绎他的故事。阿国也被认为是歌舞伎艺术的创造者。——编者注

人意想不到的是，他们竟然还很有人气。最后，终于在旗本奴[1]、町奴[2]中间，也出现了倾奇者，像幡随院长兵卫（町奴的头领之一）、水野十郎左卫门（神祇组核心人物）等，都是被歌舞伎和时代剧、电影所偏好的有名的人物。他们是在互相争夺着"男性仁义"的一伙人。

婆娑罗的谱系

中世的时候，也出现了像是倾奇者的一批人，那时他们被叫作"婆娑罗"。他们穿着花哨，腰间别着一把大大的铁扇子，对权威嗤之以鼻，喜欢嘲讽他人。只是这次的倾奇者，并不是只会走来走去的流氓无赖，而是衣服华美、行事作风大胆的武士们。

NHK（日本广播协会）曾制作过大河剧《太平记》，剧中足利尊氏的亲信，最后成为武藏国守护大名的高师直；曾协助后醍醐天皇崛起，又在若狭、出云、上总等地出任守护，在近江国很有权势的佐佐木道誉；以及服侍尊氏的功勋家臣，后在美浓地区任守护大名的土岐赖远等人，都是有名的"婆娑罗大名"。

"婆娑罗"一词是穿着浮夸、举止过分的意思，当时也被叫作"过差"，用英语来说就是"too much"。用当下的说法就是"过火""太花哨""引人注目"等表述了。佐佐木道誉可能是最有名的婆娑罗大名，他在召开宴会的时候，会把一整棵樱花树作为座席

---

[1] 旗本子弟等青年武士。——编者注
[2] 町人出身、与旗本奴对抗的侠义之士。——编者注

的装饰物,并且他邀请的同伴也都装扮豪华,拿着大大的酒杯交杯换盏。

这样的举止被称为"风流"(发音为furyu),是喜欢过度装饰、乐此不疲的意思。在《太平记》中,出现过类似"婆娑罗,使尽风流"这样的描述。

这种风流,在全国的庙会仪式上十分常见。像豪华而巨大的山车、装饰精致的花伞,以及"青森睡魔祭"[1]这种设想大胆的作品,都可以理解为风流。用之前介绍过的概念来解释的话,风流其实就是由荒灵(人刚刚死去时的灵魂)所带来的,换成我们自己去尝试举止风流的话,就变成了"婆娑罗"和"倾奇者",接着又从中演化出了歌舞伎和日本舞蹈中的总舞(同席者都出来一起跳舞)。

如果细数一下婆娑罗的上下谱系,那就要数到后醍醐天皇的相助者楠木正成的"恶党"一族了[2],还有南朝吉野朝廷的残党,再往前就是木曾义仲和巴御前,往后看的话就是年轻时游手好闲、没有礼仪举止的织田信长,和歌舞伎十八番的市川团十郎,还有浮世绘中的主人公。

要是从昭和和平成年代来看的话,单看我个人的喜好,就有江户川乱步(推理小说家)、敕使河原苍风(插花大师)、梦野久作(幻想文学作家)、伊福部昭(作曲家)、铃木清顺(新浪潮

---

[1] 日本东北地区的传统祭典,每年8月举行,庆典十分盛大,以在青森港放烟火,驱除恶魔作为结尾。——编者注
[2] 楠木正成是日本南北朝时期的武将,1331年支持后醍醐天皇讨伐镰仓幕府;"恶党"指历史上镰仓幕府对武力反抗体制者的称呼。——编者注

导演)、唐十郎(演员)、筒井康隆(小说家)、原田芳雄(演员)、荒木经惟(摄影师)、户川纯(歌手)、忌野清志郎(摇滚歌手)、阿部薫(演员)、EP-4(乐队)、电气groove(乐队)、伊藤正幸(音乐人、作家)、筋肉少女带(乐队)、町田町藏(音乐人)、ANGIE(アンジー，乐队)、THE STAR CLUB(乐队)、白发一雄(画家、行为艺术家)、井上有一(艺术家)、山本耀司、押井守(动画导演)、椎名林檎(音乐人)……

阿波罗式的、狄俄尼索斯式[1]的日本

那么接下来说一说为什么我要在这里提出上面这个话题。我认为，要想把21世纪的日本文化激活的话，一方面需要把传统文化和传统艺能中的"婆娑罗"和"倾奇者"的力量发挥出来；另一方面则需要把近现代日本的表现力当中那些过剩的、密度过大的东西，朋克艺术以及大胆的漫画，还有动漫，把所有的这些都排列起来，这是十分重要的一件事。

如今的日本社会，整体被"合规"所束缚，到处都是摄像头和保质期，人们必须在安全安心的地方才能够工作。不光是职场，即便是在学校和家里也是一样，可以说，现在我们身处于一个只要有一点"too much"就会被判定out(出局)的社会。性骚扰、职场骚扰到处都是。说是自我约束也好，自我制约也罢，总之，许多现象和人们的种种表现都呈现出社会向着"卫生无害"发展的趋势。长

---

[1] 阿波罗(太阳神)原则讲求实事求是、理性和秩序；狄俄尼索斯(酒神)原则与狂热、过度和不稳定联系在一起。——编者注

此以往，不用说和风、和灵这些日本特色了，就连"粗暴"（第五讲中所述）这样的秉性，也都会渐渐磨损，直到无处可见了吧？

现在的日本是"监视社会"，也是"忖度社会"。稍微出现一点不"正常"的事情就会被告发、被忖度。不得已，青少年会在成人礼上暴走，他们把要说的话都编成rap，用嘻哈音乐来抒发胸臆。其实这也不是什么太过分的事情，但还是马上就会被取缔。

在远古，古希腊有阿波罗和狄俄尼索斯两位神，阿波罗是理性的、克制的神明，而狄俄尼索斯则是与盛宴、破坏、引爆有关联的感性之神。当然今天在这里没有必要再把古希腊的神话故事找出来再讲一遍，但我想说的是，今天的日本文化，应该非常需要狄俄尼索斯式精神的重现。

之所以这样说，是因为现在的日本实在是太阿波罗式了，过于讲究"卫生无害"，且唯恐让人觉得日本那光彩照人的理性不是民主主义和平等主义的产物。这可不行。我们没有了刺耳的，也没有了坚硬的东西。在大学考试中记述问题也会如此简单粗暴的今天，在赌场的开设竟也会无疾而终的当下（我本人对赌博并无兴趣），想要扭转现状，大概短期来看是难以指望的。

为何我们不能直面一次荒灵和须佐之男这些神灵呢？

大概是很久之前的事情了吧，我曾经为《寅次郎的故事》中的阿寅写过文章，我觉得他应该就是属于倾奇者流派的人物。于是写作时我开始琢磨疯癫的阿寅究竟有什么好，值得人们去铭记他的故事。那真是一段兴趣无穷无尽的经历啊。

可以说他是个混江湖的人，但他又不是地痞无赖。乍看像一个恶人，但是又通情达理。说他不学无术吧，但他还谦逊有礼，一看就是个了不起的人。但不管怎样，谁都能看得出他是个普通人。而整个剧情设定他也是一个没有归宿的、放荡不羁的无业游民形象。

也许是所谓流里流气的大哥大形象，也许是夏目漱石口中的那个值得憧憬的"余计者"[1]形象，最吸引人的一处在于他是那种会冲到最前面，在与拿别人当傻瓜的人相遇后，会凭借一句"你要是敢这么说，你就完了！"来逆袭局面的人。这究竟是怎样的一种魅力呢。

追溯这样一个阿寅的谱系也许是"too much"的吗？并非如此。首先我们就看到了北面武士，由此开始继续追溯，接着就是恶党、自由狼藉、婆娑罗、风流隐士、倾奇者，到此为止就要在平贺源内[2]这里转个弯折回来，再向着山东京传（江户时代小说家）、曾我萧白（江户时代后期画家）、曲亭马琴（江户时代小说家）、河锅晓斋、月冈芳年（浮世绘画师）、尾崎放哉（流浪俳人）、种田山头火（流浪禅僧、俳人）这边前进了。我认为谱系里面还隐藏了亲鸾的"恶人正机"（即使是恶人也会有觉悟的正机），一休禅师（一休宗纯）的《狂云集》也应该纳入其中。

一休的"过差"与"中道"

在婆娑罗和倾奇者的精神当中，有着一股反"枪打出头鸟"的气节。即便是当了出头鸟也不用怕，这就是婆娑罗和倾奇者的精髓

---

[1] 日文中多余的人之意。——编者注
[2] 1728—1779，江户时代后期的哲学家、剧作家、药物学家。平贺源内关心西欧自然科学，批判封建道学，被幕府逮捕后病死狱中。——编者注

所在。因此,我们要提一下前面已经有过些许描述的"过差"。

亲鸾的"恶人正机说"是对《叹异抄》当中"善人都可以往生净土,恶人更不在话下"这一节的总结概括。众生(民众)是在末法浊世中被烦恼缠身的凡夫俗子,如果凡夫俗子可以意识到自己的恶,那么就一定会被救赎。阿弥陀佛正是要拯救这些"恶人"的,因为即使是恶人也会有觉悟的正机,这就是"恶人正机说"最主要的思想。但亲鸾所说的"恶",不是bad(邪恶),而是too much。亲鸾是在念佛的同时,感悟到了这种出自"恶"的"too much"。

而一休宗纯少年时期就进入禅门修行了,却一直没有悟性。少年、青年时期,即便是不顿悟,也不是什么大不了的事情,他其实是对佛道不"来电",因此才有了后来他在琵琶湖投水的自杀事件,只是最终被救了上来。

这之后一休修禅开悟,他以敏锐的洞察力,找到了世间与佛法的间隙中存在的异样。但即便如此,他并没有让自己走"好孩子"路线,而是故意把自己同"恶态"放在了一起。因此,如果提问仰慕一休的法门弟子"什么是佛法?"的话,多半会得到"佛法就是头顶的月代(武士的发型),石头的胡须"这样的说法。

另外,他评价自己是"骨体露堂堂,纯一将军誉,风流好色肠",意思就是我身体结实硬朗,还有将军的美誉,而且从内到外都充满了对美色的追求。

该评价出自《狂云集》当中的一节,这本诗集中有许多诗句都是如此露骨的,像什么既喜好男色又喜好女色,即便对着佛像撒尿放屁也是无所谓的，总之尽是这样的字句。其实这就是"过差"的禅之心。后来在进入大德寺后，一休又聚集了众多的文人，茶道的村田珠光、能乐的金春禅竹、花道的池坊专好等，都是一休文化圈培育出的director（导演，指导者）。

亲鸾和一休，或许是比较极端的例子。但如果把极端给封锁了，又怎能会看见中庸之道呢？没有了极端，我们便永远都不会明白中庸到底意味着什么。

我现在很担心，现在的日本总是对试图打破当下这种僵局的人吹毛求疵，还会施以惩罚。如果继续如此，恐怕我们离真正的"中庸之道"也就渐行渐远了吧？今天的日本，可谓是失去了婆娑罗和倾奇者的风骨，真是遗憾至极。我并不是想让大家都穿着浮夸、引人注目，而是想让大家都能再次感觉到亲鸾敢做出头鸟的那种华丽而美妙的精神。

风流过差

日本的艺能和祭祀，往往是夸张而过分、带着风流气息的，这可以激发人们的好奇心。过差所带来的"婆娑罗"与"倾奇者"，是崭新的行动力，成全了之后华装亮彩、魅力十足的"歌舞伎"。

图①是市川海老藏的"连狮子"；图②是沉迷于风流舞蹈的人们；要说到现代的婆娑罗，应该就是御宅文化的象征，图③中的 cosplay 吧；图④青森睡魔祭中，华丽的灯笼和山车，正展现了前文所提到的风流。

too much

第十二讲

市与庭

"庭""钱币""支付"中所透露出的日本社会的意外性

请好好看看日本的庭院

我曾经担任过世界公园大会的议长,与从世界各地聚集而来的造园专家、公园营造专家,以及自治体的首长们在一起互换经验和建议。大会的特邀演讲者是美国的未来学家阿尔文·托夫勒(Alvin Toffler),还有下河边淳[1]。

那真是一次意味深长的报告大会。德国代表提出,公园的主人公是森林和风;加拿大代表认为公园建设应该以孩子的视角为出发点;伊斯兰国家的庭园设计则强调中庭应该是全开放、不封闭的;而对韩国人来说,广场与公园是为家庭开设的;美国人则认为公园应该是给人以自由的地方;日本展示了桂离宫等回游式的庭园,主要阐明了日本庭园的特点就是看不到全貌。

---

[1] 日本综合开发研究机构理事长、中日经济知识交流会日本方面经济专家。——编者注

从各国以及各地的公园和庭园的特色可以看出各种各样的风土人情和环境感官，同时也能看出各地社会观和公共观的不同。那么，从日本庭园中当然也可以看出一些与日本社会的基本形象息息相关的东西。

因此，本讲的题目就包含"庭"。但是要申明一点，这里我们所要讲的并不是garden（花园）、park（公园）或者是gardening（园艺学）这样的话题，而是通过"庭"字来探索日本人的经济观和市场观。

神庭　斋庭　市庭

在日本，"庭"有神庭、斋庭、市庭三个原型。无论哪个都是公家的、公共的，是人们活动的场所。

神庭指神的庭园。神灵降临人世，会在神庭传达和告知，来到神庭的人们，也会感到平静与高尚。神域、神社，以及圣山和进行修炼的山等地，这些地方都是神庭。斋庭是进行洗礼和仲裁的地方，多指斋坛和公堂，其由来是"修正身心"之地。"斋"就是"祈福、安居、斋饭"，因此需要斋戒沐浴。在斋庭里，要对一个人曾经发生的各种过往进行裁定。市庭就是指市场，market，是用来进行物品交换、经商的地方。过去那些小小的"市"遍布全国各地。

在我看来，日本社会即便到了今天，也仍然是由神庭、斋庭、市庭这三部分所构成。

首先是神庭，其实在前几讲中也多多少少从几个角度解释过了。日本的神都是客神，因此就需要有迎接神的庭园，过去在庭园里还会设置依代[1]和物实来表示迎接。斋庭是演绎"洗礼"的地方。能的舞台前都会铺设白州，也是因为在能的起源中含有"洗礼"之意。

之后，洗礼写作"清"字，说法也发生了改变，现在更倾向于赶走心中阴云的意思了，但其实根本上还是一样的含义。因为斋庭也是进行裁决、判定的场所，所以庭园中往往会莅临一位法官。人们在这里争论着什么是公正，用以伸张正义。

日本把伸张正义这件事唤作"正"。这"正"有"纠正""矫正"的意思，还可以表达"质问"的意思。"正"要求务必要判断出是对还是错，不明确的和不过问的事也都要搞清楚。因此若认为"正"与"询问"一词相近的话，也不为过，因为本来在斋庭里面的人就要自发提问的。

但在此要强调一下，身处斋庭中也不必就一定要自白、自发提问。日本有个说法是"顺其自然"，法然和亲鸾都十分重视这点。另外江户时代倡导农本主义的安藤昌益曾写过《自然真营道》，他滔滔不绝地解说了在"自然而然"这件事情里，蕴含着所有行为的"真"。昌益认为，如果你在"米"里面感受到了神的旨意，那么这就是一种浑然天成。

那么，市庭又是什么呢？市庭就是市场，因此只要是日本经济

---

[1] 神灵依附之物、神体。神灵通过某种媒介方能显灵，木、石头都会被用作依代。——编者注

社会的原本样貌，都可以从中得到与市庭有关的答案。

顺便说一下，在欧洲意味着集市、商品展览会的"messe"，这个词其实是来源于天主教的"missa"（拉丁语，弥撒）。而fair（合理的，公正的）也是来源于人们所聚集的罗马神殿的forum（公共讨论场所）。所以说不管是messe也好，fair也罢，都可以从中看出神圣场所被公共化了。西方和东方这种十分重要的场所，它们的词源看上去是十分相似的。

从市庭到市场

日本最初的市庭就是指人们聚集的场所，特别是在古代的时候，便是指男女交流的场所。万叶时代（指《万叶集》所收录的和歌撰写的时间段）最有名的是海柘榴市，现在位于奈良县樱井市的三轮山西南麓。男男女女聚集在这里开歌坛，招引各地的人们拿着谷物、蔬菜、生活用品等来进行交换，这就是曾经的物物交换。

海柘榴市坐落在三轮山，这里传说是拥有诅咒能力的神灵们相继降临的场所，过去上道郡和初濑川都是交通要道，所以古时就有民间歌谣唱出了"海柘榴市八十巷"。巷，就是指人们接踵而至的地方。

藤原京和平城京的时候，模仿唐朝都城的样子，城内的东西町角会开放市场，但它们都是官设市。平安京的时候就有了三斋市，以及二日市、四日市、十日市等每个月开3次的定期市场，每月开6次的话就叫六斋市。这些市场上所进行的多数交易其形式还是物物交换，货币还没有通用。经过频繁的三斋念佛和六斋念佛[1]之后，人们开始感受到了市贸的热络，并被"念佛"所能够带来的利益夺走了意识。简单说就是，当人们在这些市场里清醒地意识到了"利益"的时候，日本经济才真正开始自立。

货币就是"护身符"

日本的经济社会史表明，在很长一段时间内，日本的经济基准和根干，都是像我们之前在"祝祷与丰收"那一讲中所提到的那样，是米。如果米丰收了，那么税收就有保证了。无论是何种经济行为，在世界的任何一个地方，都是靠着收入和支出才成立的，而这收入和支出，在日本又都是靠着米来实现的。米，从古代的租庸调开始，到近世的石高制为止，一直都是日本经济收入和支出的重要标准。

如果这样说的话，是不是就意味着米可以代替货币了呢？还真的就是这样。更准确一点说，不是米代替了货币，而是米就是通货本身。古代日本的米、绢、布，有时候马匹、盐、金属等，都会起到货币的作用，但各种等量交换的基准，仍旧是"米"。

那是不是因为当时没有货币呢？也不是，当时是有货币存在的，而且金币、银币、铜币，一应俱全。古代的银币是7世纪的无文钱（没有纹样和文字的货币），铜币是富本钱，最早出现的金币则是天平宝字四年（760）铸造的开基胜宝。和同开珎是为了纪念

---

[1] 一种日本民间信仰、民俗艺能。因为三斋日、六斋日的关系，每月会定期举行3次、6次的定期市就是三斋市、六斋市。伴随着斋日和定期市，就会有相应的念佛活动。——编者注

在富本钱之后于秩父开采出了铜矿而铸造的。

货币的发行主体是朝廷，是国家。从和同开珎开始到平安中期，国家一共铸造了12种货币，这统称为"日本皇朝十二钱"。但是即便经过了整个古代中世，日本的朝廷、贵族，包括民众在内，还是对货币的功能和效用不大理解。倒是在通过与唐和宋的交易中，很多唐钱和宋钱流入了日本，使它们得到了更广泛的流通。

为什么会变成这样呢？因为古代中世的日本人认为货币有"护身符"般的神秘力量。

像"压胜钱"就是如此，它其实就是一种货币形状的护身符。压胜钱是在中国所流行的一种钱币，外观是货币，但并非流通币，没有经济效应，只能用来祈福护身。但是这种厌胜钱随着唐钱、宋钱一起进入到日本后，就产生了混乱。在平家时代，开始蔓延一种叫作"钱病"的迷信思想：人们如果手里有钱，或者有一些存款的话，就不会发生不吉利的事情。这在很大程度上是平清盛热衷于同宋朝的交易往来，以至于大量宋钱输入日本导致的。[1]

我认为日本人还没有意识到货币的通货性质。因此，钱到了手里，人们还会拿着去洗干净，或者拿到神社去敬奉，洗礼。即便是现在，全国各地都会有"钱洗弁天"[2]的思想，神社里面也都会有奉纳钱财用的钱箱。

我30多岁的时候，曾多次为外国人做向导，带领他们游览神社佛

---

[1] 当时由于大量宋钱输入日本，平清盛推进宋钱的流通，导致物价高涨，通货膨胀。货币贬值导致"钱病"的出现。——编者注
[2] 认为用清水洗钱就会有好运，就会财源滚滚。——编者注

阁。最让外国人震惊的事情就是，无论哪个神社都会供奉一个钱箱。

其实在世界各地都有投硬币的圣地或泉池，像特雷维喷泉，自然是要丢硬币的，确实是一番不一样的风情。但是像日本这样，所有的神社都要"投币"的，还真是不可思议。其实有不少外国人都惊诧于日本人到处设置钱箱，以此来祈求"神灵到来"这样的做法。有的外国人在地方乡土资料馆看见了佛像展示台座下的意见簿，就会问这上面写了些什么，我就告诉他："请不要在神社投币。"我说的时候声音是很小的，却还是引起了哄堂大笑。

但这种行为其实并不是真在祈求某种回报，而是"护身符"同"钱"之间长久以来的紧密联系所造成的现象。不是想要得到profit（利益、好处），而是想要purification（净化、涤罪）。用"利益"的观念，来支持纳钱、投币的行为（投入钱箱的即"赛钱"），这其实是对神佛的一种还礼。

再说详细些，其实"赛钱"本来的写法（按照发音）是"散米"，到了近世，就变成"散钱""赛钱"这种写法了。可以看出，赛钱原本是指把洗过的米和五谷杂粮用纸包起来，再供奉给神佛。因此，粮食其实才是最初的"币"（发音为"mai"，与米的发音相同）。如果本讲对币的解释诸君都能读懂的话，那么日本社会、经济、文化的根底，也就可以一举明了了，接下来，我们再来解释些更深的话题。

作为供奉之物的"币"

首先,货币和纸币这两个复合词所使用的"币"字,到底是什么?它可以读作"mai""maiwai""nusa""mitegura""hei"等等。到了后世,币的意思虽然在逐渐改变,但其基本内涵就是对神明的供奉之物。因为是供奉之用,所以大米、酒、鱼肉、衣服等这些贴上了供品标签的东西,就都可以叫作"币"了。

但是这些物品大都体积庞大,另外还会变质,被供奉的地方也会因此而感到烦恼。因此,人们就把这些都统一用布(一开始是树皮)包裹一些树枝之类的东西来进贡,久而久之,布也逐渐演变成了纸,到了最后,就只剩下用具有象征意义的币帛来供奉神灵。这就是为什么现在在所有的神社中,都会有神主(神官)在使用玉串(一种献神用的、一端缠着布条和纸条的杨桐树枝)。玉串的原型就是币帛,它原本就是供神祭品演变而来的一种集合。

这样,"币"就在社会以及人们的生活当中,起到了重要的媒介作用。而之后的"金"能在社会生活中流通起来的重要原因,就是日本人把这样的力量和作用又都转寄在"金"上面了,把金当成货币或纸币的原因,也在于此。"币"始终都是人们想要继续使用的东西。

顺便提一句,"金"这种叫法其实始于近世近代,币一开始的叫法是"钱"。钱是东亚对货币的共通的称呼,中文发音是"qian",朝鲜语发音是"tyon",越南语的发音则是"tien"。

支付与被除[1]

解释逐渐明朗起来了，货币、纸币原本都是"币"，所以日本人是一定要把金（钱）都供奉给神明的，或是把它们用于洗礼。

如果再大胆一些来解释的话，对日本人来说，"支付"其实就是"被除"。而被除，其实在某种意义上说，也是人们对神明的一种"支付"吧？被除，就是现在的支付；而支付，也就是过去的被除，我认为这样的看法是比较正确的。这种看法最初的持有者是民俗学家小松和彦，他在《经济的诞生》（《経済の誕生》，与栗本慎一郎合著，工作舍，1982）这本书中做了详细的介绍。支付就是被除，这种说法真是对日本人经济直觉的一种绝妙解释啊。

小松另外还写过《神明的精神史》（《神々の精神史》，讲谈社学术文库，1997），此书对日本中世"富"的交换系统进行了研究，发现了一个很有意思的模型，即"信贵山缘起模型"。

《信贵山缘起绘卷》是日本美术史上十分有名的作品。信贵山寺是奈良县生驹地方的一座寺庙，画作主要讲述了这里的中兴之祖，名叫命莲的僧人的奇瑞事迹。这画卷与《鸟兽人物戏画》一同被认为是日本漫画文化的起源。《飞仓之卷》为第一卷的局部，其画风和叙事手法都十分不可思议。

《飞仓之卷》记录了一个颇具传奇色彩的故事：里长在米仓里囤积了很多大米，这时从信贵山方向飞来了一只钵，钵对他说道：

---

[1] お祓い（祓除），除了付款、支付的意思外，有除灾去邪、祓除不祥之意。——编者注

"请施舍一点吧！"里长忙得不可开交就没有理会它，并把钵放在了粮仓的角落里。不承想钵大怒，便把米仓移到了信贵山上。里长慌乱了起来，一路追赶喊道："还回来！"之后里长便答应命莲，会拿出适量的大米施舍给他，但是他得把米仓再移回原处。

《信贵山缘起绘卷·飞仓之卷》
高僧命莲使用法力将粮食归还给里长，
一袋袋米于是腾空而起，飞回原处

这一段奇妙的神话到底在暗示什么呢？我们得看第二卷《延喜加持卷》。都城的天皇（醍醐天皇）生病了，长卧不起，于是他向有法力的命莲求助。天皇派遣的使者来到信贵山之后，命莲对他说，我没有必要特地往宫里跑一趟，我只要在这里祈祷，之后便会有护法童子出现在天皇的梦中，请您回去等着吧。使者便返回都城，回话给天皇，结果天皇的梦中真就出现了童子，病也痊愈了。

小松是这样解释的：这是一个"都、里、山"的三角关系模型，彼此相互关联。都城把经济委托给里长，又把从乡村得到的利益和收益反馈给城市；里长把乡村一部分的富余资产赠予山里，同样也可得到福报；山中的命莲使用祈祷的力量把都城的天皇医治好，给予了他"健康这个大大的财富"。通过这个三角关系，都城认可了乡村的财富，乡村用积储的财富来守护山里的寺庙，而山中的神力，再帮助都城保持安定和谐。这应该就是当时的日本社会对于"富"的运作和维持方法。

在今天的经济社会当中，"都"（政府）和"里"（社会）的关系一目了然，但"山"的作用却消失殆尽了。我在读完了小松的这番解释之后，总觉得在现在的日本社会，是不是也应该在什么地方再把"山"的角色建立起来才好呢？"支付"和"被除"始终是相辅相成的，这样才好掌握平衡吧？

通过以上的总结，相信大家可以理解了：古代中世的市庭（市场）是具有"神奇魔法"的，它会让人们的心无比狂热。到藤原时代之后，就出现了"彩虹出现，闹市自来"这样的说法。即便是当代，人气商场和热门的商品展览会等，都是拥挤不堪的，而在我看来，这其实就是当下意义上"神奇魔法"喷发的结果。

如今，我们进入了电子货币时代，包括比特币等虚拟的通货，以及在特定的领域和范围内流通的地域通货等，都在以各种各样的形式进行着新的尝试。但在网络社会中，国家所准备的钱与这些货币是不一样的，是可以流通的。但看到这种发展趋势，我不由得联想到，日后在21世纪社会的某个阶段，是不是会发生一种回归到古代或中世的意外——电子货币也许会有"魔性"的一面显现出来吧？电子货币终究不是实体货币，它是会逐渐变成信息货币的。

货币经济的到来

那么，在这里我们回到刚才的话题，重新审视一下"市"的历史和日本市场经济的历史吧。

前面曾经提到过，即便发行了皇朝十二钱（250年间一共有12种钱币被发行），古代中世的日本人其实对于"金"的均等流通力，以及高速的交换力并不是十分"来电"。但到了最后，日本还是启动了经济社会，也就是从南北朝到室町时代的这段时间，在中国则是从元到明的朝代更替之际。这种变化，在当时的亚洲社会，再次造成了重大的影响。

镰仓时代的日本，由于蒙古袭来的原因，与元朝的关系恶化了，室町幕府则恢复了与明朝的外交关系。使与中国的外交关系得以恢复的领军人物就是博多商人肥富和僧人祖阿。他们作为幕府的使者与明王朝进行交涉，使得遣明船上的交易频繁运作起来，收入相当可观。这样一来，幕府的财政状况也得以迅速改善，朝廷和寺社的经济能力自然就能转圜了。彼时政治权力从公家转移到武家已经是尽人皆知的事情了，而对经济的掌控权实际上也由公家转移到了武家的手里。武家经济得以确立。

当时中国所发行的永乐通宝和洪武通宝等铜币，对日本也产生了巨大的影响，不亚于战后的日本所受美元影响的力度。首先，商人之间开始选择硬币来进行支付,并使之流通,最终便波及到了武家的商业订单。逐渐地,日本的通货意识开始发展起来了。有时候,年贡竟然也会用铜币来进献,叫作"代钱纳"。

这样一来,从中国引进的外来钱就开始不够使用了,日本国内也开始发行铜币,货币经济的时代由此到来。"山下吹"和"南蛮吹"等铸币精炼法,也对这一切起到了助力的作用。

也正因如此,过去的皇朝十二钱和宋钱就渐渐不再使用了。有一句话现在仍旧通用:"不好的钱,一分也花不出去。"这"不好的钱",是指摩擦过度、已几乎没有纹路的钱币,其实也就是那些无法使用的、作废的钱。

金之东国,银之上方

货币经济形成之后,带来了很多变化。运送业、仓储业、金融业都繁荣发展,市庭(市场)渐渐被这些行业左右。运送业的问丸[1]、金融业的借上[2]、仓储业的土仓[3]都十分活跃,产品和商品的流通形成了良性循环,流通的时间差也得到了有力的把控。

这是一个巨大的变化,在此时崭露头角的还有"借贷""利息""期票"。工商业者开始有了自己的资金支持,成为市场经济

---

[1] 镰仓、室町时代为船商提供旅宿,并进行物资管理与中转贸易业者。——编者注
[2] 从镰仓至室町初期,提供贷款、开放高利贷的金融业者。——编者注
[3] 保存抵押品的仓库(仓外涂土,可以防火)。室町中期,逐渐取代借上,成为高利贷业不可缺少的组成部分。——编者注

的新赢家。物物交换消失了，仰仗着工商业者们资金运作能力的"替钱""替米"[1]开始兴起，直到"两替商"（货币兑换者，会收取一定手续费）出现，货币终于也作为商品被交换了（例如金、银、铜币之间的兑换）。

渐渐地，"市"由特定的场所或市场，变成了广义的、带有交换性质的市场。在市场上进行交易、交换的，主要就是"物"和"钱"，市场化程度大幅度提升，商品货物的流通规模也逐渐开始扩张。

但与此同时，债权和债务也产生了。贫富差距自然也就显现了，因此，幕府颁布了《德政令》[2]作为对策。另外，用于货币融通的凭证也随之出现，表示货币借贷的"折纸钱"等纸条开始拥有金融能力，发挥了类似期票的替代作用。作为传教士而长期滞留在日本的路易斯·弗洛伊斯（Luis Frois，16世纪访日的葡萄牙耶稣会传教士）说，像日本这种"货币的赠予"的习惯，在欧洲是不存在的。不管怎么说，日本经济社会的特征终于浮出水面了。

弗洛伊斯对于"选钱"[3]也进行了描述。其实不管是什么种类的通货，都是应该具备相同意义的，但是日本人对于应该囤积和消费何种硬币却别有一番心思，为此，以良币为中心进行的经济活动被认为是会获得成功的。在欧洲有这样一句谚语："劣币驱逐良

---

[1] 远距离的交易和借贷不用现金而用票据结算的方法，即汇兑，也称"为替"；镰仓中期后，才有了替钱、替米的说法。——编者注
[2] 镰仓幕府为了救济御家人而颁布的法令。核心为"借金帐消し"，也就是御家人向商店、商人的借债一律作废。——编者注
[3] 即撰钱，是指在日本中世纪后期，人们在支付结算时，回避、排斥恶劣的钱币（恶钱）。——编者注

币。"与之相反，日本则强调人世间是应该主张洗净恶币的。

选钱的习惯，在德川时代以另一种姿态稳定了下来，那就是"三货制"的普及。金币、银币、铜币，三种货币都得以确认，金币分为小判和一分判等判金，计算时称两、分、朱（四朱为一分，四分为一两，实行四进法）；银币分丁银和豆板银，计算时称贯、匁[1]、分；铜币是有孔钱，一枚就是一文。

需要特别注意的是，此时"金的经济圈"和"银的经济圈"是分开发展的。就像"江户的金遣"（"金遣"是江户时代的经济用语，指使用金来决定物价）的说法，东国就是按照金价所形成的经济中心；而西国是"上方的银遣"（指使用银来决定物价），也就是以银价为中心。金价做的是大宗买卖，而银价则主要是小宗，两种经济的发展方向也就分道扬镳了。这就是近世日本经济的二元性，小小的日本，"金和银"竟然分别持有各自的价值，独自进行发展，这不得好好写一写？其中，萨摩藩是把金遣作为主流经济系统的，这便为之后其在幕府维新当中的崛起埋下了伏笔。

藩札[2]的发行也需要关注一下。"藩"，直到明治时代正式成为公有的制度，这个名称才开始被广为使用。藩札最初称作"札""钞""判书"。当时为了填补各藩的经济空缺，于是244个藩使用了1694种藩札。我认为，作为区域货币的藩札，还需要进一步研究。

这些多样的货币经济，助长了与东亚、荷兰、英国东印度公司

---

[1] 日本汉字，日本古代重量单位。——编者注
[2] 江户时代，各藩发行的主要在领地内流通的纸币，可与幕府货币交换。——编者注

等从事交易的商人,以及在日本国内垄断运输业的船老大,还有把持着各种货币流通的两替商的气焰,并增强了他们的实力。其中从事汇兑的两替商们被称为"移动的ATM",经济活动和行为十分频繁,这也让他们成为现代银行的先驱。

战国武将的经济改革

日本古老的传统经济,在战国武士们的地域支配能力兴起的同时,被破坏掉了。取而代之的是领国经济的发展,检地、新田开发、木棉栽培、金矿银矿开发、城下町[1]的建设等,都得到了推进。

领国经济也就是大名经济。北方是最上(山形)、伊达(仙台)、上杉(越后、信州)、芦名(会津)、宇都宫(栃木),关东是佐竹(茨城)、结城(千叶)、北条(相模、骏河)、武田(甲州),北陆和中部是今川(爱知)、斋藤和织田(美浓)、田山(能登)、朝仓(越前),关西是浅井和六角(近江)、三好(大阪、德岛),都是激战区。山阴、山阳、四国是尼子(鸟取、岛根)、毛利(广岛、山口)、河野(爱媛)、长宗我部(土佐),九州是龙造寺(长崎、佐贺)、大友(大分)、相良(熊本)、岛津(萨摩),战国大名们都在各自发展着。而这些被建设的地方,就形成现代日本的原型了。

---

[1] 城下町是日本的一种城市建设形式,以领主居住的城堡为核心建立的城市。只有领主居住的城堡才有城墙保护,而平民居住的街道则无。——编者注

当时已经存在的支配体制，就这样从下至上被抵制、抗拒着，甚至被家臣团的武力，以及像北条早云（首位战国大名，北条氏之祖）这样具备战斗力和财力的大名给改变了。就这样，地方也终于由武家所管辖和支配了。

在经济史上，越前的柴田胜家、近江的六角义贤、骏河的今川义元、美浓和安土的织田信长，这些封建领主提倡"乐市乐座"[1]，带来了一种全新的市场与职能的关系。

乐市乐座，是指开放独占特定权益业者的权利（取消垄断），规制缓和，但若是没有领国大名的支配能力，以及像信长这样掌握生杀大权的人来主导的话，是绝对不可能实现的。不过最近的研究表明，乐市乐座并不十分受各地从业者的恭维和支持，这或许也是当代日本的传统产业力薄弱的原因之一吧。

对领国经济的市场来说，是什么起了决定性的作用呢？第一，信长火攻延历寺，以及在同显如的一向宗势力的石山合战中[2]，对宗教集团的财力进行了巨大打击；第二，秀吉的"刀狩令"以及"太阁检地"等一系列政策的推行，完成了兵农分离；第三，铁炮、火药等新式武器的到来，凭武力而竞争的原理更是得到了进一步贯彻。这其中，兵农分离是非常关键的一步。

因为这些政策的推行和事件的发生，武士们终于脱离农村而聚

---

[1] 战国时代开始，由封建领主实施的促进商业发展的政策。"乐"即自由之意。——编者注

[2] 一向宗属于日本佛教中的净土真宗，其教徒聚集在摄津国的石山本愿寺，逐渐发展为能与封建领主对抗的庞大宗教势力。1570年开始，本愿寺第十一世法主显如带领一向宗教徒与织田信长开展了长达10年的石山合战，最终落败。——编者注

集到了城下町，支撑和维持武家社会的职人、手艺人、商人也移居到了城下町，战国领主们在各自领地内的权限越来越大，这一切就形成了之后幕藩体制的基础。而家康和家光又凭借着"参勤交代制"[1]，对各地的财政进行着严格把控，最终形成了中央集权。

如今的日本经济也是一样，因为政教分离和宗教法的实施，宗教的力量受到限制，警察和自卫队掌握了整个国家的武力，保证自由资本主义市场阔步前行。如果没有了进出口限制、农业政策支持、防止海外威胁的日美安保体制的话，日本经济会变成什么样就不得而知了。

日本的株仲间[2]

用一句话来评价德川社会，那就是"财富的集中与分配"得到完美呈现的社会。为了能够顺利地掌控日本社会，德川幕府实行了"锁国"政策（准确地说应该是"海禁"），并且凭借公家诸法度和武家诸法度来限制公家、武家的自由度，用寺请制度来管理宗教以及户籍。大名也因为参勤交代制和普请制，担负了大量的钱财耗费，所以也不能再肆意妄为了。幕府在这样严密的束缚之

---

[1] 各藩的大名需要前往江户替幕府将军执行政务一段时间，然后返回自己领土。——编者注
[2] 封建时代晚期的工商业垄断组织。"仲间"即同业公会、行会。"株"指发给入会者以证明会员权利的执照。株仲间设有专人进行管理，以加强独占地位，垄断行业产品的生产和经营，追求专利，并严格限制会员人数。——编者注

下，给了全国的"市""问屋"[1]"仲间"以适当的自由度，这一举措起到了一定的活性化作用。

首先得到发展的就是问屋。另外，问屋把"家"和"生产"紧密联系在了一起，运作出了问屋制家庭产业。当财富积蓄到一定的程度、各种业务的订货量增加之后，问屋介入其中，开始承接订货发货的业务，购买商品并进行分配。

随着这一切的发展，米相场[2]和株仲间也开始了行动。吉宗时代鼓励购买国产商品，各地都有各种各样的"名物"（特色商品）。即便是到了现在，东京的海苔和佃煮、埼玉的草加仙贝、水户的纳豆、名古屋的米粉糕、伊势的赤大福、广岛的红叶馒头等等，这些土特产都十分有名，仍然是人气十足。但从根本上讲，这些都是问屋家内制的产物。

我特别希望株仲间能作为一种日式特有的系统而受到更多的关注。问屋为了保证营业权而相互持股，写有营业权的股份可以转让，也可以质押。它产生于享保改革[3]，极大地稳定了市场，控制了物价。因此，田沼意次使之加快发展了起来，另外添加了冥加金和运上金[4]，在我看来这真是十分独特的运行系统。

但是，这一切在水野忠邦的天保改革中，被认为是对"利益和

---

[1] 商品流通的鳌头，拥有固定卖场和贮藏场所，类似于批发商，也兼从事金融信贷。问屋、仲间的系列化经济秩序被称为"株仲间体制"。——编者注
[2] 日本最初的期货交易场所。——编者注
[3] 1716年至1745年间，末德川吉宗为了解决财政危机、加强幕府统治推行的改革，它极大地促进了江户时期日本社会的发展。——编者注
[4] 田沼意次在改革期间征收的两种杂税。改革给予特定商人优惠独占的特权，但会征收"运上金""冥加金"等作为幕府税收。——编者注

权力的诱导",就全部被摧毁了。这是多么愚蠢的想法。水野忠邦派觉得经济就应该放纵自由地发展,因此实施了规制缓和,但就像小泉、竹中的改革结果一样,日本彻底完蛋了。

之后日本的"市庭"在维新的近代化进程下,完成了向西洋型"富国强兵、重商政策、殖产兴业"诉求的大变革。货币制度也从金本位制转变为按照国际汇率兑换的"日元",曾经看起来像米袋形的小判金币,也不见了踪迹。为了建立起一个近代化国家,也许这些都是不得不做的事情吧?这样一来,遵循来自世界的国际标准就变成了日本经济发展的充分条件。

第十三讲

修边幅

"粹"与"鲻背"[1]中的准则与流行文化

---

[1] 与"粹"相似,更多几分风度和朝气,指像弓起背的鲻鱼一般精神抖擞的样子。——编者注

究竟什么是"文化"?

写到这里为止,不论是"日本文化"还是"日本的文化",我们在不同章节的各种场合都探讨、使用过了。接下来我还想就这其中"文化"二字的概念,再进行一下简单说明。

文化(culture),是一种在特定时代下的民族和地域内的生活样式及其产物。文化人类学基本上也是如此定义文化的。在文化人类学的初期,爱德华·伯内特·泰勒曾有过这样的定义:"文化"是一个复合的整体,包括知识、信仰、艺术、道德、法律、风俗以及人类在社会里获得的一切能力和习惯。

听上去似乎有些生硬,但其实意味深长。后来克洛德·列维-斯特劳斯又为这个定义加上了"语言力";社会学者哈贝马斯贡献了"知识储存"和"交往理性";福柯(法国哲学家、社会思想家)则补充了"知识考古学"这样一种属性。

把研究文化本身作为研究目的的"文化研究"（Cultural Studies）学术领域也开始浮出水面了。不管是高雅文化还是次文化，都是指某种特定社会现象，流行中的文化导出——这是由来自伯明翰大学的斯图亚特·霍尔[1]和迪克·赫比奇[2]所提倡的观点，在20世纪70年代以后被确立。例如可口可乐、迪士尼乐园、麦当娜旋风、优衣库现象等，都是需要被研究的对象。

文化的内涵也并不仅仅局限于社会现象。再往前论述，以动物行为为起点，都纳入文化的范畴这种看法也是存在的。

动物行为学之父劳伦兹和生态学家今西锦司就是持这个观点的代表人物。因为动物也具有组织调整、工具使用、单独交流等各种行为，会选择适合自己的生存条件。这种把人类文化与动物进行对比、类推的陈述，我十分理解且能够接受。

当下关于文化定义的革新来自理查德·道金斯。作为曾经生物学界崭新一代的遗传基因学者，在《自私的基因》中，他对文化做出了新的定义。他认为在生物种的世代相传中，遗传基因开始了复制和组合，因此我们今天的文化极有可能也是模仿复制而来。这种使文化得到遗传的因子被称为"meme"（模因）。因为读法与基因（gene）相近，后来就被翻译成"文化遗传基因"传入了日本，但我则更属意把它翻译为"意传基因"。苏珊·布莱克摩尔[3]曾说过，如果人类是一台模因机器，那么人类文化也可以用模因来表达。

无论何种文化都是"活生生"的。正因为其是鲜活的，所以森

---

[1] Stuart Hall，英国社会学家，当代文化研究之父。——编者注
[2] Dick Hebdige，媒体理论家和社会学家。——编者注
[3] Susan Blackmore，英国学者，《谜米机器》作者。——编者注

林、动物、人类、城市……都是文化研究的对象。集团和组织也是如此，实际上，"环境文化""企业文化""性别文化"等各种各样的说法早已经产生了。那它们又是如何产生，如何生存的呢？回答它能帮助我们抓住文化精髓最关键的地方。

日本文化也一样，日本文化也是活生生的文化，和其他文化一样，都是可以去论证的。那么所谓日本文化是指什么？是能、歌舞伎等传统文化，是富士山、艺伎、浮世绘，是日本人的典型行动特点，等等，实在是太多太多了。而"耻文化"、"撒娇文化"（甘えの文化）、"纵向社会"、"親方日の丸"[1]等也是日本文化的一部分，这样的说法也确实是存在的。相较之下，原来那些传统艺能和传统工艺的文化意义，反而显得势单力薄了。日本人讲究的是不重复的、更具有深意的角度和视点。

看来我们还是需要来稍微整理一下上面这些见解。要是这么没头没脑地来讨论日本文化的话，恐怕其层次区分、引导方法、概念使用等，都会变得一塌糊涂。

通向日本文化的三条甬道

即便是把日本文化简单地分成三条甬道来看，它们也是大不相同的。按大范围上划分，A：绳纹文化、佛教文化、武家文化、元禄文化、昭和文化等；按特定话题的划分，B：草履文化、俳谐文

---

[1] 讽刺那些自以为工作单位有国家做后盾，不必担心倒闭而缺乏责任心的政府官员和公务员。——编者注

化、漱石文化、豆腐文化、团地文化、宅男文化等；按观念、概念划分，C：旬菜文化、晴文化（ハレの文化）[1]、数寄文化、余白文化、粋文化等。

这样划分之后，从各维度探讨日本文化概念和范围其精确度的不同也就比较清晰了。笼统地说，A是时间的、历史性的甬道；B是流派分类，也就是按照各世代意识把握而分出的甬道；C则是从关键词中所摘出的概念式的甬道。其实还有地域性的、产品的、技能的、礼仪的等各种分类方式，如让文化领军人来看的话，恐怕还会分出方言的不同、与海外文化的比较等等，那就会出现更多条甬道了。

那么也许您会认为，还是可以更细致地划分吧？很可惜，不行。太过细致地划分，恐怕最后就得写出一部日本文化的大百科全书了，那么那些普遍的特征和共通的特点、特色，就不容易被发现了。如果一定要写成一部大百科的话，那还是另请高明吧，可以构筑一个让人工智能得以发挥作用的"Japan AI"，让它去记录、追踪吧。

那么我本人又持怎样的看法呢？其实当初我只是准备在A、B、C三条甬道当中任选其一，去走一走看一看的，但礼仪啊，方言啊，历史的流行和变迁啊，我也不想错过，所以每次行走在一条甬道上的时候，我又会想起各种各样的其他甬道，好奇那又会是怎样的一番景色呢？这就好像是在基础的作业准备阶段一样，不知从什么时候开始，我形成了自己的编辑文化论，会从自己的角度去给文化添加"作料"，风味就日渐丰富，有了层次。

---

[1] 像平常一样的日常生活被称为"ケ"日，举行祭典、仪式和例行活动的日子被称为"ハレ"（晴）日，表达了日本一种区分日常和非日常的独特世界观。——编者注

最后经过总结，我对日本文化的思考还是形成了以下三个角度：（一）把日本作为一种方法来捕捉；（二）把日本文化看作类推、类比的编辑；（三）按照新的概念和关键词来进行思考。

（一）不是日本的历史文化当中曾出现过的许多许多方法，而是那个原本的、做出了日本样貌的方法，也是基于日本是"方法日本"[1]的这种历史观点。一万年以上的时间里都没有属于自己的文字，长期受制于中国的全球化影响，独自的武家政权得以确立，锁国的时长前所未有，近代开始选择欧美主义而后走上了法西斯之路，战败后的复活，生存在"日美安保"的保护伞之下，等等，无论从哪种意义上看，这些都是使"方法日本"得以维持下来的因素。

这种思考在我以往的书中都是有过论述的，像在《日本的方法》（《日本という方法》，日本放送出版协会，2006）和《连塾·方法日本（全三册）》（《連塾·方法日本》（全三册），春秋社）中，都有过描写。

（二）是编辑工学[2]的推理式方法。通过明显能显示出日本文化特色的事物，例如艺术、艺能，从其成立到议定、从道具的准备到现场表演的完成和应用等，其实都是一个编辑加工的过程。和歌、俳句、能乐、文人画、茶、文乐、各地的祭祀、落语、漫才、手冢漫画、歌谣曲、剧画、电视游戏、日语说唱等，这些全都是包括在内的。

---

[1] 近年日本的文化研究，以"方法"探究为主旨的研究十分常见，"作为方法的……"表达成为日本学者热衷使用的句式之一，"方法"两字也因此成为理解日本学者学术取向的一个关键词。——编者注
[2] 作者本人的一种文化研究理论，即一种信息构造的组成方式。——编者注

那么具体的操作是怎样的呢？其中一部分，在《知识的编辑工学》（《知の編集工学》，朝日文库，2001）、《花鸟风月的科学》（《花鳥風月の科学》，中公文库，2004）、《日本数寄》（《日本数寄》，筑摩学艺文库，2007）、《法然的编辑力》（《法然の編集力》，日本放送出版协会，2011）、《拟》（《擬》，春秋社，2017）、《如果让我来说说信息》（《わたしが情報について語るなら》，白杨社，2011）、《17岁眼中的世界和日本》（《17歳のための世界と日本の見方》，春秋社，2006），我的其他书中都有提到。

（三）是日本独特的用语逻辑所构成的日本文化深层面。在此之上，还有在当下的日本社会中，仍在试图浮现出来的一些新方法和新路径。像"面影"、"移"、"间"、"季语集"（季寄せ）、"缘"、"晴天与日常"、"倾奇"、"景色"等，它们都是非常重要的体现日本独特用语逻辑的专门用语。除此以外，还有很多关键词语在日本文化当中没能得到更多的重视，我觉得真是应该好好地、更多地去使用它们，并找到切入点，主动对人们进行培养和教育。

例如"结"（ムスビ）、"客神"、"祷·稔"（イノリ·ミノリ）、"间拍子"、"缘"（ゆかり）、"形·振"（なり·ふり）[1]、"样"（さま）、"洒落"（しゃれ）、"比拟"（なぞらえ）、埒（らち）、"一点点"（ちょっと）、"勿体"（もったい）、"别"、"肖る"（あやかる）[2]、"始末"等，这些词

---

[1] 衣着和举止，服装和态度。——编者注
[2] 形容受到了正面的影响，比如"我感谢他为我带来的幸运"。——编者注

语都是很好的,这方面也从没有人做过整理归纳,我在本书中试着去做了一些尝试。

因此,以下我会就第三个方法,把之前在本书中还没有提到过的日本文化的特色,做些许补充。

做好准备,摆脱界限

日本社会,如果完全按照"欧美即合理"的主义来对待的话是行不通的。毕竟服从与屈从也是有限度的,而且要把决策过程全部公开也不大可能。那究竟要怎么做呢?

其一,就是要有一个更关注非合理性的过程。那什么又是非合理性的呢?说白了就是"根まわし"[1](做好准备),它经常被理解为串通投标、密室政治等,基本是没有什么好词来形容它的。但在我看来,它也未必就那么不堪。

在日本,有"仕事"(しごと)这样一种说法,就是从事某件"事",有工作的意思。这其中的"ごと",既有"事"之意,也有"言"之意。像管辖之神(kotosironusi),既可以写作"事代主神",也可以写作"言代主神"。也就是某人在某地、某时说了什么,这些都作为仕事的一部分被嫁接、保留了下来。当然这并不

---

[1] 即"根回し",原指疏通,表示移植树木之前所做的一系列准备工作。后指在推进某事时,事先征得相关人员的同意(事前碰头会或事前的交涉等安排)。是一种通过与相关人员交谈,收集支持或其他反馈意见,为某些提议的更改或项目的实施私下里奠定基础的非正式过程。——编者注

是说我们在委员会或其他会议上就不需要明确什么，只是日本人关于"公"的表述，在日语中压根就不存在，往往到最后都还要借助英语来进行表达。确实也可以彻底去解决这个问题，但这好像对我们来说也不是很合适。

如果当真要解决，那就一定要把关于"根まわし"的"事"和"言"给明确了。但是，这其中明示较少，总的来说还是暗示占大多数，所以因为忖度而武断而造成错误的概率也很高。安倍政权不就是如此吗？

其二，是要摆脱界限。"埒"最原始的意义是指马场的栅栏或隔断。而打开、突破这些障碍，就等同于放马出马场一样，具有决定性的意义。

在日本人日常的对话中，像"这可真没办法解决了"这样的反论说法是很常见的。我提到这些并不是想表达我们在行事过程中应预留一个紧急出口的意思，那只是逃避。因为在不知不觉中，已经形成了一道道无形的栅栏，事态紧急的时候，就需要有人打开新的门，找寻新的生机，因为此时已经不是通通风就能解决问题的了。嗯，就是这个意思。

所以，打开栅栏、突破界限，需要平时就做好其他的框架准备，也有必要连接好旧的隔断与新的隔断。换句话说，也就是要准备双重的栅栏，事态不好了，就前往新的栅栏，转移到那边的领地中去。这就是我所关注的摆脱界限。

实际上，文化便需要把界限打开，或者也可以说是改变界限，产生新的构成和组合，然后再发动它。简单说就是，文化就是将事前的准备、界限阻碍，转移到其他地方之后所形成的东西。

这恐怕是一种崭新的看法。一般来讲，通风不好了，所以才会有做好准备、摆脱界限这些后续的行为，但优秀的文化是会主动冲击这些障碍的。摆脱了界限的成果，就是文化。我们平常工作时，也应该好好领悟日本文化中"根"和"垮"的意义啊。

仅仅知道这些是远远不够的。接下来，我们再聊聊"样"和"形·振"。

作为文化样式的"样"

不管是哪一段历史，不管是什么样的社会现象，如果它已经作为文化被人们所感知，形成了某种印象，那就一定会有"样式"发酵出来。样式，您暂且就在脑海中把它认作mode吧。

各种各样的文化样式都是有所指的。哥特式、巴洛克式、浪漫主义等，都通过建筑、美术、音乐传达出了属于自己的态度。绳纹陶器、克什米尔的织品，还有法国料理的素材、呈现、味道等，也在诉说着它们的故事。甚至包、自行车、平底锅、折叠伞等这些工具，以及报纸、杂志、电视节目、网站等媒体和内容，我们都可以感受到文化样式的萌发和mode的成熟。例如裙子，就曾是表达一个时代和社会的mode和文化样式。

为什么人们会感知到文化现象中这种样式性的存在呢？是设计好的吗？还是因为它代表着人气旺盛或者说是流行趋势？我理解为，这是脱胎于地域文化、商品文化、时代文化的，具有特征性的

"样"。"样",与其说是样式,不如说是样子、相貌。样子、相貌都是编辑者、策划人、设计者们的杰作,他们生产,然后强调,最后再把作品完美化、多样化,而当人们终于意识到的时候,俨然已经成为无法忽视的文化现象了。

在日本,样式的发酵,最终酿成的就是"样"。"样"表现在人们的言行举止和衣装打扮上,就好像时尚界领军人物所展现出的那种姿态。另外,"样"也是在经历了时代的变迁后,逐渐形成的。例如20世纪90年代的前半段,札幌出现了当地的特色舞蹈,与之类似的还有80年代原宿的竹笋族[1],以及之前的盂兰盆舞;再往前的风流舞和以倾奇者、婆娑罗为背景而横空出世的艺能,都是"样"的表现。我们可以感受到,一种"修边幅的文化"缓缓从历史中渗透出来。

日本文化凭借着"样"的力量,引起过许许多多的共鸣。"杉文化""利根川文化""里山文化"等,都是由自然观、景观孕育出的"样";障子文化、包丁文化(厨具刀)、校庭文化中的"样",也是日本社会所不可缺少的信息;水手服、泡泡袜、假睫毛等,这些少女的连带意识和矜持的、具备流行感官的"样",也是有利的雄辩。

这些"样",都被编辑进了独特的style和mode,都是了不起的Japanese Style和Japan Mode。这些东西所展现的都不是所谓的日本趣味或日本主义,而是同罗马式和阿拉伯风格一样,是纯粹的日本样式。

---

[1] 由厌烦学习、追求个性解放的青年学生组成的群体。他们会在周日下午穿着奇异服装载歌载舞。——编者注

关于日本mode的表达

日本有很多关于style和mode的表达。总结来看，具有代表性的有"风、样、流、式、派"。

和风、洋风、中华风、南法风等，这是"××风"的表达；和样、唐样、天竺样等，这是"××样"的表达；小笠原流、花柳流、藤间流、我流等，这是"××流"的表达；和式、洋式、中山式、公文式等，这是"××式"的表达；琳派、尊王派、水户学派、维新派等，这是"××派"的表达。总之是各种各样的。

所有和流派、mode相关的表达，都有属于自己的"风、样、流、式、派"。论述日本文化，从此处入手还是比较容易理解的。

在这些表达中，使用范围最广泛的就要数"风"了。"风"是可以有许多组合的，比如风土、风景、风光、风味、风采、风流、风情、风合等。大体上，当人们说"那个是××风的啊"，意思就是"那个是××的状态"。我曾在《花鸟风月的科学》中表述过这样一种看法：日本人，基本上对于外来的情报动向，最初所感受到的氛围，都是用"风"来进行修饰的。这就好似是一种清风拂过的感觉。空海对这一感觉的形容就是"风气"。

与之相对的，"××流""××式"与"××派"中的"流""式""派"，则指的是流派、流仪，或者是方式、方案；党派性也涉用较多，用来表示与style有关的方法、系统、倾向、学派、道德等。

而与文化的样式最接近的说法就是"××样"中的"样"了。

有"you"（よう）的读音，也有"sama"（さま）读音。比如和样、唐样、天竺样，基本上就是延续了"you"的发音，是表示"像……那样"的用法。这些多是在探讨建筑、绘画、书法的style和mode时所用的说法。特别是当某种新的style登场的时候，人们多会使用"新样"来表达。比如当如拙和明兆二人的画风出现的时候，就曾被以"新样"来看待。

但"风、样、流、式、派"多多少少是有汉语气息的，如果想用更Japanesque的语境来表达的话，那应该就是"なり"和"ふり"，或是"ナリフリ"[1]，这才是比较确切的。

日本文化的形与振

形，即服饰装束、穿着打扮之意。也是"生业"（なりわい）[2]一词的主体构成。词源是"成る"[3]，也就构成了"成り行き"（なりゆき）[4]；振，在"振り付け"[5]"久しぶ（振）り"[6]"振り返る"[7]中都有展现，所以虽然它表达了行为举止、手势动作的意思，但其实它还有更为深层的意味。

---

[1] 表示衣着和举止、服装和态度意思的片假名。なりふり是平假名。——编者注
[2] 生计、职业。——编者注
[3] 完成、实现成就。——编者注
[4] 顺其自然、顺势而为。——编者注
[5] 舞蹈编导，编舞。创作舞蹈动作，并教给表演者。——编者注
[6] 好久不见。——编者注
[7] 回头看、回望、回首。——编者注

把这两部分合在一起的话，就构成了"形振"，因此内涵也就加倍了。它既可以表达日本文化的style，也保留了mode的含义。

日本人在很久很久以前就开始打磨"形振"了，而"样"的出现，也正是源于对这个词的重视。无论是上流社会，还是庶民阶层，大家都在默默遵守着某些礼仪。整理衣冠束带，穿好十二单衣（宫廷女子的礼服），祝典的日子里要身披纹付羽织袴，书法、写信、用餐、插花、侍弄庄稼，去邻居家拜访问候等，都要注重"形振"。对形与振的要求，在谁的身上都是有可能发生的。

即使是地痞混混和流浪汉，都有着自己的形振；另外像编辫子的方法、海军服的穿法，也有形振可循；教员办公室里的老先生们，更是有着他们一以贯之的形振……总之，形振无处不在。因为如果没有自己的形振，就容易导致错误、疏忽、不合时宜，而这种混乱的状态要是一直持续下去的话，人也好，事也好，就会渐渐从社会中脱离出来，最终便再无法融入其中了。而日本文化的style和mode的原点，就镶嵌在相互间彼此所需要了解的那些"样"之中，这是非常重要的认知。

正是因为有了这些模板作为前提，所以当形振整体的水准都被渐渐抬高的时候，就出现了"伊达"[1]"粋"和"通"[2]。

---

[1] だて，急于展示帅气、炫酷的外在，但通常是流于表面的，并没有实际内容。——编者注

[2] つう，精通某个领域，特别了解花柳界的内情；通晓人情，为人豁达，对男女间的微妙之处有很深的体会；有神通广大之能。——编者注

粹与野暮

江户时代中期，"地味"（朴素、低调、谦卑）、"派手"（华丽、引人注目、夸张）、"粹"和"野暮"等词语都开始被使用了。大体上的时间范围是从元禄到享保期间，以及从宝历到天明期间。

至于朴素和华丽，日本人习惯用"地"和"柄"来表达自己的所见所闻。柄（花纹、纹样）和地（地色、地纹）的简约才是胜负的关键，那种"简单的味道"，才会得到人们的重视和强调。而当地和柄相结合，产生了一种显眼夺目的情景时，就开始使用"派手"了。派手就是"映え手"（闪亮的手）。这其中的"手"，与三味线弹法、职人手艺的"手"，有着密切的关联。如今还产生了"ド派手"（极致浮华、俗气）和"地味派手"的新式说法。

地味和派手，正是用来评价style和mode的。而这里，便开始了"シック"（chic）[1]和"ファンシー"（fancy）[2]的使用与表达，哎，真是没有什么特别的。伴随着地味和派手，江户用语的真髓，或者说能够表达日本美意识的极致的词语产生了，那就是"粹""通"和"鯔背"。这几个词可都是有关日本文化中形振解读的极品。

首先看"粹"，江户地区读作"iki"，京都、大阪则是读作"sui"。读法不同，使用起来的感觉、韵味自然会有差别，但

---

[1] 时髦的、优雅的。——编者注
[2] 花哨的、复杂精致的。——编者注

"粹"大体上是有一层"被洗练过后"的意味。只是光强调洗练还是不够的，洗练后所展现出的形振才是最重要的。

要想弄明白"粹"，那还需要借助一个哲学家的观点。这个人就是九鬼周造。

九鬼周造有一本著作《"粹"的构造》，这本书可谓是风靡一时。九鬼在书中谈到了江户紫的色味、露出后颈的和服穿法的魅力，以及简略地绾发髻的样式等。并解释道在粹当中，其实蕴含着"寂""恋""媚态""魄力""豁达"等诸多关键的要素。涉及范围之广，真是让人叹为观止。在九鬼之前，几乎没有人把"粹"提升到哲学的思考范畴和认知角度，而且为什么单单是"粹"能把"寂""恋""媚态""魄力""豁达"等要素聚集在一起，这真不是三言两语就能聊清楚的，只是对理解粹而言，这真是十分重要的一步，因此在这里稍微为大家提供一些思绪。

九鬼周造所探究的"寂"

九鬼是日本第一位驻美全权大使九鬼隆一男爵的儿子，母亲是祇园[1]的艺人星崎初子。初子在美国滞留期间怀上了周造，可是当时她十分不想在美国生下孩子，于是便在男爵的青年下属冈仓天心的护送下，乘船回到了横滨，并生下九鬼周造。返日后的初子精神渐渐失控，最后还被送进了精神病院，并在那里离开了人世。

当然，这些都是九鬼周造长大之后才知道的事了。他在东京帝

---

[1] 日本著名的艺伎区。——编者注

国大学学习哲学时，对日本文化中"寂"的存在，产生了强烈的兴趣，无论如何也要把其精髓融入到自己的哲学研究中去。接下来，他便去了哲学的盛行之地——欧洲大陆留学。他邀请了当时还是学生的让·保罗·萨特作为自己的家庭教师，又追随海因里希·李凯尔特、亨利·柏格森、埃德蒙·胡塞尔、马丁·海德格尔等负有盛名的哲学家进行学习，但他最终还是意识到了，西洋的哲学是无法解释日本文化中所蕴藏的那一抹寂的。

后来在欧洲的那段时间，他特别强烈地想要听歌泽[1]，歌泽师傅的声音总是让他魂牵梦萦，于是他回归故土，写下了那本《"粹"的构造》。

九鬼一边怀念着自己的母亲，一边思索着"寂"。他发现寂的真谛在于同其他事物之间不具备同一性。但是来自西方哲学的兴趣点，恰恰追求的就是同一性，所以在根本上，日本文化是无法用西方哲学来诠释的。在日本文化中，讲求更多的是某种异质性，基于这样的思索，他决定采用《"粹"的构造》这个书名。

可"粹"的切入点又该从何处着手呢？九鬼设想了一幅花街柳巷和妓女们的画面。在他看来，对这些妓女而言，粹就是"浮浮沉沉，流浪人间"，这里面既没有永恒，也没有同一性，有的只是无尽的"苦海"。但这些游女，却有着飞翔于其间的魄力和勇气，只争朝夕。她们使劲全身解数在证实着粹的精彩。

就这样，九鬼发掘了蕴藏在粹之中的"寂""恋""媚态"

---

[1] 即歌泽调，江户时代形成的一种民间俗曲，声调悠扬，在说唱时常用三味弦伴奏。——编者注

"魄力""豁达"等要素。哲学本是与无常观紧密相连的,九鬼却在其中添加了性感与冲动。

九鬼周造解析的"粹",没有使用欧洲的思想,而是对日本文化真髓进行了深入的探究和证明。也就是说,"粹的哲学"是完全的、日本的哲学。用九鬼的话来说就是"可能还停留在可能的地方"(可能が、可能の、そういうふうになるところ),他把日本哲学的基础用这句话给挑明了。这是一种"粹的哲学"的象征,也是之前我们提到的形振的特点和全貌。

九鬼还曾经写过这样一句话:"每次我听端呗、小呗的时候,都能感受到一种从根本上震撼了我人格的力量。"这句话我极其喜欢,在我看来,九鬼所认定的"粹",就闪烁在这句话之中。

但是,也不一定就要完全按照九鬼的想法和设定去看待这个"粹"。就好像也存在着"小粹(潇洒)""小意气(聪明)"这样的词一样,粹也是有着淡泊和简单的一面的,这一点大家一定要意识到。在第八讲的时候我们提到过,能够做到short cut,也是领会了日本文化的精髓之一呢。但是,正如"纯粹""出类拔萃"这些词所代表的那样,"粹"本身的含义,就是一种没有掺杂杂质的、纯净的美的意识。

俊俏的男子,侠气仗义的女子

其实,对江户儿女来说,粹并不为艺伎所专属,男子也是值得拥有的。人们形容男孩子的时候会用到"粹,俊俏帅气"。这里的俊俏帅气,就是"鯔"(いなせ),这本是指游得很快的鱼的背部,也多用来形容在岸边作业的男子们的架势和动作,这是属于他们的"粋"。如果把"鯔"解释得更加勇猛、有气势的话,就是"いさみ",也就是"勇"。

那么,与男子的"いなせ"和"いさみ"所相对的、形容女子的词语又是什么呢?我们得看看"铁火"(てっか)和"传法"(でんぼう),这是能够展示出女性特有的一种朝气、样貌的表达。所谓铁火,就是在冶炼场中,铁被烧得通红时的样子,这代表着坚强与果敢;传法有"说话带有流氓气"的意思,这是一种在语言上令人感到强势的粋。于是也便有了"铁火肌的姐姐""传法的大姐大"等说法[顺便说一下,铁火卷寿司和铁火丼(盖饭)是因为颜色是红色而得名的]。

当这种词用在平民区的女孩子身上时,难免会让人生出之前提到过的小太妹式的"侠女"的感觉。而实际的情况是,侠义和侠客的"侠",其内涵在悄悄向小太妹、小流氓转变。其实这些也都是江户时代的关乎形振的用语。除此之外,还有"伊达"和"婀娜"(あだ):"伊达"是女性故意做出男性的样子给大家看,而对于这一种不切实际的姿态,即便是真的男人也会感到畏惧并退缩;而婀娜,与性感、妖艳、狐媚还是稍有不同的,在婀娜一词中,融入了日本女性所独有的一种气派。

关于江户形振用语的压轴之词,我拿出的是"通"。"通"的来由是"通过、通透",因此,如果用"通"来形容一个人帅气的外表或形振的话,那就是彻彻底底的、通透无比的帅气和潇洒了。

所以,从"芝居通"(戏剧通)到"植栽通",从"和算通"

到"相扑通",再从"朝颜通"(朝颜,牵牛花)到"桶通"(各种各样的木桶),无论是何种领域或类型,都是可以使用这个"通"的。而在这些领域中的行家里手,会被称为"通人""粹人"。在宝历、天明年间,曾经出现过"十八大通",各行各业的通人齐聚一堂。其中大都是札差[1]、游郭的主人,都有名号,也都是俳谐和川柳[2]的名人,他们会受到来自多方的照顾和赞助。

"十八大通"魅力十足,羽振[3]潇洒、迷人,因此也有很多人模仿他们,模仿者通常被称作"半可通",但"半可通"给人的印象却不是很好。另外,还有一些人是完全不"通"的,他们被统称为"野暮"或"野暮天"(有"土包子"之嫌)。

我本人对"通"是十分认同的,这真是描述日本文化较为贴切的一种表述。不是"详细",而是"通透"——不会因为过于追求详尽而最终走进了死胡同,而是穿过那些死胡同去寻求style和mode,并加以足够的重视。诚然,日本的确如此。

我认为川久保玲的COMME des GARCONS和山本耀司的Yohji Yamamoto,就是昭和后期新形态的"通"。欧美时尚界也对这两位对于时尚的理解赞不绝口。也许九鬼周造式的哲学奥秘,当下的我们恐怕还是没有完全理解吧?

---

[1] 江户时代作为旗本、御家人的代理领取禄米进行中介买卖,同时以借贷为业的人。——编者注
[2] 从俳谐的接句中派生出的一种诗歌形式,韵律轻快,饱含生活气息。——编者注
[3] 羽毛的样子,引申为振翅(一招一式)、势力、声望之意。——编者注

纯粹的日本趣味

粋なジャパネスク

装束,最能体现时代的精髓,也使行为和姿势更加醒目。江户时代,随着城市的发展,经济实力逐渐增强的町人们开始在"粋"和"通"上争芳斗艳,都把最时髦的衣装披在了自己的身上。

图①是右手拿着怀中镜,左手拿着粉刷在脸上涂抹脂粉的女性;用图②、图③中的发饰,可以打理出日本传统的发式;图④是身披半缠羽织的江户消防员;图⑤是江户粹摩登化的产物,小村雪岱的"伞"。

第十四讲

新闻与搞笑艺术

"赞"（いいね）文化的磨损殆尽，
以及对信息编辑力的再思考

一个需要笑声的社会

为什么要把"新闻"和"搞笑艺术"放在一起说呢？也许有的读者会觉得很违和吧，但是这两种东西，其实都是和"信息"有关的，属于传媒文化的一部分，本质上它们并没有太大的差别。信息文化，一般都是有特定格式的。

其实新闻和搞笑艺术是很相配的。以战后的日本为例，报纸上连载了《小阿福》（《フクちゃん》）、《海螺小姐》（《サザエさん》）、《轰先生》等四格漫画；在搞笑艺人里面，也有西条凡儿、下村泰和鸟屋二郎（コロムビア・トップ・ライト）、爆笑问题、骑士军（ナイツ）等漫才组合。在他们的梗中，时事可是重中之重。但其实这本来就是世界各地的报纸和轻喜剧演员们的偏好，并不是日本独树一帜的。讽刺（satire），可是世界共同的口味呀。

但日本社会的新闻和搞笑艺术还是有那么些许的特别之处的。日本社会的宣传媒介有着不可估量的影响力。日本是一个有着众多发行数量醒目的报社的国家，这在世界范围内都屈指可数（《读卖新闻》是全世界发行量最大的报纸）。自由民权运动时代（19世纪七八十年代）最为盛行的是，无论是什么地方的何种结社[1]，都首先要在报纸上一争高下，这也是着实少见的。

近来的搞笑艺人和组合，也都是十分具备日本特色的。从电视广告的投放到政府机关的亲善大使，从"赏樱会"[2]到新闻评论，他们都在积极参与，有些人还成了知事（省长）和国会议员。请问，日本社会从什么时候开始这么需要搞笑艺术的介入了？一种尤难分说的、需要我们所警惕的东西，不知不觉间暴露出来了。就电视而言，历史类节目也好，饮食类节目也好，选举报道，以及大秀的主持人，等等，搞笑艺人频频亮相，他们也未免太常见了吧。

这里我想进一步思索的是这样的三个问题：日本人是如何捕捉"信息"的？如何甄别信息中的新闻与搞笑艺术？日本文化中的新闻和搞笑艺术到底是什么？以我的专业角度来看，无论哪个问题，都是由"编辑方法"所引出的，而藏在这背后的日本文化的种种，也正是我想要分析和解释的。

日本人的表现性，体现在我们从和歌、连歌、俳句，到体育报刊的特辑露出以及电视弹幕，都极其注重标题，这一点值得关注。

---

[1] 为执行共同目的而组织的多人的、持续的社会团体。——编者注
[2] 日本"赏樱会"由来已久。每年4月中旬，日本都会在东京新宿御苑举办"赏樱会"，邀请各界名流一起观赏樱花，政府负担全部的活动费用。——编者注

时事以及讽刺的历史

在近代欧洲,新闻和搞笑艺术几乎是同时出现的。在英国的咖啡馆里,出现了 The Spectator(《旁观者》)[1] 等咖啡馆刊物,新闻、讽刺小说、广告开始相继载入这些杂志的内容。

乔纳森·斯威夫特的《格列佛游记》和丹尼尔·笛福的《鲁滨孙漂流记》,以崭新的叙事形式出版发行,这在当时是非常罕见的,其内容一半真实,一半虚构,十分受欢迎。而这也是作为文学类型之一——小说的原型。另外如刊物《旁观者》,自然也都成了后来的报纸和杂志的原型。

追溯到古代的欧洲,新闻是用人来进行传达或表演的。新闻的传递工具是人,媒介也是人。这时关于搞笑的形式展现还有待商榷。古希腊有悲剧、喜剧、滑稽剧三种戏剧形式,大体上内容就是演绎特洛伊的沦陷、英雄的战死等大事件,这些宏大叙事都会被编成故事在舞台上大放异彩。

把这些事件搬上舞台,基本上都只有悲剧、喜剧这两种选择,而喜剧,就一定得采用讽刺的手法来展现。阿里斯托芬(古希腊喜剧作家)的作品《云》,讽刺了诡辩哲学;《鸟》则讽刺了简单多数的直接民主制度如何被僭主玩弄于股掌;《和平》是对伯罗奔尼

---

[1] 1711年3月1日,约瑟夫·艾迪生(Joseph Addison)与理查德·斯梯尔(Richard Steele)合办《旁观者》。该刊的主要阅读、传播场所就是在咖啡馆中。《旁观者》号称是由一位"旁观者先生"以及他的俱乐部主办的,这位旁观者学识渊博、阅历丰富,通晓各行各业,但从不插手实际事务和党派之争,只在自己的俱乐部里发表意见。该刊张扬了当时的中产阶级的社会理想和价值观念。——编者注

撒战争（雅典与斯巴达的争霸战争）的讽刺。从这里我们能看到，在很早以前，时事与讽刺、新闻和搞笑艺术就已经浑然一体了。

接下来的希腊化时代社会和古罗马社会，新闻仍然依靠人来传播，搞笑则开始以寓言式的表现形式居多。当然此时即兴表演也很受欢迎。在这一时期，《伊索寓言》《萨蒂里孔》等讽刺性的寓言小说相继著成。也正是从这时起，表演逐渐向文本作品进行过渡转换了。

在古代社会，信息并不是公开的。信息或情报，是由一小部分人所掌握、独占的。古波斯帝国，全国各地都有"王的眼睛，王的耳朵"，情报士兵会把相关事态以及突发状况通过快马急递的方式传递给国王。这里指的王，就是让希腊陷于苦海的阿契美尼德王朝的波斯国王大流士。信息是被国王和其政体所独占的，而搞笑艺术，实际上就是一种源自讽刺独占情报、信息的艺术形式，也是一种以其为开端的艺术形式。

宰司与诏敕

那么古代日本的信息和情报又是怎样的呢？最为重要的是由天皇发出的，而传达和运送情报到地方的，就是宰司。

"宰司"有持天皇御言，代行政务之意。"御言"，就是天皇发布的情报和信息，而宰司则要把这些御言一字一句、分毫不差地传达出去。这与之前所说的"王的眼睛，王的耳朵"不谋而合。宰司持诏敕下到任地，开始管辖地方。随着律令制的确立，宰司发展为国司，也逐渐变成了重要的朝廷大员。

在古代社会，所有的情报都是以上传下达的方式进行传递的。天皇是Top（顶端），天皇的话（御言）都是重要的情报信息，御言不能只是传达完就事毕，还要传递到对应的地方加以落实。这就是当时所说的"政事"，也叫"祭事"。所以，把这些经过和原委都总结起来，最后就形成了诏敕。诏敕就是"imperial edict"（圣旨）。

折口信夫在《村祭》（《村々の祭り》）中提到过，琼琼杵尊[1]把最重要的情报和信息，通过神考、神妣[2]的语言传达出去。琼琼杵尊是由猿田彦[3]引领，从高天原降临的天孙一族的统帅。从琼琼杵尊开始往下数三代目就是神武天皇，也就是"始驭天下之天皇"（《古事记》中写为"所知初国之御真木天皇"，《日本书纪》中写为"始驭天下之天皇"）。神武天皇是否真实存在已是无法证明的了，我们唯有借以史书上的记载展开想象。其实我也觉得这大概只是一个假想出来的天皇而已。

顺便提一下，折口信夫关于宰司现象的相关论述，近来又由安藤礼二在《神的斗争》《折口信夫》（《神々の闘争》，讲谈社，2004；《折口信夫》，讲谈社，2014）中详细说明了。这两本都是非常好的书，大家一定要读读看的。

遗留在祝词当中的情报文化起源

琼琼杵尊认可了由神考、神妣所传达出的诏敕，并成为最初的

---

[1] 日本神话中的一位神祇，天照大神之孙。——编者注
[2] 神的代理者。——编者注
[3] 古日本神祇之一，曾因迎接天孙降临而被视为旅途之神。——编者注

情报传递者。而这也正是折口所强调的传递和传承，也可以说是古代日本最具威严的情报传递的路径了。但在今天的日本，人们好像并没有把历史中情报文化的演变经过看得很重要。

我们与西方的情况加以对比，可发现有一处区别在于，基督教流传的那句"In the beginning was the Word"（太初有道），是基督世界的金科玉条，《约翰福音》第1章的开篇就是这样写的。在一切的原点、最初之际，正是因为有了神的"Word"（logos）[1]，世界才得以形成，才有了神的国土。在基督教社会，这句话无人不知，而这句话所引申的神旨，更是在教堂和学校中广为流传。

而日本呢？在二战时期，人们一直被要求要记住历代天皇的名字，可这个做法随后就被叫停了。而对于琼琼杵尊的这种神话，在战争中时，人们更是无暇顾及的。这其实是有原因的，我们只会把"现人神"[2]（也就是现天皇）所说的御言当作金科玉条来看待。比如最近的日本社会，是要以现在令和年间天皇（德仁）的御言为重的。在此处，我们总是与西洋社会有所不同——西方人会把历史和当下紧密联系在一起的。

那么琼琼杵尊所担当的信息传递者的身份，是不是在之后的日本历史中就没有起到任何作用了呢？也不尽然。现今神社祝词的发端之词，就含有与情报传递相关的内容，只是大家都没有注意到而已。

---

[1] 一般指世界的可理解的一切规律。——编者注
[2] 现人神，在日语中表示身为人类的神，此词在第二次世界大战前常用来指称天皇。——编者注

也许大家都还记得，祝词起源于《天津祝词》[1]，所以开篇一定会有一句"神留作于高天原，神漏歧、神漏美，命以……"，这便囊括了神考、神妣和情报传递等元素。

这是我们每次念祝词时都会提到的话，但我们却没有人领悟到其悠远意义。不但没有人关注，也没有人去告知，去教导。而《天津祝词》其实在篇尾有着这样的记载："天津神（天神）国津神（地神）等八百万神一同，正襟危坐，毕恭毕敬。"

神考、神妣与琼琼杵尊，这个传达神令的传说就是御言最初作为传递情报方法的生动写照。我想不管是现在也好，过往也罢，把御言传达给各地的神主（或地方官员），再由他们继续扩散下去，对于每一个听到御言的普通日本人而言，应该都是好似晴天霹雳一样震撼的吧。

但回到神社，当祝词回响在人们耳边的时候，大家都会听到神考、神妣的声音，也应该都对神谕保有印象，但是却很少有人会有"晴天霹雳"的反应。这样的事情其实还真不少，日本人对于日本的信息文化黎明（旧石器时代）和其之后的历史展开可以说是完全不感兴趣的。与神相关的事情并非是什么禁忌，可现实就是没有人愿意去研习，甚至在闲暇时间都懒得把它们作为话题来闲聊一下。

不过我们无法否认，在关于信息传递者的历史当中，有着日本信息文化的开端、新闻文化的起源。

---

[1] 此处的"天津"是日本一个古老的词，有"天之""天的"之意，是尊贵的。——编者注

搞笑的原点有神令

我一直认为，在搞笑的起源中也是有神的存在的。在信息传递者的故事里，还有这样一幅画面：天照大神曾因须佐之男的暴行而藏匿在石洞里面，当时的天钿女命领命跳起了性感的舞蹈，把自己的阴部展示外露，众神围观，哄堂大笑，天照大神因为传入洞中的戏谑嬉笑而好奇，就从岩洞中探出了头。搞笑的起源中有神的影子，这就是最好的、能够举证的例子了。

天钿女命似乎是类似巫女或萨满法师那样的一种人物。萨满教其实也被赋予过激励、鼓舞以及逗人笑的意义。她与琼琼杵尊一样，是随天孙一起降临人世的神仙。还有一种说法是，她是与神乐神祇相关联的、猿女[1]的祖先。

除此之外，还有一种说法是，天钿女命被认为是"おかめ"（阿龟）和"おたふく"（阿多福）[2]的祖先。乡村神乐里的主打节目就是"おかめ"和"ひょっとこ"（火男）[3]的舞蹈。两个人分别戴起丑女的笑脸面具和嘴尖尖的丑八怪面具，连舞带跳，舞蹈的观感是奇奇怪怪的，偶尔还会有某些猥琐的动作出现。"ひょっとこ"这一名称的由来也是很有趣的。先看"ひおとこ"，其意是指用竹筒吹火的男人，人们对这种男人的印象颇为负面，所以就使用了这个说法的谐音，于是也就有了"ひょっとこ"。

---

[1] 与猿田彦颇有渊源，故得此名。——编者注
[2] 日本传统女性面具（丑女），制作成额高脸圆颊肥鼻梁低的脸型，用来指丑女人。——编者注
[3] 日本传统男性面具，形似丑陋的中年男性，有一张嘟起的吹火嘴，造型古怪滑稽。——编者注

"おかめ"则是一种好像把乌龟的脸吹起来的、立体的样子。在狂言面具中，乙御前[1]也是以如此样貌出现，所以人们都说，少女的典型表情就是这"おかめ"的样子。说法诸多，都没有定论，但也却一直保留到了现在。阿多福面具呢，微胖的脸上有粗粗的眉毛和红红的脸颊，今天也仍然有搞笑明星们打扮成这个样子来逗笑大家。真不知道，日本人为什么就是对"福笑い"（日本新年传统游戏，蒙着眼睛，在笑脸上粘贴五官）如此情有独钟、乐此不疲呢？

再来看看热田神宫，在那儿有一个有名的神事活动——"醉笑人"，通称"オホホ祭り"[2]。17名神职穿着一身白色的装束，提着装有神面具的箱子，静静地走到别宫的影向间社，在那里打开箱子取出面具，代表者会对着面具叩首三次，所有人都会前仰后合哈哈大笑起来。而且这项活动会在神乐殿、别宫八剑宫、清雪门反复进行，真是绝顶奇特的一种神祭仪式。

漫才的诞生

笑，舞动于神界和人世间。柳田国男把这些擅长搞笑的人，统称为"乌浒之人"。所谓"乌浒"，就是搞怪的、滑稽的意思。"おこがましい"（不自量力、狂妄自大）这个词也是由乌浒演变而来，具体解释就是"过分的、多事的、傻傻的"此类的含义。

乌浒常常被日本艺能所采用。这不仅仅在乡村神乐会存在乌浒，

---

[1] "乙御前"的意思是"多福"，指较丰满的事物。狂言的乙御前面具就是阿多福面具。——编者注
[2] "オホホ"意为哦吼吼，形容奇怪的笑声。——编者注

猿乐和田乐也会加入这个元素，最终变成了狂言这种能乐形式，再往后又成了千秋万岁（中世艺能）和近世的漫才以及即兴滑稽小剧。

千秋万岁是从正月的吉祥话里衍生出的艺能，拿着扇子的太夫（上等艺人）和敲打小鼓的才藏（太夫的对手、附和方），两个人一组，来表演一些传递吉祥期许的节目，也叫"三河万岁"和"尾张万岁"。因为表演的是乌浒化的"祝词"，所以就会显得格外夸张。但是这种夸张并没有走向婆娑罗和倾奇者，而是踏上了搞笑的路线。

到了明治年代，小剧场里陆续开始上演这些搞笑的节目，最后就形成了站着表演节目、两个人作为一个组合的搞笑的表演艺术形式。

昭和初期，吉本兴业的文艺部长桥本铁彦和总经理林正之助，开始称呼这种二人艺术形式为"漫才"，而且，这个时代出现了"横山エンタツ・花菱アチャコ"[1]二人组，他们掀起了流行的浪潮。我小的时候，小剧场也会有砂川舍丸和中村春代等组合拿着小鼓，说着老式的漫才，但却表演着现代风格的吐槽。

但是，舍丸和春代并没有给战后的日本带来欢笑。那时候，身在京都且痴迷于广播的我，虽然还是个孩子，但我真心觉得"中田ダイマル・ラケット""ミヤコ 蝶々・南都雄二""夢路いとし・喜味こいし"等组合是笑料十足的，他们是真的能让人彻底发自内心笑出声来的。后来便是在电视上火得一塌糊涂的漫才了，其中"横山やすし・西川きよし""西川のりお・上方よしお""オ

---

[1] 横山、花菱，昭和漫才师，二位不仅当时是漫才表演界的人气王，即便是现在也被视为日本的"漫才之神"。——编者注

ール阪神・巨人""ツービート"等组合都包括在内。全民都笑得前仰后合了。不过在此之后开始产生的一些变化，还真是让人会有些担心的呢。

漫才大体上有"ボケ"（耍笨）和"ツッコミ"（吐槽）这么两个角色，可负责吐槽的演员，开始一个接一个地转行做电视节目主持人（就好像岛田绅助→滨田雅功→上田晋也），导致搞笑艺术开始持续扩散开来，电视节目也渐渐全都变成了一个模样。之后的搞笑艺人们，都得上了"跨界多栖发展病"，这么做就实在是有点太over（过火）了。

社会文化的物化倾斜

从咖啡屋到古希腊、古罗马，从诏敕到天钿女命，最后又转入了搞笑艺人的话题，之所以本讲的话题跨度会如此大，还是因为信息交流和传递的历史，离不开新闻和搞笑的共通迈进。新闻和搞笑，都是凭借着各自对信息编辑方法和力度的把握而产生的，只不过是两个不同的版本罢了。

因此，它们俩都应该扎好自己的"根"才对。如果一个社会的新闻和搞笑艺术过于单调、过于浅薄的话，那么这个社会的文化维度应该就只能朝向物质的方向去发展了吧？从这个意义上来说，周刊、杂志、报纸、新闻，都有着极其重要的作用。而从另一个视角来分析的话，如果负责新闻制造的新闻出版业没有足够的思想深度的话，或是搞笑艺术变成了某种现场消费主义的话，那么即使是过去的落语名家三游亭圆朝和漫才作家秋田实他们在舞台后所写出的东西，可能也都会变得极为敷衍了事，这实在是非常现实的警戒。而现今的日本，其实正有这样的苗头。

那么当这样的情景来临之时，我们要怎么办呢？在我看来，应该充实新闻和搞笑的源头——信息文化，使之更具多样性、专业性、表现性。如此，与和歌时代的日本信息文化、浮世绘时代的日本信息文化、明治大正文学的信息文化、战后的杂志文化、20世纪60年代的传单文化和周刊文化相比而言，不得不说，最近的日本其信息文化厚度是相当捉襟见肘的。

为什么这样说呢？是当代网络社会"赞"文化的扩张导致的？还是日本的反知性主义蔓延导致的？顺从性，以及信息公开主义的常态化是否有影响，这难以立即给出判断和结论，但是要让我来说的话，如今的日本文化更倾向于是否"简单易懂"。短时间内（以分钟为单位）接收共鸣、大笑、容易记住的东西逐渐变成了主流。信息文化，被击碎了。

编辑力与情报

情报，其实就是对information（信息）的翻译。明治时期，"情报"一词的出现是因为法语的"renseignement"，陆军唤作"敌情报知"，因此就有了"情报"这个说法。之后，福泽谕吉又在《民情一新》当中把"information"原样使用了，我想应该是作为陆军军医的森鸥外把这个词翻译成了"情报"。

但是在很长一段时间里，日语中的情报的确被当作"intelligence"来使用了。这个词是地政学、军事方面的"谍报"的意思。

今天我们所说的"情报",是指无处不在的通信、电话、电报的发展与应用。战败后,军事层面上的情报的含义,就再也没有被研究和使用过了。

再后来,生物学方面的"遗传情报"和"生物情报"等词语也相继产生和发展,香农的信息论和维纳的控制论也得以被确立,多媒体和AI也开始运作起来,还有生命情报和心理情报,以及社会情报、机械情报、环境情报,这一切,都可以被解释为统计学意义上的信息。而在今天,大部分信息都可以说是被包括在"大数据"的情报范畴内的。电脑中的一切,都能看作信息。

但是,不管是什么样的信息,都会因为编辑,而得到不同的信息力量。遗传基因和新闻,全都仰仗着编辑的力量。知识、文学、技术也都可以被编辑了。恐怕如今没有被编辑过的信息,可以说是不存在了,搞笑当然也在所难免。总而言之,如今日本信息文化一直处于低迷的状态,可以说是编辑力低下的一种表现。

"赞"磨灭了什么

news(新闻),其实就是"新鲜事物"的意思。在信息满溢的年代,作为新发生的事情,以让人们能迅速知道并了解的形式而被列举出来的信息,就是新闻。而作为information的信息,是可以分为"in-form"来理解的,也就是信息其实自身便带有通知以及被了解的性能。而使信息进一步成为新的浪头的东西，就是所谓的新闻了。当然，何谓新？也得有个尺度。

昭和四十一年（1966），日本新闻协会曾对信息的提供者或者说是来源，提出了对新闻尺度的总体要求，基本上可以总结为8个要素：新奇性、人性、普遍性、社会性、影响性、记录性、国际性、地域性。全都是一些不疼不痒的要求，我们最期待的"现场性"和"编辑性"被严重忽略，且正在渐渐变质。

新闻都是报道事实，所以提前取材是极为必要的。新闻记者、杂志记者、电视记者，都必须深入取材。被采访人面对即将要被披露的实情，总是会将不好的信息尽可能掩盖住，不外流。而采访一定要突破这个防线，撰稿记述详细，编辑时再掘地三尺，摄像也要奋起直追。这些战略和手腕，才成就了如今的报道文化。

不过，网络信息时代和监视时代到来了之后，不管什么事情都可以在Twitter（推特）上面被发现，也都可以被上传至YouTube（视频网站，俗称"油管"），以前那种记者与被采访者之间连追带赶的、斗智斗勇的紧张感消失殆尽了。监控摄像充斥在街头巷尾和车站的每一个角落，甚至连出租车里也会有车载摄像头。所以，信息和日常行动含混不清，"证据"这种东西，也就自动被抽离了。

正因如此，"现场性"和"编辑性"，在紧张的信息群中，不得不退出来了。

当然了，这些也并不都是坏事。不管是什么情况下发生的新闻，都不会改变新闻的本质。但是这些自动报道性的信息无处不在地扩散,也导致了另外一个问题——与泄露、监视、群赞所不相关的信息正在逐渐被磨灭。那它们是什么呢?正是我们一直在说的"文化"。

找回信息文化的原动力

以前我曾经花费了很多年时间制作了《信息的历史》(《情報の歴史》,NTT出版,1997),它是一个大复合年表。政治、经济、社会动向、科学、医疗、艺术、商品、消费动向、流行、事件、人物、技术动向、传媒动向、环境动向,全混编在一起,不分国界和领域,单是追溯信息演变的年代排列的年表。

那期间,我的的确确感受到了信息文化在方方面面都有所渗透。像伊丽莎白一世、伊凡雷帝、苏莱曼大帝、织田信长、德川家康,几位天差地别的人物却几乎都是同时代的人,那个时代的信息文化真是强烈非凡,十分丰富、充实。还有20世纪20年代的信息文化中,有海德格尔、亨利·伯格森、让·谷克多、菊池宽、柳宗悦、超现实主义、未来派、阿诺尔德·勋伯格、《时代周刊》、《文艺春秋》、电子管收音机、螺旋桨飞机、甘地、正力松太郎、江户川乱步、艾尔·卡彭,它们吴越同舟,无论从哪儿开始算起,都迸发出了个性鲜明的信息文化。

不管有没有必要同之前的时代进行比较,我们都不得不承认,如今的日本文化同过去的日本文化相比,特色真是越来越少了(虽说如今世界上先进国家的信息文化几乎都是相差无几的)。

本书从一开始就一直在强调日本文化中最显眼、最具特色的部分，不过十分遗憾的是，如果用这个标准去看最近的日本文化，却实在是乏善可陈。我想这也许是SNS（社交网络）已经不能够完全吸收不断膨胀的信息文化的原因吧。SNS所做的并不是把信息铲平，而是把信息条目按照大众受欢迎的程度来进行依次排列而已。这就好像报社会按照读者的投票来把每天的报道在报纸上做版面编排，它们是一个道理。这真是怪诞。而且，信息的条目越多，虚假信息和热点信息就越容易独占鳌头。好吧，我真不知道从今以后日本的信息文化又会发生怎样的变化。新的解决方案自然不会马上就被拿出来，我能想到的，就是暂且把目标锁定在新闻和搞笑艺术方面，并提出一些建议。

另外一点就是，电脑和网络技术正以惊人的速度在发展着，大多数的信息都在以电子信息的形式被传递而出，电脑和网络的集合，形成了一个全球规模的、超级巨大的信息社会。当然，日本也被淹没其中。

信息的本质就在于区别力。用格雷戈里·贝特森（英国人类学家）的说法则是"差异"，但我认为用"区别力"一词似乎才更容易解释清楚。信息的区别力，由生命体所产生。太阳系中的每一颗行星，若想要产生一个生命，所需要的是无数的物质组合以及戏剧性的转变（海底的蓝细菌引起光合作用），最终还需氨基酸和蛋白质不断进行自我复制和自我组织才能实现。也就是说，信息的编辑力，其实都是因为生命信息的结构而起。

如此一来，生命的多样进化便开始了，于是出现了人类，久而久之，大脑也开始复杂化，语言和工具被发明而出。那么这便导致生命信息的编辑结构被外化了，人类从被外化的信息当中得到了自己想要的，最后构筑了文明和文化。而文字和数字，是文明构建过程当中最重要的根源。

之后，时间的计算方法、活版印刷、蒸汽机、纺织机、照相机、通信机等都被发明出来，信息的组成也就自然开始向自动化过渡。但在此期间，仍只有其中的一小部分得到了自动化。

但是在图灵机（Turing Machine）[1]被发明之后，电脑和电子化技术接踵而至。事态开始发生了改变：大量的信息，以惊人的速度涌入这些电脑中。不仅如此，其中大半都被个性化处理了，直接送到了每个个体的手上，再由个人对这些电子信息做进一步的处理。我与苹果公司的产品相遇结缘是Apple III，那时我真是为市场上这些划时代的电子文具的出现而感动。但其实我初期的那些认识还是略显粗浅，完全没有意识到那会是"另一个世界"的存在与出现。

如今，信息世界同电脑、网络的边界已经越来越模糊了。还有IOT（物联网）、机器人、AI和深度学习[2]，搞笑艺术先放一边，新闻可是完全压倒性地倾向于这"另一个世界"了。我一直都是提倡编辑工学的，所以在这里也想一举提出一些本人一直以来在思索的事情。

其实在我之前，有人就已经探讨出些许日本电子社会的课题了。本书因为聚焦于对日本文化的解析，所以我只选取与文化相关

---

[1] 艾伦·图灵提出的模拟人类进行数学计算的工具。——编者注
[2] 机器学习领域中一个新的研究方向。——编者注

联的部分再拓展一下，本处插入几个我真心想说的话题：

第一，日本的电子文化是否由海外的信息机器席卷而来，这关系到日本经济社会的信息基础设施的根基。

第二，日本人所制作的软件和App究竟有多少可以热卖？特别是日本语境下的界面和浏览器，制作是否精良或被需要？

第三，记忆和学习方法是否已经发生了质的变化？这关系到从今往后的教育进程。

第四，音乐和艺能也开始电脑化了，那么我们之前所提到的"间拍子"和"减法效应"，是不是也不得不退步了呢？这是我十分担心的一点。如果没有智能、新科技、电子化，我的这些担心恐怕都是多余的，不过现在的情况确实让我难以预判。

第五，与以上所说的观点恰恰都相反，我是真切期待日本人能够赋予电子信息的发展以更多的日本特色。

这些都是尚未开发的课题。也请允许我再说一个更宏观一点的课题吧，就是什么时候能出现可以构想出"日本信息文化论"的研究者呢？我期待日本的麦克卢汉和翁贝托[1]早日出现。

---

[1] 麦克卢汉是加拿大传播理论家；翁贝托是意大利画家，未来主义创始人之一。——编者注

哦吼、呼呼、哦吼吼
——大声笑吧

オホふふオホホ
笑っていいとも？

原本是归神所有的"笑"，如今也在艺能中得以表现了。猿乐、狂言、漫才等，都是至高的表演技艺。比如热田神宫的"醉笑人"神事活动。

图①是好兆头的新年游戏，"福笑い"。图②是走家串户送去祝福与滑稽欢笑的三河万岁。搞笑艺术中蕴藏的种种欲望，催生了媒介。图③是最古老的江户瓦版[1]。图④是日本闲话报道的先驱——《万朝报》；现在则当属图⑤的《周刊文春》了。

---

[1] 瓦版是指江户时代在日本普及的新闻印刷品，涵盖天地异象、妖怪、大火、殉情、趣闻等吸引人眼球的内容。——编者注

第十五讲

经世济民

想要了解日本,就要先探寻"经济"和"景气"[1]的根源

---

[1] 表现在买卖、交易等过程中的经济活动状况。——编者注

"症状"开始扩散

21世纪，来到日本的"黑船"真是多种多样。雷曼冲击（2008年全球金融海啸）、禽流感、北方四岛问题、TPP（跨太平洋伙伴关系协定）旋风、韩国就征用工问题的赔偿要求、5G技术来袭，无一不是。包括卡洛斯·戈恩（曾任日本日产汽车公司首席执行官），想必也是那穿着燕尾服的"黑船"吧。

政府和官署对于这些入侵自然也没有袖手旁观。征用工问题也好，金枪鱼、鲸鱼的问题也罢，甚至对于新型冠状病毒肺炎的流入，等等，都采取了相应的措施。不过大概都是"做做样子而已"。如果要问对于国内政治和涉外的外交问题的政策有效果吗？那就不得不承认了，一直以来都是没什么进展的。特别是对于通货紧缩的对策，这既可以说是国内问题，也可以说是经济外交问题，只是这一环还没得到解决，日本便又苦陷于通货膨胀的困扰了。

当然，无论是哪个国家，都会出现这种政策上的失误，这其实是由集团和个人的思考方式以及行动方法的不同所导致的，自然也不是对着政府和官厅抱怨一番就可以解决。社会科学领域管这种最高决策上的失误叫作"合成谬误"，或是"自我实现预言"的失败。也就是说，其实这不仅仅是一个最高决策机构的失败，还是一个群体认知判断的失败。

但是，即便如此，从"小泉剧场"开始的日本政治中，在类似"日本究竟应该思考些什么"这样基本的探讨中就已经存在着根本上的失误，除此之外，日本战后曾提出的"必须做的""必须采取的方法"，在现实中却与问题的解决南辕北辙。这些都是由思考和行动（也就是政策决定）层面延伸而出的。当时的人们所看不到的那些社会症状，其实都是非常有必要去指摘出来的。

不过，想要适当指摘出那些症状，却是有一定难度的。其实战后的日本人，大半以上都是受到自民党（日本自由民主党）政治和高度成长经济的"恩惠"而成长起来的，所以，对于水槽外部事态的发展，很多人都无法去正面审视。因此，谁在什么地方、做出了什么样的决定，自然也就无人问津、无人问责了。

那么，外面的人又是如何看待日本的呢？所谓旁观者清，我们偶尔也应该要侧耳倾听一下旁观者们的想法。

被虚构支配的日本

卡瑞尔·范·沃尔夫伦写过一本《日本权力结构之谜》。此外，沃尔夫伦曾任荷兰《新鹿特丹商报》派驻日本的东亚记者，他在《外交》（*Foreign Affairs*）杂志[1]（1986-87冬季号）上所发表的《日本问题》（*The Japan Problem*）一文，在当时十分受关注，也得到了普遍的好评。这篇文章的流传是真正调动起日本权力构造的历史与当下相交手的契机。

沃尔夫伦所说的"日本问题"，其实是指日本在20世纪80年代所存在、面临的各种疑惑。例如，以机动车产业为首的对外出口业务的巨大优势，曾招来了美国的震怒，随之便是以"抨击日本"（Japan Bashing）为首的反日情绪的来袭。当时的日本始终保持一种奇怪的姿态，没有改变。这其实是应该要深入探问的。

按正常的思考方式来看的话，那种姿态或反应，应该是日本要守护国家利益而必须有的某种意志和决心吧，如果是这样，它应该是无人问责的。但是据当事者之间的交涉来看，以及日本研究者的分析等都表明，那样的意志和决心其实也不是很明确。当时的日本似乎只会说一些"不好意思，失礼了，我们会尽全力去改善的"之类的话。

因此，这就引起了沃尔夫伦以下的推理：在日本，其实存在着三种虚构的，但又真实存在着且被人们视为可以起着巨大作用的力量。而这些，把日本变成了一个"多变的国家"。

第一，从外部视角看日本，人们普遍认为日本作为一个主权国家，采用了最好的方法来守护自己，但实际上日本在这方面是很无能的。日本所做的只不过是各种粉饰，让人们看不清楚状况。

---

[1] 由美国著名的智库美国外交关系协会主办，为美国国际事务及外交政策研究领域最权威、影响力最大的学术杂志之一。——编者注

第二，日本总是以主张自由资本主义经济要彻底执行的坚定形象而示人，但这其中掺杂了一定的水分，其实日本内部是允许施行其他经济文化行为的，外部的脸色和内部的脸色不一样。因此，经济基础的不稳定，才导致了国民也会允许和接纳这些虚构的存在。

第三，日本还有很多为世界所不能理解的体制，光是命名方式就难以令人消化。比如过去的武家制和天皇制，在海外看来，这到底是什么体制呢？简直毫无头绪。但日本人却始终温存于其中。温存也不是不可以，但问题是日本人自己也无法解释和反思这些体制，这就有问题了。

这三种虚设力量捆绑在一起，残留在了日本之躯中。这个视角，作为一个记者来说，不得不承认他的观察是十分敏锐的；作为某种日本论来看，也是很有个性特点的。我一直觉得这是很有穿透力的看法，因此读得津津乐道。

权力消失不见了

沃尔夫伦还提出了一个疑问——日本是否有真正的权力存在？他认为日本的权力构造有很完美的一面，也有虎头蛇尾的一面。如果欧美社会也是如此，那么政权解体简直是随时会发生的事情。但在日本，却不会面临这种危机。原因到底是什么呢？日本特殊的权力构造是从古时候就开始的吗？还是最近（战后）才发生的呢？这是一个很关键的切入点。

日本宪法规定，日本是议会内阁制的代议民主制国家。主权是国民的，立法权由通过选举而产生的议员所构成的国会掌控，国会在法律层面拥有绝对的裁决权力。但是沃尔夫伦看到的却是，日本的国会两院并没有很好地使用自身的权力。议题倒是数量不菲，但是在野党总是在"质问和责备"内阁，而执政党则永远都是在"逃避责任"。

两院所委任的行政府是内阁，领衔内阁的人就是内阁总理大臣，也就是所有行政权力的决策者——首相。但是，日本的首相只顾着争当自民党政治的领袖，既没有牢牢掌握国家赋予他们的行政权力，也没有最大限度地去行使这些权力。这就是沃尔夫伦的见解。

国会、首相作为国家权力的代言人，如果无法切实掌握、使用这些权力，那么自然就会被官僚系统和金融界所取而代之。但吊诡的是，在日本，权力也并没有集中在这二者之间。我们看不见引人注目的官厅和官僚的领导，整个官僚系统都在做政府见解的"下限"或"加工"。经团联[1]本是针对国家的政策方针来发表明确意见和建议的团体，但是他们也没有很好地履行职责，甚至可以说无法感到它们提出了多么有效的见解和观点。简单来说，我们似乎是有很多的boss（领导人物），但是又没有能拍板的boss。

国会、首相、官僚、金融界的权力中枢没有得到明确，所以再往下走，各个部门在中央集权这一点上，都没有发挥出应有的效用。例如警察、农协、日教工会、日本医师会、法曹（法官、检察官、律师）界、体育界等，其实都是隶属于中央集权性质的组织，但是其在日本建立起来的整体的权力构造，却无一处能体现出来这

---

[1] 社团法人日本经济团体联合会。——编者注

一点。

而自民党，其实是最可能在权力构造方面掌握了中央集权的秘密的，这也是沃尔夫伦花了很长时间去做调研所得出的结论。但不管怎么调查，他发现在自民党内部，只存在着派阀[1]的权力纷争，到处都充斥着"利益诱导"以及"集票机器"的轰鸣声。预算也是，财务省和各省厅自行大权在握。

中央集权还意味着中央可以把影响延伸到地方（末端）去，但日本则是把这种对地方的"压力"，转化为分散到地方交付金、"补助金"等款项上。那么这种行为就不具备政治意识和权力意识了，只是关乎"钱"而已了。

在野党就是在野党，不安于现实，不断高声呼喊着要夺取政权，总是想和执政党在选举当中一争高下，他们空有如此旺盛的精力，却从不用于将自己的政治哲学仔细打磨。国民们都不把赞成票都投给在野党，这就是最好的证据。另外，过于频繁地更换政党，对于政治哲学的打磨，也是弊大于利。

事态到了这一步，能够发挥中央集权功用的，就只剩下警察和自卫队了。在这些保守的压力团体[2]深处，隐藏着权力中枢的发动源能。这听起来好似一部阴谋小说，充满了推测的意味，但也许正是这些源能，在国家内部暗流涌动。

---

[1] 派阀是日本政治的一个现象。其主要政党自民党一向都派阀林立。——编者注
[2] 社会上因利益不同而形成的不同集团。在议会政治中，这些集团常通过自己的活动向议员或政府施加影响，以使他们通过符合本团体利益的议案或执行有利于自己的政策。——编者注

例如，日本的警察权力和其他国家相比，毫无逊色之处，从较低的犯罪率和不正当检举率来看，日本警察还是相当有整治手腕的。日本警察中央集权化的程度在国内同其他职能系统相比，也是首屈一指的。如果某些有野心的派系发动武装政变的话，那么掌管着公安警察和机动队大权的警察势力，恐怕就是国家最有力量的组织了。

但日本警察好像对国家政治方面并不是很感兴趣。说好听些，他们在国内发挥了主持正义、维护安定的职能，非常优秀。但是对外，却没有认真在执行守护的义务，也没有试图去优化外界对日本的评判，也没有提高日本威望的任何意图。

自卫队又如何呢？它可谓是被日美安保体制制约在了骨髓里，寸步难行，进退维谷。在三岛由纪夫身上，曾经有过一点点的希望，不过自卫队的队员并没有跟随其反叛的野心。《沉默的舰队》[1]当时在 *Morning* [2]上连载时，我是非常忠实的读者，但遗憾的是，漫画中的故事情节，自始至终都没有在日本真实上演过。

那么其他的保守压力团体都掌握着什么呢？农协、神社厅、产业界、右翼势力，没有一个组织是渴望政治权力的。它们都认为和自民党只要保持着流于表面的交往就足够了。所以在日本的任何地方，都几乎不可能发生相关的武装暴动。

到底是怎么一回事？人们对权力的关注只停留在结构上的认知而已吗？真实的国家和权力，难道都是摆设或无用之物吗？沃尔夫

---

[1] 日本漫画家川口开治的作品，描画了日美联合秘密研制的核潜艇"大和号"的叛乱事件。在战争部分以潜艇海战为主，而在剧情部分则涵盖了大量的核武器战略、国际关系等相关议题。——编者注
[2] 日本青年周刊漫画杂志。——编者注

伦觉得并不是这样的。所以他又做了另一种设想。

没有哲学的权力构造

日本的权力，其实不是不存在的，而是由某种极端的、非政治的因素所形成，并不为欧美国家所规定的权力机构，即议会、内阁、官僚等在制度上所掌控，而是复合式的、管理者彼此间密切相关联的一种体现。这便是沃尔夫伦的设想。

如果真如他所说的这样，那么权力的行使过程就会十分明朗了，而这个过程就是中央集权的过程，也就跟着逐渐明朗了。这才应该被看作日本的统治体制，所以也就有了人们竭尽全力去努力实现它的一幕。

用一句话来说就是——没有系统的系统。这其实是一个权力中枢有待完善的系统。日本的这个权力系统，由部分同部分相连接、相结合而成，是锁链状的，一环扣一环的，也就是传说中的"关节技"在起着决定性的作用。

大家都能负行动责任，也就是责任其实无人能承担。我想这大概就是日本没有权力哲学的原因吧。

这样去推理，是不是把日本的实情说得太过可怜了？太过让人失望透顶了？那日本各界是否又推翻了这个推理，去认真分析了呢？大学和媒体是否做出了推翻这一推论的研究和提案呢？沃尔夫伦当时便抛出了这些富有挑战性的疑问。

沃尔夫伦的看法中有着对日本人难以言表的刻薄，但是却很值得品味。他写了很多光看题目就让人十分难以接受的作品，且语言都很犀利。

听起来很刺耳、犀利、尖刻的语言，还有独特的观点，总是会给人以当头一棒的感觉，但只要我们冷静下来，稍微用大格局的思维思考一下的话，就不难发现，实际上沃尔夫伦此般论调和海外知识分子（日本修正主义者居多）常常挂在嘴边的"日本异质论"是非常相似的。因此，也可以说实际上他很多的论点是沿袭了欧美的看法和主见，来向日本社会逼问的。

比如说日本没有保护国民、国家利益主体的这种说法（日本并没有轻视国民、国家利益），欧美近现代史上把这个推断推到了风口浪尖之上，又进行了相关的交涉会议。但其实这也是无奈之举，日本本来就是协议型的国家。因为从日本最近的中长期外交折中上的转变来看，很容易就可以提出上述推断的反论。只是日本人并没有根据自身世界的特点和不同，对外界进行过简单易懂的解释和说明。

被沃尔夫伦所遗漏的

其实他也有很多地方没有观察到位。例如，日本是空前的战败国，在东京审判之后，还要重建战后社会。另外，日本战后的社会是不得不服从GHQ（联合国军最高司令官总司令部）的指导的。并且受到日美安保体制的制约，不仅军事力量被全面控制，还要给美军提供庞大的军事基地供给。这些都给"日本的系统"带来了巨大的影响,沃尔夫伦却一点都没有提及。

但我们也不得不承认,日本其实也受惠于这些因素了。政权由吉田茂更迭到岸信介,再由岸到佐藤荣作,又由佐藤到安倍晋三,异曲同工的剧本总是在不停上演。约翰·W.道尔在《拥抱战败》中便很明确地提及了这些因素。

以下这些作品都为关于日本人的讨论提供了新的说服力,具体内容的介绍就暂且先不多说了。例如,加藤典洋的《战败后论》(《敗戦後論》,讲谈社,1997)和《战后的思考》(《戰後の思考》,讲谈社,1999),白井聪的《永续败战论》(《永続敗戦論》,太田出版,2013)和《国体论》(《国体論》,集英社,2018),中野刚志的《日本思想史新论》(《日本思想史新論》筑摩书房,2012)和《富国与强兵》(《富国と強兵》,东洋经济新报社,2016),等等,它们均解释并说明了,战后的日本社会终究是没有走向"合理系统",而是更倾向于"心情系统"的理由和背景。仅供参考。

沃尔夫伦对佛教、儒教、神道对日本的影响也评价甚少,对天皇制的评说几乎是空白。可想要谈论日本的社会体系,必须关心的方面还有很多很多啊。

关于"日本概念"的再检讨

我们自身需要检讨的、很重要的一点是,日本人在解说日本、解读日本的时候,有没有从整体上去研究过何为"日本概念"?也就是对日本完整体系的一种思考。沃尔夫伦所指摘的日本人没有尽到说明和解释义务的责任，其实是一种对日本的不全面和疏忽、漏洞的埋怨。

本书中为了尽量完善对日本的"使用说明"，所以就从"和汉边界""祝祷与丰收""客神""神佛调和""荒·游""数寄""粋""型""模仿""公家、武家、家元""市庭的扩张""形·振"等方面入手，对"日本概念"去进行说明和解释。另外，为了将相关内容补充完整，还增添了柳田国男、折口信夫的民俗学方向的见解，可以说从各个角度都对日本进行了介绍，并尝试去分析。但是，如果这些概念仅仅是在语言层面上听听而已的话，就很容易让人误以为这只是活跃在文化领域的"自嗨"。

我十分确信，与日本文化相关的这些概念和关键词，正是要探究日本社会所必需的密钥，必须成为固定项目来进行研究。在此基础上，才能向人们更渴望的社会性和哲学性的认知去过渡、迸发。

因此，西田几多郎的"善"、铃木大拙的"灵性"、和辻哲郎的"风土"等日本哲学才会相继产生。当然还有丸山真男的"日本思想"、中根千枝的"纵式社会构造"、土居健郎的"依赖心理的构造"、山本七平的"空气研究"、村上泰亮的"新中间大众论"（中产）、山崎正和的"柔和个人主义"，更甚之还有河合隼雄的"母性社会"、内田树的"日本边境"等论述，都是日本认知的硕果。

以上无论哪一个都是应该好好深入探讨的课题，但我们在深耕领域这方面的尝试却又是少之又少。借这个机会，我就在这里再推荐一些"日本概念"之哲思吧。古典方面有空海的《声字实相义》、慈元的《愚管抄》、荻生徂徕的《政谈》，还有道元、世阿弥、二条良基、心敬、北畠亲房、山本常朝、新井白石、平贺源内、本居宣长、上田秋成、三浦梅园、本多利明等人的思想；近代的成果则包括内村鉴三的"两个J"和"边疆国家"，清泽满之的"二项同体"和"观小景"，北一辉的"日本改造法案"，等等；战后思想方面还包括坂口安吾的《日本文化私观》、冈本太郎的"绳纹论"、中村真一郎的"文人网络"（文人ネットワーク）、山折哲雄的"日本文明论"、田中优子的"连论"、中泽新一的《哲学·日本》（《フィロソフィア·ヤポニカ》，集英社，2001）等，也都应该补充进来。

讨论也好，研究也罢，自然都是不碍事的，只是有一处我们需要注意，那就是到现在为止，也许在不经意间，我们有些胡乱解释概念的嫌疑了。这种为了解释而解释的行为，我们踩刹车为好。

比修身更重要的是格物致知

在江户时代发扬，战前日本社会特别流行的、好似标语口号般的一句话是"修身齐家治国平天下"。将其分拆来看就是"修身·齐家·治国·平天下"，所以应该说这是一串词语，而不应该把它当作一句话去理解。

这是与《中庸》《论语》《孟子》并列为"四书"的《大学》中的一组词语，由朱子（朱熹）重新修订编撰。在寺子屋，《大学》也曾是需要被认真研习的典籍。二宫金次郎[1]背着柴火，一边走路一边读的书，就是这本《大学》。

这句"标语"其实也很好理解。大体上，要治天下，首先就要修正身心，接下来便是需成家立业，之后才能去谈能否治国，能否给天下带来平安。这其实也是儒教儒学的宗旨。但日本在学习这组词语的时候，偏偏将其中的"修身"给放大了，做了精致的特写，并使之成为道德教育中的一块大招牌。我倒是一直都有些困惑，为什么日本人对这个"修身"如此情有独钟呢？

但其实在这四项之前，还有四项，分别是"格物·致知·诚意·正心"，接下来才是刚才所说的"修身·齐家·治国·平天下"。一共有这八目才构成儒学的核心追求。

格物致知，意思就是"致知在格物，格物而后知至"，面对万事万物、人生百态，要深化自己的辨别与理解，并在此基础之上，活用所学到的知识。另外诚意正心，也就是说有了真诚的心意，才能端正心思。

系统解释一下这八目：想要彻底活用知识，便要掌握规则、遵守规定，物之格，知而致。致知之后，心意才能诚恳、端正。心意端正无杂念，便可修正身心。做到了修正身心，才可以成家、齐家，之后才能够治国有方。国家得治，自然天下太平。

这样一来就很明了了，修身是置于格物致知和治国平天下之间的，特别是如果对格物、致知没有追求的话，就根本谈不上正心和

---

[1] 一般指江户时代后期的思想家二宫尊德，其背柴边走边读书的形象在日本广为人知。——编者注

修身了。"修身"不能单独分离出来，它身上关系着做人做事的来龙去脉。

而明治和昭和年代的小学花大量时间在"修身"上，这种现象其实还有另一种解释，那就是在学习道德。"修身"和"道德"是什么时候被划分为同义语的呢？是在福泽谕吉和小幡笃次郎（福泽谕吉的徒弟）的庆应义塾派把"moral science"翻译成"修身"之后开始的。当然了，我在这里并不是要追究翻译者的过错，其实这是日本人一直以来都存在的一个不好的习惯，就是人们一旦认定了某个词语，就会把这个词从前后文的条理当中分割开来。一旦这种情况发生，这个词便会延伸出一些独立自主的意图来。把"修身"作为青少年的精神主旨来培养，就是这样的一种原因。

我倒是认为，对于"moral science"这个词的翻译，遵从佐久间象山（江户时代晚期的洋学家）的"东洋道德·西洋艺术"的说法，也就是翻译成"道德"会更贴切一些。"道"作为翻译语所展现出的回响，实在是妙哉妙哉。东洋道德的"道德"，其实也是象山从其十分仰慕的阳明学（王阳明的心学）的"知行合一"这一概念中所捕捉到的，与其说"道德"是一种精神主旨，不如说是一种实践性的立场和观点。

"经济"的原貌

如今"经济"这个词，可谓是脍炙人口了，但它其实是"经世济民"的一种缩写。《庄子·齐物论》中有"经世"，《尚书·武成》中有"济民",后在《抱朴子·内篇》当中两词合体,原意是治理天下,救济百姓。"经",就是纵线的意思,这纵线的含义就演变为治理世间的准绳,被解释为"治理、统治";再看"济",就是救济的济,因此取"拯救"之意。

但不知从什么时候开始,缩略后的"经济"二字,变成"economy"之意了。

这个翻译方式最开始可以追溯到津田真道和西周[1]把"political economy"先后翻译成了"家政学"和"经济学"(另有"制产学""理财学"作为候补),我个人认为翻译得真是不错。原本这economy就是家和制度合体而成的词,家政学、经济学、制产学,也都还算是贴切的。但遗憾的是,人们只把其中的"经济"与economy一一对应了下来,之后萌发的新含义就让人感觉是差强人意了。

"经济"一词独立了之后,"经世济民"的原意也就荡然无存了。"经济"变成了一种与"经世济民"毫无关系的、只追求收益和获得的行为。发誓要实现战后复兴的日本人,被资本主义的学说和修辞所笼罩的经济活动而打动,于是热心逢迎,最终也陷入了泡沫经济的漩涡中。而此时的"经济",已完全失去了"支付"与"被除"的深刻意义了。

今天,"经世济民"只是政府经济政策的代名词而已。真正的内驱动力早变成了追求财政收支的盈余、规制的缓和与强化、公共政策的推广与收缩、增税或减税、自由贸易与保护贸易的对比等这

---

[1] 二者皆为明治维新初期的启蒙思想家,均参与学术团体明六社,积极宣传西方先进思想。——编者注

些表层的内容了。从前"经世济民"之追求,早已经不见了踪影。

景气与经营,曾经都是艺术

之前我已经尽可能简单地去解释什么是"修身"和"经济",其实还有其他已经独立出来的用语。

比如"景气"与"经营"。这组词现在的活用方式大概是"景气(行情)怎么样?""景气循环""好景气(活跃)""我家的经营……""经营指标""经营恶化"等,几乎人人都会使用,且人人都会挂在嘴边。其实"景气"这个词本来是用在和歌中表达余韵盎然的意思,例如"附加上景气"。而"经营"本身是指水墨山水画六法之一的"经营位置"(也就是构图方法)。两个词都是有实际出处的。

水墨画六法最早的出现是谢赫[1]的《古画品录》当中所探讨的技法论,很是有趣。水墨山水讲究的是"气韵生动""骨法用笔""应物象形""随类赋彩""经营位置""传移模写"六法。要想描绘出好景物的话,这六点心得是有必要仔细体会的,而"经营位置"赫然位列其中。

也就是说,景气与经营的源头都是艺术,也就是art。art则是源于拉丁语的ars(技艺、方法),在过去,不仅是绘画,还有建筑、医疗、交易等,都可以用art来表达。

---

[1] 南齐时期的画家、绘画理论家。其著作《古画品录》是中国最早的绘画理论与批评著作。——编者注

但是突然有一天，来自欧美的管理学用语突然入侵，"经营"被剥离出来，置于了太阳的强光之下。之后，"经营"就逐渐等同于"管理"了，这个词的性质发生了一边倒的倾斜。现在，如果要是有哪个商人在谈景气与经营的时候，会谈到art，那想必倒会是一件很有趣的事吧。

不要过分认为"日本体系"必须用欧美的意想来进行表达，这就是本讲的结论。终于，在"都科摩"（DOCOMO）、"乐天"、"爱速客乐"（ASKUL）、"西瓜卡"（SUICA）、"阿倍野HARUKAS"[1]、"涩谷HIKARIE"[2]等命名的方式中，和用语也张开了自己的双臂。接下来，日本风格的和用语也应该继续光明正大地不断涌现才好啊。如今的中国、阿拉伯国家等都在基于自己国家的价值观不断输出属于自己的制度用语，那么，日本也不应该再有什么顾虑了。

---

[1] 日本关西第一高楼。——编者注
[2] 位于日本东京都涩谷区涩谷站东口、东急文化会馆旧址的综合商业设施。——编者注

第十五讲 经世济民

经世与济民

世を経め、民を済う

日本究竟是个怎样的国家呢？日本人又是怎样的群体呢？这个国度过去以及将来的问题意识，都以书本的形式相继问世了。国内、国外的日本研究者们，都在努力探寻着日本之锁的钥匙孔。

第十六讲

编辑面影

一途却多样的日本，微妙而明朗的日本

对"面影"情有独钟的日本人

神田川上横跨着面影桥。歌川广重（即安藤广重，江户时代著名浮世绘画家）的"名胜江户百景"系列中就记载了"高田姿见桥/面影桥砂利场"[1]。

面影桥上曾经发生过以修筑江户城而立下功绩的太田道灌的一个有趣的故事。话说，道灌有一次遇到大雨天，没办法只能到附近的一户人家去借蓑衣，正在这时，一位年轻女子出现，她没有给道灌蓑衣，而是递给了他一朵山吹花，道灌觉得莫名其妙，很不愉快地离开了。后来家臣经思索，才道出了个中之意：有一首和歌曾写过"七层八重的花繁盛地开放了，可悲的是山吹的籽实一颗也没有"（七重八重花は咲けども山吹のみのひとつだになきぞかなしき），那位年轻女子当时是在委婉地表示，家中贫穷得连一件蓑衣

---

[1] 姿见桥为面影桥的别称。——编者注

都没有。道灌感到非常惊讶，为自己的无知而感到羞耻，再度回想起那年轻女子和附近的桥的样子，也感到十分动容。

我在早稻田大学读书的时候，都电荒川线那时使用的还是昭和意向的行驶路线，面影桥这一站，不知是因为当时的民谣，还是其他缘故，总之在学生当中很有名气。那时，天野滋作词的《面影桥》在当时十分流行，及川恒平的《从面影桥开始》（面影橋から），也是家喻户晓、广为传唱的。

之后，"面影"在日本的流行歌曲中就开始频繁出现了。其中最有名的一曲便是松任谷由实的那首《春天，来吧》。开头是这样唱的："阵阵的细雨，淡淡的微光。沈丁花的面影楚楚动人，染露含苞欲放，渐渐展露娇身。"接着还有："想那遥遥暖春，闭目即将来临。耳边似乎萦绕，爱君熟悉语音。"其实歌词所想表达的就是，闭上眼睛，沈丁花的面影便会在脑海中浮现。

Hi-Fi Set（合唱组合）的《深夜面影》（《真夜中の面影》）中也有这样的一句，"就这样离开了，漫漫深夜，何处是温柔面影的归处？"。冲绳地区，面影又叫"ウムカジ"（umukaji），Nēnēs（ネーネーズ，冲绳民间音乐团体）在三味线的伴奏下，也唱出了关于面影的哀愁情感。另外还有一个叫作"面影 Lucky Hole"（面影ラッキーホール，现名为Only Love Hurts）的乐队，说起来这支乐队还真是有趣，他们热衷唱一些稍微有点不合时宜的、危险的歌曲。

我觉得宫本浩次（歌手）其实是非常有趣的。他也写过一首《面影》，其中有这样的几句词："和你笑的那个夏天一样的面影荡漾……和你笑的那个夏天一样的面影闪耀。"为什么日本人就是如此钟情于面影呢？也许是因为，和现实比起来，回忆才加更让人难以释怀吧？

说是"没有"，但还是"有"的东西

吉田兼好在《徒然草》中曾经写过一句话，大意是只听见名字，脑海中便会浮现出轮廓与样貌。JPOP（日本流行音乐）的歌词中其实也都有类似的情况发生。所以说不只是名字，像"面影"这个词，总是会抓住契机在字里行间出现。

但面影却不是一直停留在某地，一动不动的。因此对于这个词的印象，就是"没有"的，不会持续性地出现。但是，只要想起它的时候，譬如像沈丁花的香气一样，或是像之前提到的"夏日的某一天"之类的，一旦出现了这样的契机，那简直就是比"有"更加扎实的存在了，它好似时时刻刻都陪伴在我们的身边，随时浮现。说是"没有"，实际上却是"有"，这可能就是面影了。

这种"面影的去来"，其实是我们联想性认知行为中的一环，可能有的人会认为这是理所当然的现象，但我还是要从"文化层面的面影"去深度解释和分析。

例如，我先随意举出一些词语，"津轻"、"假面骑士"、"前天"（おととい）、"巴御前"、"周刊朝日"、"步行者天国"、"胜新太郎"、"猪排饭"（カツ丼）、"地藏菩萨"、"假睫毛"（ツケマ）、"女子会"等。在电视节目的开始，总会有这期节目的噱头先醒目地打出来，通常是黑底，再配上前面那些词做白色标题,我想在看到那些白色标题的时候,只要是日本人,就十有八九已经知道这期内容有什么了。

在过去,只要是看到了"垂乳根"(たらちね,母亲的意思)、"龙田川"、"八桥"、"射干玉"(ぬばたま,植物的种子)、"宇治的大淀(おおわだ)"、"鹿鸣"(鹿の声,シカノコエ)、"红叶之锦"(紅葉の錦,形容枫叶美似锦)、"玉之绪"(玉の緒)、"春日山"这些词,就马上就会跟着联想起它们所代表的事物。现在的话,应该是换成赤坂、涩谷、薄野、青叶、今池、北新地、中洲、天神这些地名了吧,我们的印象是相当深刻的。这所谓的印象、样貌,就是面影。把这些词各自的"面影"都重叠起来,不就构成了"文化层面的面影"了吗?

与谢芜村曾写过这样的俳句:"春日暖洋洋,一只风筝飘在天上,那是昨天的地方。"(《风筝》)正月初的某天,他抬头望天,看到了飘浮在空中的风筝,于是就发出了"昨日天空"的感叹。可那"昨日天空"早已不复存在,因为一只风筝,又浮现出了那个记忆中的场景,而这场景,也是面影。

面影与空虚

NHK曾经做过一个有关日本文化的系列节目——《人间讲座》,分8次放映。其中我以"面影之国·空虚之国"为主题,结合日本文化的影像,简单聊了聊。当时我的那期还有个副标题是"思索日本的'编辑文化'"。

与我的讲座同期的还有秋吉敏子的爵士讲座、镰田实的医疗论、千玄室（鹏云斋）的茶汤讲座、彼得·弗朗克（Péter Frankl，活跃在日本的数学家、教育家）的数学讲座、星野仙一的领导论。那已经是2004年的事情了。NHK的首席编导在和我谈了谈后，还在我的讲座中加进了"一途却多样的日本"这一环节。

"面影之国·空虚之国"这个主题听起来真是十分罗曼蒂克，但日本未必给人这种如此抒情的感觉。当然了，抒情也很重要，但其实这句话中蕴含的深意，是要把日本文化的精髓用"面影"来表现出"一途"，再用"空虚"来感知"多样"。日本追求的其实是"一途"的面影和"多样"的空虚，这才是这个主题的真正寓意。

不如让我试着从语言学的角度再来说明一下吧。おもかげ（omokage），这个发音当用汉字可以是面影，也可以是俤、于母影。从日语的意味来看，它的意思就是，当一个人联想到什么的时候，脑海中浮现而出的形象和样貌。

简单说，在《源氏物语》中，夕颜曾有这样的一句表述，大意是梦里依稀见到的女子，呈现出了面影，可一下子就消失不见了。从这句话就可以看出，面影常被用于指幻影或是虚幻的事物。另外，就像"目元に父親の面影があるね"（眼角有父亲的面影，形容眉眼长得像父亲）这句话所说的一样，在表达印象的继承和保存的时候，也会使用到面影。顺便提一下，"俤"同"峠""匂""畑""凩""枠""笹""鋲""雫"这些字一样，都是日本依旧使用的和制汉字。

"移"的概念，我们在第六讲中曾简单提到过，它表达了四季的变幻，以及花的颜色、早晚的光线和人心的各种变化，也

可以说是一种"无常"理念。空虚（うつろい）在古日语中读"uturohi"（うつろひ，迁居、衰退之意），《古今和歌集》《源氏物语》中都有着相应的表达。这也是为什么传承至今的空虚，被赋予变化、移动之意。

这样，对于面影和空虚的来源，我就都解释了一番。不过我个人认为，这两个词可不仅仅是停留在印象啦、感情啦这个维度的，它们是日本这个国家对"永恒与无常"进行努力追求的综合表现。所以在这个过程中，也势必会形成多元并茂的日本文化。

内村鉴三与"两个J"

我其实并没有捕捉到日本作为一个国家的同一性特征，在我看来，过度理解往往会导致错误的产生，而且找到同一性特征这种出发点本身就很危险，更容易加剧错误的产生。

identity，这是一个心理学用语，被赋予自我同一性、自我一贯性之意，指某种载体与主体所要保持的一贯性（consistency）。这本是美国心理学家爱利克·埃里克森的一个研究理论，为的是表达和说明幼儿在成长阶段中是如何保持"自我"的。因此，用这样一个词来修饰一个国家或一个民族，显然是不合适的。至少，它是不适合日本的。

内村鉴三是明治时代颇具代表性的基督徒学者。他的著作有《我如何成为基督教徒》（《余は如何にして基督信徒となりし乎》，岩波书店）、《代表的日本人》等，另外他还有很多有关基

督教的著作。另外,对石川啄木、野口雨情、正宗白鸟等人都有深远影响的《东京独立杂志》[1],也是一直由他在坚持制作。

内村始终保有一种泰然自若、从容不迫的心态。所谓的"两个J",其实就是Jesus和Japan。内村自己本身是一个基督教徒,因此,他立志一生都信仰耶稣,而与信仰耶稣一样,他也同样看重日本。即便同时看重"两个J"会使他有脚踩两只船的嫌疑,他也决心要同时守护这"两个J"。

基督教的信条和日本、日本人的信条重叠在一起,这在当时可是相当冒险的行为,但内村坚持了下来。在《代表的日本人》当中,他以日莲、中江藤树、二宫尊德、上杉鹰山、西乡隆盛等5人为榜样,追溯自己做选择的认知和情感来源:我与宗教的邂逅,不光是因为基督教的传教士对我的宣教,而是在我信仰耶稣之前,就有日莲、法然、莲如等谦虚虔诚、令人敬仰的前辈们教诲了我,以及我们的祖先为我解答了宗教的真谛。藤树先生是我的老师,尊德是我的农政指导者,鹰山是我的英明藩主,西乡是我的政治启蒙。在我拜倒在基督教的脚下之前,是这些先贤,使我先有了人形。

因此他就决定要深爱这"两个J",绝不会再有第三个了,即便他失去了所有的朋友,也绝不能失去耶稣和日本。之后的内村更是提出了日本应该发展"小国主义"的论断,而且还主张日本是"边疆国家",树立了日本应该是"立于境界(国界)之上的国家"的形象。

---

[1] 由内村鉴三于明治三十一年(1898)主编创办的杂志。——编者注

清泽满之构想的"二项同体"

同时代,还有一位比内村小两岁,名叫清泽满之的净土真宗(大谷派)僧侣。他年轻时就是思想非常激进的佛教哲学家,一直以来,都在不断洞察日本佛教的未来,于是写下了《宗教哲学骸骨》(法藏馆)和《精神讲话》(浩浩洞)[1]。

他出生于尾张,从小体弱多病,为了学习英语吃了很多苦头,在东京大学哲学系攻读期间,成绩高居榜首,还担任过好几所学校的校长。他深入研究亲鸾的哲学思想,有意过着清贫的日子,甘之若饴,并给自己的这种行为取名为"ミニマル・ポッシブル"(minimal possible,尽可能少)。后来他创办了杂志《精神界》,也曾致力于佛教的改革。

清泽最鲜明的主张就是质疑西洋"二元对立"的逻辑学说,他认为日本人其实是"二项同体"的思维方式,而不是"二元对立"。他举起了反对笛卡儿二元论的大旗。

不做二选一,不必非得放弃其中之一,而是要着眼于"两个并向而行的关系"。并且他强调,日本也应该表明自己是"ミニマル・ポッシブル"的路线。

太过于节制的清泽最终患上了肺结核,遗憾的是,倒下的那年,他只有39岁。他所带来的冲击遍及全国的佛教界和教育界,甚至还有文艺界。其中最受其影响的就是正冈子规(明治时代的文学

---

[1] 浩々洞,清泽满之设立的学僧私塾。——编者注

大家）和夏目漱石。夏目漱石的《我是猫》中的人物八木独仙，以及《心》的主人公K先生，都是以清泽为原型去刻画的人物。司马辽太郎还曾说过，"日本人，都应该向清泽满之学习"。

绝对矛盾的自我同一与朕兆未萌的自己

内村、清泽、漱石的年代之后，金泽的旧制第四高中出现了一对交心的好友，西田几多郎和铃木大拙。

两人都接受过北条时敬和雪门玄松关于坐禅的严格训练，北条和雪门又都受过禅之杰僧今北洪川的熏陶。西田、铃木二人都因为中江兆民的那句"我们日本，从古至今都没有哲学"而发奋去探索日本人所应该思考的哲学到底是什么。

作为对自身哲学人生的总结（统称为"西田哲学"），西田最终提出了"绝对矛盾的自我同一"这个不可思议的论题。它的意思是我们不应该只是谋求自我的同一性，在自己的本身中，不可能存在着自我同一，这看上去很显然是矛盾的。

这论题看起来十分难以理解，但还有一些其他的解释方法。例如，在冲突、矛盾之处，就会有精神，在精神所在之处，就会有冲突、矛盾。并不是说一定要有矛盾才是好的，而是如果没有一个绝对矛盾存在的场所，就不会有精神集中的明确指示发生。这与清泽的"二项同体"，即有效发挥、利用两种并存关系的思考方式是一致的。

西田原本探究的问题是纯粹经验到底为何物。通常我们所思考的是"意识到的自己"（直观）和"被意识到的自己"（反省）这两方面，于是西田就开始思索，为什么这两者不能统一呢？不过话说回来，这两方面的统一，难道不是应该合理发生的吗？在这样的思考中，他脑海中涌现出了灵感。

那就是禅，包括坐禅，以及坐禅之后起身时的"出定"。将"意识到的自己"（直观）和"被意识到的自己"（反省）按"出定"的方式进行思索，这是西洋的合理主义哲学无法解释的，是日本的独特方法。

同样的事情，铃木大拙也曾经思考过。西田去了京都帝国大学，而他却选择了东京帝国大学，之后又入了镰仓今北洪川的禅门。西田的方向是"出定"，大拙则是"入定"。所以他探究出了"朕兆未萌的自己"。

所谓"朕兆未萌的自己"，就是"我在出生之前的自己"的意思，即自我意识产生和发展之前的自己，并不是指胎儿的意思，而是已经存在的个人仍处于尚未启蒙的阶段的意思。因此，"朕兆未萌"其实是指存在本身，或者是，在存在的前提下所萌发的一些事情。

但这真是存在吗？即便存在，又和现在的自己有什么联系呢？这真是一个大难题。但大拙在这个问题上提出了"主客未分的自己"这一概念。也就是说我们在主客还没有分开、主客同体的阶段，还不能察觉、感受到所有的一切。

再往后，确立了日本禅学的铃木大拙，把这个思考方法取名叫"即非理论"。"即非"又是一个难以理解的词语，说简单点，就是不用逐一去判断是yes还是no，而是整体全部向前推进的一种状态。从禅学的角度去解释的话，就是你所看到的，未必就是你看到的

那样,要领会到"仿佛是看到的那样"这样一种意图。西田把这个方法叫"逆对应",而大拙则叫作"分与不分"(分けて分けない)。

脱离西洋式的思考

无论如何强调开拓日本思想的必要性,哲学家们还是只会用一些很麻烦又难以理解的语言去解释这件事(唉,事实如此)。没办法,要想解释透彻日本哲学的精髓和日本的思考方式,又不过度使用西洋哲学概念的话,最后也就只能呈现出这般效果了。

但我想强调的是,我们之所以感觉那些词语难以理解,实际上是因为我们早已经被西洋的认知方法和二元论的逻辑思维方式所深深渗透了,所以在遇到问题的时候,我们只会去应用这些固有的思维方式,因此再想理解日本的独到思考方法,就变得难上加难。夹杂在矛盾的思考方式之中,那么我们能不能不刻意去排除西方的思维,而是包含着其一起前进,这样的话,是不是会有惊喜出现呢?说不定这样就可以与渗透我们的西洋认知方法脱离开来,真正去使用我们自己的思维了。

提出这种方法,并果敢地在文明开化的近代日本社会进行尝试的就是内村、清泽、西田和大拙了。他们并没有被同一性所禁锢,而是用"两个J"的双对性方式去思考、观察,并果断"尽可能少"地进行投入。另外还对"未分的自己""矛盾的同一""逆对应"进行反复测试,这种方法在第五讲中阐述的"荒·游""数寄""寂""侘"等部分中也体现出来了,也就是把"寂"转换为"侘"的方法。

他们为什么能把这种方法变为可能呢？理由其实一目了然，就是不盲目地一味迈进，而是把自己在意的部分留在事态萌发之前就准备好后退的"思考场所"。走回原点再出发前进的方法之所以可行，就是因为提前准备好了可以蓄力的地点。西田把这个地点叫"无之场"，但我觉得这正是属于"面影"的领域的，甚至可以叫"面影之场"，这不就正是与谢芜村的"昨日天空"吗？

编辑了面影的日本

并不是说面影本身有多么了不起，而是面影被启动的时候，日本式的思考与方法会被唤起。

在本书中，我们已经探讨过多个关于日本文化的解读器了，而"带着面影来思考日本"的方法，也许正是这其中最核心的所在。岛崎藤村在《黎明之前》中提到过日本的"某种根源"已经失去了，那么，主人公青山半藏对于失去"某种根源"的哀伤与心痛之情，难道不正是因为他早已看透了在这件事上，围绕在日本之上的"面影之场"了吗？

换句话说，日本把十分重要的面影传承给了子孙后代，为了不弄丢祝祷与丰收的二项同体，就立起柱子来表示结界，始终坚持着田地的祭祀活动，并一直把间拍子这种独特的旋律继承、传递下去。总之，不论何时都会有"模仿"面影进行的环境，这就是我想要表达的。

我把这些归纳整理了一下，似乎可以总结为——编辑了面影的日本。把对日本文化的诸多解读直接组合在一起未必就是合理的，还是需要进行一些必要的编辑、梳理、统一。

如此说来，要想看透日本文化的真正面目，其实是一件很微妙的事情，但是通过这些微妙之处，是能得到丰富多彩的感受的。

例如，日语中有一些拟声词和拟态词，像"きらきら"（kirakira，发光）和"ぎらぎら"（giragira，闪烁），"かんかん"（kankan，叮当）和"がんがん"（gangan，当当），"とんとん"（tonton，扑通）和"どんどん"（dondon，咚咚），很多很多。对日语十分精通的法国地理学家边留久（Augustin Berque）曾经研究过，拥有如此多拟声词和拟态词的国家，就只有日本。并且像"きらきら"和"ぎらぎら"，它们之间的区别就只是清音和浊音而已，但日本人对这些词却区分得十分明晰，理解得也十分透彻。

这些词似乎感觉上都无大差别，但在具体的事物、事态以及氛围的理解和应用上却是截然不同的。"你真的是kirakira的呀！"和"你真的是giragira的呀！"就是完全不同的意思。像这样多样而独特的表达，欧美的逻辑主义是否也可以做得到呢？在咨询、演讲这样的场合，这样的逻辑比比皆是，很容易混淆；但在日语中，只需甩出"kirakira"或"giragira"，大家就都能够明白。

这其实就像是之前所提到的"aware"和"appare"那样，和在面影的编辑中所产生的味道和价值感官也是类似的。日本文化就是这样，十分微妙却也足够分明，总是会令人感受到那"昨日天空"的隐隐浮现。

过去，和泉式部曾提出过一种价值观，就是"はかなし"（日本古语，虚幻、短暂、无常之意），构成这个词的"はか"，即便在今天也有在使用，例如"はかどる"（有进展）、"はかがいく"（进展顺利、效率高）等，表达出了提高效率、有效果的意思。有意思的是，和泉式部把这个词以"はかない美しさ"（虚幻的美、短暂的美）的形式使用了，用它来修饰美丽。这背后体现的其实是非常日式的思维，效率主义（好结果）当然值得一提，但人生有的时候却是即便非常努力了，仍然需要面对挫折与不顺遂，这才是常态。

以上提到的，或许就是日本文化的真容，很微妙，也很复杂。我只祈求全球资本主义和日本顺从性的蔓延，不要把这"一途却多样的日本""微妙而明朗的日本"变得一文不值。为了使这样的情况不发生，我们就不应该只停留在"卡哇伊"或"牙败"（"糟糕"的日语音译）的层面，而是应该多去创造像"粋""通""御侠"这种独特的美的意识。

更重要的一点是，日本人应该更勇敢地去面对日本文化的复合性和复杂性才好啊。

编辑出来的日本形象

马上就要打烊啦。本书从各种各样的角度引导大家去探寻理解日本文化的切口，也提示了诸多解读日本文化方式的所在。

没有说到位的，以及需要更加详细阐述的地方还有很多，但最后都只汇成了一句话：我其实一直以来都在用心策划着"编辑出来的日本形象"这个命题。写下这本书,其实是为了能够让"日本的编辑文化力"更加明了,这本书其实是关于"编辑出来的日本形象"的一本草稿。

我的工作就是编辑,我通过自己的工作来观察全世界。我一直在不断思考,世界是怎样被人们编辑着写出来的。我在编辑工学研究所任所长,研究所的口号就是"向生命学习·把历史展开·与文化为伴",也就是把如何通过生命观、历史观、文化观来编辑世界作为课题。设立之初便坚守着这个初衷,从没有变化过。诚然,日本的历史文化和社会文化,也理所应当要从编辑的角度出发去了解。

第十四讲中我们提到过,科学也好,历史也好,产业也好,无论什么领域,其架构都是一个"信息编辑的过程"。这世界不是枯燥无味的,它总是在不断地提供着信息。而这些信息也必然都会被编辑一番,没有被编辑过的信息是不存在的。

但是,各种现象也并不是直接就可以作为信息去使用的,想要对其进行编辑,那就首先要把现象信息化。然后这些被信息化了的代码再被编辑之后,便会呈现出一幅丰富多彩的画面。所以,信息化先于编辑化,而所谓的"成为编辑性的",就是这个意思了。

生物体也是一样的,生命活动是由细胞的离子信息和DNA(脱氧核糖核酸)的遗传信息以及脑内的高分子信息共同完成的。把这些信息都编辑起来,生物才能作为生物去进行进化和活动。而人类,则首先要把语言、文字、数字和图形作为代码,再通过一系列的组合来完成文明、文化样式的确立。然后便是把信息化后的代码驱动起来,编辑而出了建筑、文艺、绘画等一切。生物和人类都是以信息化为先驱,之后再进行编辑尝试的。

信息化之后又发生了什么呢？把表象性质的信息用适当的记号单位来进行编码，随之会形成一个与之相关的系统。于是编辑完成后，就不管什么时候，就都可以生成处理信号，方便取出想要的信息。而这些都完成之后，信息就可以实现通讯和报道了。

方才强调的是编辑之前的作业，编辑本身是可以充实相关系统的，也可以适应不同的环境，甚至还可以达成一些满足人们欲望的可能。

在世界历史中，很多民族都在不断登场，所以信息化和编辑化也就不断在发生。要说哪个民族是没有信息、没有编辑的，那简直是天方夜谭。它无处不在，却也因此产生了通信规约的差异。语言和文字，便是最具有决定性的通信规约的差别所在。从亚洲大陆独立出来的倭人或说日本人，是绳纹语言、陶器，树木的果实以及稻米的使用者，由此才开始了自己独特的编辑。日本神话中的物语，承载的便是那时候的记忆。而在从大陆引入了汉字之后，代码又发生了变化，新的假名代码和读写形式，都是经过编辑后才诞生的。正因为有了这些，才有了日本文化的花开繁盛。

而那之后，日本文化就发挥出了自己独特的编辑力，在我看来，那种独特就是由"面影的编辑"所彰显的。日本人把记忆中的面影信息化，然后又编辑化。和歌、能、俳谐、浮世绘等，都是这样产生的。沟口健二和藤泽周平，把这些面影编辑成了电影和小说。美空云雀和井上阳水则把这些面影用动人的歌声表达了出来。

约翰·W.道尔曾说日本不是Japan，而是Japans。他想告诉我们的就是要复合性地去看待日本。他的观点在我看来，是编辑日本的面影所必须具备的想法。

Jesus Japan

朕兆未萌

同体 二項

絶対矛盾的自己同一

Ja*p*a*n*s̈

即非

逆対応

Japans

日本，仅用一个题目是无法概括的。西田几多郎的"绝对矛盾的自我同一"和"逆对应"很有研究的必要。对此，约翰·W.道尔提出了一个概念，那就是"Japans"。

Dual Standard

后 记

2000年的1月,我被委托写《知识的编辑术》(《知の编集術》,讲谈社)之后,时隔好久,才又开始给讲谈社写了这本现代新书。不,确切地说,是我来口述,别人代笔整理。这一晃就是20年了。这一次,是围绕着日本文化来论述的。在《知识的编辑术》中,我想到了一个可供"编辑稽古"的App,于是之后,这便成为"ISIS编辑学校"的基础工程。在本书中,关于日本文化的诸多解读方式,我也准备做成App来使用,不知道会不会成为未来某个项目的基础工程呢?

日本文化就在我们身边。便利店的塑料瓶装茶饮、饭团、冰棍等,这些都是日本文化。山本耀司的衣服、KOM_I[1]的歌、乒乓球选手伊藤美诚的"美诚punch(重击)",也都是日本文化。但是,这些与能、歌舞伎、茶道等,又有多少亲和性呢?似乎又很难进行比较,也解释不清楚。所以,我们就一边看着倒车镜中所映射

---

[1] 日本流行音乐组合"星期三的康帕内拉"的主唱。——编者注

出的日本历史文化，一边看着眼前的这些便利店呀，漫画呀，电视节目呀，再慢慢去体会吧。

我最开始试图关心日本文化，是在大学学习法国文学的时候。那时候我还在研究马塞尔·普鲁斯特，"噗"的一声，那个主人公把玛德琳蛋糕浸入红茶的瞬间，我感触到了"似水年华"般的心动，也正是那时，我产生了对日本文化浓厚的兴趣。而我又是在哪一个瞬间感触到了属于我自己的"似水年华"呢？于是思绪返还到了少年时代，我想起了已经去世的父亲，还有他在绸缎庄门口摆弄着布匹、操弄着算盘的模样。

一旦想起了这些，我就接连想起了舟桥圣一的《悉皆屋康吉》中所追求的一种染色，纳户色[1]。打开储藏室的门，里面尽显出的似青黑色般不可思议的颜色，就是纳户色。倒车镜中的纳户色，是《关户本古今集》（假名书法作品）的书道，是公家文化中调度品[2]的精致细节，是武家文化中从"aware"到"appare"的促音变化。百花缭乱、千差万别的日本文化，一个接一个地重叠、合成、拼凑，又不断再重复着。

而历史、文艺、思想也融入其中之后，"浓厚的日本"遂喷薄而出，于是我深感自己的不足与渺小。问题在于我没有一个可以梳理"日本"的浏览器。我只能不断学习，扩充视野，但似乎这仍是不够的，所以我又返回去研究日本神话的构造，以及其所引申而出并带来的一系列可能；并深入探寻近代日本的构造，思考它可以爆发出怎么样的能量；等等。我尽量都同步去解读。

---

[1] 蓝染颜色的一种，纳户色通常用灰蓝色来表现阴暗的感觉。——编者注
[2] 装饰家居的装饰品，例如座钟、花瓶、绘画等。——编者注

进行这些工作的同时，我就开始着手阐述"编辑出来的日本形象"这个主题了。"日本文化"的命题始终是宏大的、有难度的，于是后来我想要跨越体裁去尝试着聊一聊。

本书所阐述的，其实就是我个人在不断摸索中所总结而出的日本形象。我把它拆分出不同的解读方式、角度，脱胎换骨，重新去进行审视。至于要如何与这些"日本"和光同尘，可能就是读者自己的事情了。

这本书得以完成，都仰仗着讲谈社的小林雅宏先生，他负责本书的企划和编辑。我一开始只是粗糙地谈了一下自己的想法，把这些想法真正再生出来的是古川琢也先生。另外还有一直在我身边不休不眠，担任编辑助理的寺平贤司君，负责图版设计的穗积晴明君，负责校正的太田香保小姐，另外还有一直以来帮助我、支持我去探索日本文化的所有人，我对你们都表示由衷感谢。

图版收录一览

第一讲

"寿"字结模样注连绳。引自《造型的诞生》,杉浦康平;

不知火型,摄影:太田真三;

云龙型,引自《造型的诞生》,杉浦康平;

出云大社本殿复原图,引自《伊势·出云——世界之圣域II》(讲谈社);

法隆寺五重塔断面图,引自《日本建筑构造——日本美术10》(至文堂)。

第二讲

瑞花双凤八棱镜,藏于金刚证寺;

藤花松喰鹤镜,藏于春日大社;

"小督"引自《隆房卿艳词绘卷》,藏于国立历史民俗博物馆;

伊贺烧耳付花入,藏于东京国立博物馆;

青瓷凤凰耳花生,铭"万声",藏于和泉市久保惣纪念美术馆。

第三讲

祭典照片由珠洲市提供。

第四讲

舞台剧《影向》，摄影：川本圣哉。

第五讲

《岩户神乐之起显》，藏于三重县综合博物馆；

《本朝英雄传·牛头天皇·稻田姬》，藏于岛根县立古代出云历史博物院；

"数寄"书法，松冈正刚作；

高丽茶碗，藏于远州流本家；

色绘忍草图茶盏，野野村仁清作，藏于香雪美术馆。

第六讲

葛饰北斋所作"惠比寿"三体画谱，藏于立命馆大学艺术研究中心；

《那智参诣曼荼罗》，藏于熊野那智大社；

《七十一番职人歌合·五十番·猿乐·田乐》，藏于东京国立博物馆；

《七十一番职人歌合·二十四番·卖汤药的商贩》，藏于东京国立博物馆；

《西国八十八箇所顺拜略图》，引自《造型的诞生》，杉浦康平。

第八讲

《竹取物语》，藏于大都会艺术博物馆；

《芳年略画·桃太郎鬼岛之行》，月冈芳年作，藏于国立国会图书馆。

第九讲

乔赛亚·康德像，引自《建筑杂志》（建筑学会）；

《文学万代之宝》，一寸子花里作，藏于熊孩子浮世绘博物馆（Kumon Museum of Children's Ukiyo-e）；

与教育相关的敕言，藏于文科省。

第十讲

岩崎家大宅（高知）的家纹，由安芸市观光协会一般社团法人提供；

《名所江户百景之大传马町木棉店》，歌川广重作，藏于都立中央图书馆特别文库室；

《诸将旗旌图》（上），藏于东京国立博物馆。

第十一讲

歌舞伎表演者市川海老藏，共同社，盖蒂图片社；

《丰国祭礼图屏风》，岩佐又兵卫作，藏于德川美术馆；

Anime Japan 2016（"日本动画"展览会），彭博社，盖蒂图片社；

青森睡魔祭，盖蒂图片社。

第十二讲

《信贵山缘起绘卷之飞仓》，藏于奈良国立博物馆。

第十三讲

《美艳仙女香》，溪斋英泉作，藏于太田纪念美术馆；

云鹤纹样象牙栉，藏于梳簪美术馆（櫛かんざし美術館）；

梅松月纹样莳绘螺钿栉——羊游斋，藏于梳簪美术馆；

平打簪——樱橘纹样，藏于东京国立博物馆；

"江戸の花子供遊び"六番组，藏于国立国会图书馆；

"伞"，《料理仙姬》插图，小村雪岱作，藏于资生堂艺术馆。

第十四讲

"福笑い"游戏，引自《日本的美学·笑》（《日本の美学·笑い》，PERIKAN社）；

《双笔五十三次·赤坂》，藏于国立国会图书馆；

《大阪安部之合战图》，藏于早稻田大学图书馆；

《万朝报》第一号，藏于国立国会图书馆。

《NIHON BUNKA NO KAKUSHIN <JAPAN SUTAIRU> O YOMITOKU》
© Seigow Matsuoka 2020
All rights reserved.
Original Japanese edition published by KODANSHA LTD.
Publication rights for Simplified Chinese character edition arranged with KODANSHA LTD.
through KODANSHA BEIJING CULTURE LTD.Beijing,China
本书由日本讲谈社正式授权，版权所有，未经书面同意，不得以任何方式做全面或局部翻印、仿制或转载。

著作权合同登记号：图字 18-2022-084

图书在版编目（CIP）数据

日本文化核心 /（日）松冈正刚著；萨企译. -- 长沙：岳麓书社，2023.3
ISBN 978-7-5538-1700-2

Ⅰ.①日… Ⅱ.①松… ②萨… Ⅲ.①文化研究—日本 Ⅳ.① G131.3

中国版本图书馆 CIP 数据核字（2022）第 128287 号

RIBEN WENHUA HEXIN
日本文化核心

著　者：[日]松冈正刚
译　者：萨企
责任编辑：李伏媛
监　制：秦青
特约编辑：金哲　列夫　盛柔
版权支持：金哲
营销编辑：王思懿
封面设计：今亮后声
版式设计：梁秋晨

岳麓书社出版
地址：湖南省长沙市爱民路 47 号
直销电话：0731-88804152　88885616
邮编：410006
2023 年 3 月第 1 版　2023 年 3 月第 1 次印刷
开本：875×1230　1/32
印张：10.75
字数：283 千字
书号：ISBN 978-7-5538-1700-2
定价：68.00 元
承印：北京天宇万达印刷有限公司

若有质量问题，请致电质量监督电话：010-59096394
团购电话：010-59320018